正力ドームvs.NHKタワー

幻の巨大建築抗争史

大澤昭彦

新潮選書

正力ドームvs.ＮＨＫタワー　目次

第2章 屋根付き球場計画：正力ドーム

第4章　六一〇メートルNHKタワー

＊本文中の注釈につきましては、新潮社の特設サイト
https://www.shinchosha.co.jp/book/603906/#b_othercontents　でご覧下さい

正力ドームvs.NHKタワー

幻の巨大建築抗争史

第1章　テレビ塔の誕生：テレビ黎明期のタワー

戦後日本の復興と成長は、テレビジョンの普及と切り離すことができない。日本のテレビ放送は、一九五三（昭和二八）年二月一日に日本放送協会（ＮＨＫ）によって始まり、その半年後に民間の日本テレビ放送網（ＮＴＶ）が続いた。サンフランシスコ講和条約発効で日本が国際社会への復帰を果たした翌年のことである。

テレビの普及は大衆に情報と娯楽をもたらしただけでなく、東京のスカイラインにも変化を与えた。テレビの電波をあまねく届けるためには巨大なテレビ塔を必要としたためである。この頃、超高層ビルは林立しておらず、東京の空は広かった。

一九五八（昭和三三）年一二月に東京タワーが完成するまで、各局が独自のテレビ塔を建てた。ＮＨＫは一九五三（昭和二八）年二月に千代田区内幸町の放送会館に載せた塔（総高七三メートル）から送信を始め、同年一一月には紀尾井町の高台に設けた高さ一七八メートルのタワーに移転した。日本テレビは千代田区二番町の局舎敷地内に高さ一五四メートルの鉄塔を建設し、同年八月に本放送を開始した。この二局から遅れること二年、一九五五（昭和三〇）年四月に開局したラジオ東京テレビ（ＫＲＴ。のちのＴＢＳ）は、赤坂に高さ一七三メートルの鉄塔を設けた。

わずか数年の間に、三本の塔が東京の空に姿を現したことになる。しかも半径一キロメートル以内に近接して建てられた。なぜ、最初から一本に集約しなかったのだろうかと誰もが疑問に思うだろう。

1　日本テレビの鉄塔：二番町

局舎用地取得の経緯：有楽町〜市ヶ谷〜二番町

日本初のテレビ放送はＮＨＫの手で行われたが、戦後の東京でつくられた最初の巨大建造物は日本テレビの鉄塔である。千代田区二番町の閑静な住宅街に、高さ一五四メートルの巨大な鉄塔が姿を現した。それまで都内で最も高い建造物は高さ六五・四五メートルの国会議事堂だった。

日本テレビは最初から二番町に局舎を構えるつもりではなかった。有力な候補地は有楽町だった。当時、有楽町周辺には、読売、朝日、毎日などの各新聞社が集積しており、既存メディアの近くに置いた方が有利と考えたのだろう。

日本テレビの創設者である正力松太郎は読売興業のビル（読売新聞別館）に目を付けた。のちに読売会館として建て替えられるビルだ。

あの建物を土台にして一〇〇メートルぐらいの鉄塔が建たないか。[1]

正力は、読売新聞別館の五階ホールと事務所部分をスタジオ等に改装し、屋上に鉄塔を載せることを考えた。ところが、すぐに問題が明らかとなる。このビルに鉄塔や送信機の重さを支えるほどの強度はなかった。次いで、スタジオと送信所の分離が検討される。日本テレビの設立構想が公表された一九五一（昭和二六）年九月時点で、スタジオは読売新聞別館、送信所は都心のどこかに置くことが想定された。

当時、毎日新聞が送信所の場所と規模について伝えている。日本テレビは読売新聞のみならず、毎日新聞、朝日新聞も出資していたため、毎日も朝日も日本テレビの動きを詳細に報じていた。

まず東京の神宮外苑か新宿御苑に砧の技研鉄塔の三倍ある千フィート（約三百メートル）の塔をたてる。これには米国のエムパイア・ステート・ビル頂上のアンテナを数社が共用しているように、東京にテレヴィ会社がいくつ出来ても共用可能なように設備する。これだけの高さから約一〇〇—二〇〇キロワットの出力があれば、関東一円はまずサーヴィス範囲内、山の陰などでは共同受信のアンテナを附近の山頂に設けここからケーブルで各家庭に入れればよい。[2]

塔の設置場所としては、神宮外苑や新宿御苑が考えられていた。しかも高さは三〇〇メートル。他社との共同利用も想定していたようである。この段階で、東京タワーのような巨大な集約電波塔が構想されていたことは注目に値する。おそらく日本テレビの技術顧問を務めていたチェコ系アメリカ人のウォルター・J・ダスチンスキーのアイデアだろう。しかし、神宮外苑も新宿御苑も、利用できる見通しがあったわけではなかった。早々に別の場所が候補となる。

翌一〇月に日本テレビが電波監理委員会へ提出した申請書によると、スタジオは読売新聞別館で変更はないが、送信所は市谷左内町に移っていた。正力の右腕として日本テレビの創立を支えた柴田秀利の話を踏まえると、市谷本村町の旧陸軍士官学校跡（現防衛省市ヶ谷地区）と考えられる。戦後、極東国際軍事裁判、いわゆる東京裁判が開かれた場所だ。のちに自衛隊練馬駐屯地市ヶ谷分屯地となるが、この時点では米軍が接収していた。

しかしなぜ市ヶ谷だったのか。

テレビの電波を効率的に届けるには、送信場所の選定が重要となる。日本テレビによると、関東地方の人口分布を調査し、その中心を計算した結果、市ヶ谷がふさわしいとの結論に至った。だが、都心で高い鉄塔を設置できるまとまった土地は、公園や旧軍用地しかなかった。取得の可能性がある場所を手当たり次第に当った結果、市ヶ谷の旧陸軍用地に行き着いたのであろう。戦中、報知新聞の記者だった柴田は市ヶ谷の陸軍記者クラブに通い詰めていた。この記憶を思い起こし、高台の土地が送信所の設置場所には適切と考えたのではないか。

その後、以下に示す理由から有楽町の読売新聞別館の使用も断念される。[3]

1. スタジオが5階では重量物や大きなセット等の搬入に不便。
2. 天井はスタジオとしては低い上、テレビスタジオに重要な照明やセットの吊上には強度上無理。
3. 細かく改造見積りをしてみると費用が相当かかり、新たに本格的な建物を建てるのと大した違いがないこと。
4. 周囲の騒音・振動がどうしても完全には遮断できないこと。
5. ホールの建物をまたいで鉄塔を建てることも、実際には施工上相当な無理があること。

テレビスタジオを設けるには狭く、増築してスタジオ用に改装する手間と費用を考えると新しい建物をつくる方が理にかなっていた。また、五階に大道具を搬入・搬出することは効率が悪い。アメリカでは、テレビスタジオは搬入や搬出がしやすいように平屋でつくられていた。スタジオは郊外、送信所は都心に設けることが合理的とされ、建物の上層に置くスタジオは現実的ではなかった。

結局、スタジオも送信所と同じく、市ヶ谷の旧陸軍士官学校跡地へと変更することになった。

柴田は、GHQの総司令官を解任されたマッカーサーの後任として着任したリッジウェイを訪ね、陸士跡の返還を直接要望した。[4] 数日後にリッジウェイに呼び出されると、要求には応えられない旨を伝えられる。市ヶ谷は在日米軍の中枢基地で、重要な情報通信施設が置かれているため、防衛上、移設することは困難だった。この時既に、GHQの本部が丸の内の第一生命館から市ヶ谷に移転することが決まっていたのである。司令本部は一九五二（昭和二七）年七月に第一生命館を退去し、陸士跡へ移る。

二番町の土地と大谷米太郎

結局、市ヶ谷の土地は入手の目途が立たず、最終的に千代田区二番町の土地に落ち着く。

一九五二（昭和二七）年八月一一日、日本工業倶楽部で日本テレビの発起人会が開催され、三八名が出席した。[5] この日の会で、千代田区二番町の早川千吉郎邸跡、約二二〇〇坪の敷地に放送局と鉄塔を建設する旨が発表された。

この土地は、先に見た旧陸軍士官学校跡地から南東に八〇〇メートルほど離れた場所に位置する。

標高もほぼ同じ三〇メートル。場所としては申し分ない。周辺は、かつて将軍を守る旗本の屋敷が立ち並び、一番町から六番町までを総称して番町と呼ばれた。明治以降、武家屋敷は官吏や政財界の要人、文化人等が暮らす閑静な住宅街となっていた。

当時この土地は、大谷米太郎大谷重工業社長の所有地だった。大谷は正力と同じ富山出身。二九歳で上京後、荷揚げ人足をはじめ、精米店等の様々な店に奉公した後、三〇歳で大相撲の世界に身を投じた異色の経歴の持ち主だった。鷲尾嶽のしこ名で幕下筆頭まで上ったが、けがで廃業する。力士としては大成しなかった。その後、酒屋や機械修理工場等を経営し、大谷重工業を設立した。工業化の波に乗って業績を拡大し、一代で財を成した実業家だった。

大谷は銀行から資金調達することがなく、現金主義を徹底することで知られていた。現金をドラム缶に詰めて浅草の自宅の庭に埋めていたとも言われる。また、手元にある現金を土地に替えた。一九六四（昭和三九）年に開業した紀尾井町のホテルニューオータニの土地は一九五〇（昭和二五）年頃に手に入れていたが、使い道を決めていたわけではなかった。大谷がこの土地を取得した頃、のちに首相となる岸信介に資産運用としての土地取得を勧めていた。

> 岸さん、土地を買いなさい、金は仕事だけではそうもうかるものではない、自分がこれだけ大をなしたのは、土地を買っておいたからだ、それが私の仕事のみなもとになっているんだ、土地は火事に会っても焼けるわけではなし、泥棒が持って行けるものでもない……[6]

大谷は戦前に早川千吉郎の遺族から土地を購入し、そこに一九四三（昭和一八）年に大谷重工業の本社を移転する。早川邸の建物をそのまま使用していた。ところが、一九四五（昭和二〇）年五月二五日の空襲で、敷地の隅にあった土蔵を残して焼失。本社は江東区毛利町へ一時移転し、また戻ってくる予定だった。[7]

そこに、正力から土地の譲渡を依頼されたのである。この時の経緯を大谷と正力が新聞の座談会で回想している。[8] 正力は、大谷に会うなり「この家をわしに譲って欲しい」と突然切り出した。一時移転していたとは言え、本社の土地を出しぬけに譲れとは無茶な話と大谷は怒る。しかし、正力からテレビ事業の説明を聞いて「よろしい、そういう話なら、日本のテレビのために、この家を立退きましょう」と譲渡が決まった。しかも、代金四七〇〇万円のうち、一〇〇〇万円だけ現金、残り三七〇〇万円は日本テレビの株で持つと大谷は申し出て、正力を喜ばせた。

これだけ聞くと、同郷の成功者二人の涙ぐましい美談に聞こえる。しかし、正力の側近だった柴田によると、交渉はそう簡単には進まなかったようだ。[9]

大谷は、既知の元新聞記者からある情報を耳にする。「日本テレビにテレビ放送の免許は下りない」と郵政大臣の佐藤栄作が漏らしていたのだという。当時、免許の許可権限は電波監理委員会が握っており、大臣にはなかったはずだが、電波行政を所管するトップの話に大谷は慌てた。早速、日本テレビへの土地譲渡を断った。これに対し正力は、免許を取得したらすぐに頭金一五〇〇万円を支払うと約束し、何とか大谷を説得した。大谷の言い値は坪二万円。二二〇〇坪で四四〇〇万円、これに大谷石の塀の代金一〇〇〇万円を加えた計五四〇〇万円だった。ところが、この条件に清水與七郎をはじめとする日本テレビ幹部が反発した。[10] 坪二万円は高すぎるだけでなく、二二〇〇坪は広すぎる。庭園部分の八〇〇坪で十分というものだった。正力は、将来値上がりが見込めるために広すぎることはないと清水らを説得した。

その後、日本テレビに予備免許が下りると、大谷はバツが悪かったのだろう。四七〇〇万円に値引きした上で契約と相成った。しかも、うち三七〇〇万円は日本テレビの株で持つことになったことは前述のとおりである。

早川千吉郎の豪邸

ここで、かつての土地の所有者である早川千吉郎についても触れておきたい。早川は、大谷、正力と浅からぬ縁があった。

早川家は代々加賀前田家に仕えた家系で、維新後も相談役として前田家を支えていた。一方、大谷と正力は加賀前田家の領地だった富山の出だった。

千吉郎は、一八六三（文久三）年に前田藩重臣早川忠恕の長男として生まれた。大学予備門を経て東京帝国大学法科大学入学。大学院修了後、一八九〇（明治二三）年に大蔵省に入省。官僚として全国の銀行設立にも関わった。また、日清戦争後の外債募集を成功させる等、大蔵官僚として順調に出世していった。その働きぶりが井上馨の目に留まると、一九〇〇（明治三三）年に三井家同族会理事に就任。同年に制定された三井家憲（三井家の家訓）は井上が法学博士の穂積陳重と都築馨六につくらせたとされるが、早川が策定に大きく関わったともいわれる。三井銀行専務理事となり、日露戦争後の国債募集に尽力した。また、組織内の潤滑油としても大きな役割を果たした。三井は慶應閥だったが、学閥の軋轢を軽減すべく調整役として振る舞い、部下からも信頼される温厚な人物であったとされる。こうして三井財閥の大番頭として三井の発展に寄与するとともに、渋沢栄一の引退後には銀行集会所の会長を引き継ぐなど、財界に大きな影響力を持つに至る。

早川は財界の名士として確固たる名声と地位を築くにつれて、日本一の高給取りとも称されるほどの報酬を得ていった。国務大臣一〇人分の給料を上回るとも噂された。

高い収入を得る一方で、出ていく金も多かった。金のある者の下には人が寄ってくる。面会を希望する人が毎日のようにやってきて、その一人ひとりに対応していた[11]。どんなに長い時間を待たせることになっても必ず会ったという。中には面識もない人や政治ゴロのような浪人者、学資に困る苦学生等もいた。早川は用件を黙って聞き、いくばくかの金を持たせて帰した。三井の事業に関わらない場合はポケットマネーで支払った。頼まれれば断ることができない性格だったようだ。

また、故郷金沢の市役所庁舎の建設費や國學院等の大学設立にあたっての寄付にも応じていた[12]。金沢市役所の建て替えは、建設費用の三〇万円のうち半分の一五万円が寄付によって賄われた。最も拠出したのは加賀前田家の五万円。早川は三番目に多い五〇〇〇円を寄付した。これは現在の価値に直すと二〇〇〇万円ほどになる（当時小学校教員の初任給五〇円）。

早川は保険の掛け金が日本一だったことでもたびたび話題となっていた。保険会社の設立に関わっていたこともあるが、国内外の保険に求められるまま加入しているうちに、多額の保険料となっていた。晩年には毎月一万円以上の掛け金を支払っていた[13]。

そんな早川が自分のために使うお金が、書画骨董と自宅だった。

早川は明治末、下二番町（現在の二番町）に自宅を構えた。のちの日本テレビ局舎の土地である[14]。面積二六〇〇坪の広大な敷地に建坪八〇〇坪、三階建ての木造の日本建築は贅を尽くしたものだった。庭には、江戸時代のものと思われる築山と小滝が残されていた。

日本建築学会が発行する「建築雑誌」の一九一〇（明治四三）年五月号には、当時新築された名士の邸宅の規模や建設費用が紹介されている。[15] 湯島につくられた三菱財閥三代目の岩崎久彌邸、赤坂の高橋是清邸等とともに早川邸も含まれている。これによると早川邸の建築費は一二万円余とある。現在の価値に直すと五億円程度にのぼる。

近所に住んでいた国語学者の保科孝一は、早川邸について以下のように記している。

三井の大御所早川千吉郎氏が、麴町中六番町〔正しくは下二番町〕に、すばらしい邸宅、いな文字通りの金殿玉楼を新築された。昔の大名なら格別、いかに重役といっても、何十人の大家族でもあるまいに、こんな大邸宅をどうするつもりだろうと、近所に住んでいたわたしは、他人事ならず気にやんでいたのであった。[16]

早川邸には襖を取り払えば百畳にも及ぶ広間があった。そこでは頻繁に政財界の要人を招いた会合が行われ、一種のサロンのような役割を果たしていた。新聞でもその様子が度々報じられている。首相をはじめ時の政権の関係者を招いての酒宴では、当然政治の話題にも及んだであろう。その中の一人、原敬はのちに首相となった。

早川の大豪邸は当時の成金たちに一種の普請ブームをもたらした。例えば、第一次世界大戦の好況に乗って造船で財を成した内田信也は、早川千吉郎の屋敷に影響を受けた一人だった。

これくらいのことなら俺にも出来る。僕も一つ立派な邸宅を作って客をしよう。[17]

もともと内田の神戸・須磨にある五〇〇〇坪の自邸には、わずか六〇、七〇坪の住宅と柔道の道場だけが置かれていた。早川邸訪問後、客を招くに足る大豪邸が必要と考え、約二〇〇万円を投じて大普請に取り掛かり、いわゆる須磨御殿を完成させた。「洋館のほかに畳数にして五百畳も敷ける堂々たる邸宅で、大広間は廊下を抜くと次の間とで百畳敷き[18]」と、早川邸に劣らない広壮な住宅をつくり、敷地内にはボートハウスやテニスコートまで整備された。

余るほどの金を手にした成金たちは、こぞって豪勢な住宅を普請し、書画骨董を買い漁った。早川はいわば成金たちのロールモデルとなった。

一九二一（大正一〇）年五月に早川は南満洲鉄道の第七代社長に就任（当時満鉄トップの肩書は総裁ではなく社長）し、大陸へ渡ったが、翌年一〇月に脳溢血で倒れてそのまま客死した。遺品となった書画骨董はまとめて入札にかけられ、総額一四八万六八〇円六〇銭で売却された[19]。中には雪舟の「真山水」や伊藤若冲の「雪中花鳥」もあったという。二〇〇万円といわれる保険金もあわせると莫大な額となった。とはいえ、ポケットマネーで数々の無心に応えていたことから借金もかなりの額があり、残された財産はそれほどでもなかったとされる。

早川は生前、内田信也に対して「俺の子供にはこんな大きな家は要らないと教えてやる[20]」と語っていたが、早川の息子は既に独立し、別に家を構えていた。また、未亡人も広い住宅は持て余すために引っ越していた。

主を失った大邸宅は売りに出されることになったが、この家を購入しようとした意外な人物がいた。

張作霖である。張作霖爆殺事件で関東軍に殺されることになる張作霖は、渡満した早川と度々会食し、昵懇の間柄となっていた。早川の邸宅が売りに出されると知り、日本に留学する子息のためにこの家を購入しようとしたのである。[21]なお、長男の張学良は一九二一（大正一〇）年、次男の張学銘は一九二八（昭和三）年に来日している。しかし、外国人の不動産取得の制限があったため、成約には至らなかった。

早川の死後二〇年を経た一九四三（昭和一八）年に入手した人物が大谷米太郎だった。大谷はこの敷地に自らが興した大谷重工業の本社を置いた。先に述べたように、大谷と正力は富山の出。富山藩は加賀藩の支藩で前田家が治めていた。前田の殿様の側近がつくった絢爛豪華な建築は、大谷の目には眩しく映ったことだろう。富山の農民の出である大谷は幼少期の暮らしをこう振り返っている。

農民は百万石加賀藩の属藩からしゅん烈な年貢のとりたてにあっていた。富山県人の辛抱強い根性は、このきびしい自然と歴史を背景にして養われてきたのである。
私の家もそうした農家の一軒であった。八人家族というのは、いなかでも多い方だった。しかも、小作農である以上、いくら汗水流して働いてもその大半の米は地主や肥料代にとられてしまう。したがって、私どもの生活は、今ならにわとりが食べるようなクズ米を食べているきわめて貧乏な暮らしであった。[22]

そんな苦労人の大谷が早川の豪邸を手に入れたのである。これ以上の成り上がりはない。正力にしても、前田家の威光を借りて、新しく設立した日本テレビに箔をつけることができると考えたのではないか。日本テレビが、本社地を大谷重工業の所有地と発表せずに「早川氏邸跡」と表現していたところにその意志が垣間見える。前田家に連なる正統な継承者であることを印象付ける狙いがあったとの見方は穿ち過ぎだろうか。

高さ一五四メートルの鉄塔

一九五二（昭和二七）年九月二二日、旧早川邸で、正力を祭主とする地鎮祭が催された。[23] 敷地の入り口は紅白の幕のアーチで彩られ、晴れた秋の空には高さ約一五〇メートルの位置にアドバルーンが上げられていた。一五〇メートルは、これから建設される鉄塔の高さだ。会場には、広川弘禅農相、長谷愼一（郵政省電波監理局長）、馬場恒吾（読売新聞顧問）、石坂泰三（東芝社長）、杉浦六右衛門（小西六社長）、藤原銀次郎（実業家）、後藤文夫（元内務大臣）、山浦貫一（政治評論家）、吉屋信子（作家）のほか、読売、毎日、朝日各新聞社社長代理ら約三〇〇人が集まった。日枝神社の宮司による祝詞を奏上し、正力が鍬入れを行った。この時、半年後の一九五三（昭和二八）年二月に放送を開始することが発表された。この「二月開始」がＮＨＫにプレッシャーを与えることになるが、これについては後述する。

一〇月二八日には日本テレビ放送網株式会社が正式に発足。社長正力松太郎、専務取締役に清水與七郎、取締役に五島慶太ら一三名、監査役に奥村綱雄野村證券社長ら三名、相談役に藤原銀次郎と小林一三が名を連ねた。

こうして日本テレビの局舎と鉄塔の建設が始まった。鉄塔本体が一三二メートル、この上に送信アンテナ二二・四メートルを載せて総高は一五四・四メートルに及ぶ。[24] 塔の総重量は約二五〇トン。はじめはもう少し低いものを考えていたようだが、放送区域半径六〇キロメートルに届けるために必要な高さとして一五四メートルが導き出された。また、中継用のパラボラアンテナを設置する位置を決めるために、バルーンを使ったシミュレーションも行われた。[25] 八〇メートルの高さまでバルーンを揚げ、二〇メートルおきに旗をつけて、各所から見える旗の数で設置位置が決められた。

この時点で東京に一〇〇メートルを超える高さの自立構造物は存在していなかった。明暦の大火で焼失した江戸城天守は石垣を含めて約六〇メートル。一八九〇（明治二三）年に完成した浅草凌雲閣（浅草十二階）は五二メートル。一九三六（昭和一一）年に永田町の丘の上につくられた国会議事堂は六五・四五メートルだった。標高二五メートルの愛宕山頂に立っていたNHKの二本のラジオ塔も四五メートルにとどまる。

これまでにない高さを有する鉄塔だったこともあり、安全性、景観等、様々な観点から配慮が求められた。設計は清水建設が担い、建築構造学者である内藤多仲早稲田大学教授や武藤清東京大学教授等が専門家の視点で助言している。[26] 内藤は、愛宕山のNHKラジオ塔を設計したほか、のちに通天閣、名古屋テレビ塔、東京タワーも担当し、塔博士として知られることになるが、「構造上の事も大切だが非常に高いもので遠くから見えるものだから形の美しさも考慮に入れて設計する様に」とアドバイスした。

肝心の送信機とアンテナはアメリカのRCA製品が輸入された。ところが、納品が遅れたため、当初二月に予定されていた開局日が延期されることになる。そのお詫びなのか、一万ドル以上に及ぶとされた輸送料はRCA側が負担することになった。[27] 遅れた理由の一つは、台風の多い日本向けの耐風設計を行ったためであった。ＲＣＡ製は通常風速四〇メートル／秒で設計してあったが、六五メートル／秒まで耐えられる特注品だった。

アンテナ一式は一九五三（昭和二八）年六月にようやく横浜港に到着。八月三日にアンテナが鉄塔に据え付けられた。二〇日に試験電波の送信を開始し、二七日に本免許取得、翌二八日に日本テレビ放送網の本放送が始まった。アンテナ設置から一カ月も経たない慌ただしさだった。

開局の日、千代田区二番町の局舎では盛大な式が催され、吉田茂首相をはじめとする政財界の要人や文化人等、二五〇〇名に及ぶ招待客が列席した。[28] 周辺の狭い通りには、自動車が二〇〇メートル以上の列をつくった。式は、正力日本テレビ社長の挨拶に続いて吉田首相、堤康次郎衆議院議長、河井彌八参議院議長、歌舞伎の中村吉右衛門（初代）、一萬田尚登日本銀行総裁（代読）、スポンサー代表の三輪善兵衛丸見屋（のちのミツワ石鹼）社長が祝辞を述べた。三〇分に及ぶ式はテレビで中継された。

正力は挨拶の中で、「何分にも受像機がまだ高価であるから、いますぐ多数の一般家庭にそなえることは困難である。そのためまず大型の受像機を街頭集合所に常置してテレビを大衆にとけこませ、しだいに家庭に普及させたい」[29]と語っていた。いわゆる「街頭テレビ」だ。まだ海のものとも山のものともつかないテレビジョンを宣伝する手段として街頭テレビが実施された。なお、街頭テレビ自体は正力のアイデアではなく、日本テレビの創立を支えたアメリカ人技師のウィリアム・ホールステッドの提案によるものだった。

街頭テレビ以外にテレビ放送を宣伝する手段の一つが、鉄塔に設けられた展望台だった。

宣伝手段としての展望台

展望台は、高さ五五メートルと七四メートルの位置に設けられた。三〇人程度が一度に展望できる広さがあった。地上と展望台を結ぶ約八〇メートルのエレベーターは日本では前代未聞の高さであった。当初は保守点検用のエレベーターのみが予定されていたが、一五四メートルの高さを電波送信だけに用いるのはもったいないと考えた正力の一声で急遽乗用エレベーターに変更。東京を一望できる展望台が一般に開放されることとなった。

鉄塔に展望台を設置するにはいくつかのハードルがあった。当時の法律は、高さのある工作物に一般客が昇ることを想定していなかったのである。日本テレビは東京都と協議を行い、一定の配慮を施すことで展望台の設置が認められた。まず、安全対策として展望台の周囲に金網を張ることと、エレベーターの窓ガラスの面積を〇・二平方メートル以下にすることが要求された。入場料を取らないことも条件の一つだった。[30]のちに正力は、展望台の入場料を無料にした理由を「大衆への奉仕」と喧伝したが、実のところ、無償であることが建設の許可を得るための必要条件だったのである。また、屋外かつ八〇メートルもの長さを持つエレベーターの開発にあたっては、風圧、防水等の対策にも苦労がともなった。

エレベーターの完成は、本放送開始から遅れること約三カ月後の一二月一日。完成式の後、正力の案内で来賓が展望台へ上り、一〇日から一般公開された。東京を一望できたことから、休日ともなれば観光バスが乗り付けて、東京の名所となった。

東京新名所ＮＴＶのテレビ塔の展望台は朝七時半ごろから都内の小、中学の団体や、家族連れがどっと押しかけ十時すぎには六百人近くがやって来た。エレベーターは一回に十人ぐらい、台上は三、四十人ぐらいで一ぱいになるから順番がなかなか。受付嬢やエレベーターガールはテンヤワンヤ。

さて七十四メートルの展望台にのぼるとさすが寒いがはじめての子供たちは足元をガクガクふるわせながら『やあ、すげエやア』と目をみはる。もやに煙った大東京、大内山、日本橋のビル街、イモムシのような国電、暮の東京の営みを一望に文字通り〝うわの空〟の喜び方だった。[31]

新聞記事から当時の盛況ぶりがうかがえる。なにしろ、都心でこれほど高い展望の場はなかった。デパートの屋上が展望の場所となっていたが、高さはせいぜい三〇メートルだった。その倍以上の高さを持つ展望台は、新しい都市の体験を人々に与える場として受け入れられていった。[32]

2 NHKの鉄塔：紀尾井町

旧李王家邸跡での鉄塔建設

NHKは、日本テレビに先駆けて一九五三（昭和二八）年二月一日に内幸町の放送会館からテレビ本放送を開始していた。だが、送信環境は十分とは言えなかった。アンテナの高さは地上七三メートル、送信設備の出力は五キロワットで、いずれも日本テレビの約半分にとどまっていた。日本テレビのある二番町より二〇メートル以上低い標高も考慮すると電波の到達範囲も限定された。

日本テレビより一日でも早く放送開始するとの一念で漕ぎつけたものの、それは視聴者のためではなく、あくまでも公共放送であるＮＨＫのプライドのためだった。だが、日本テレビが鮮明な画像でテレビ放送を始めた以上、そのような状態で受信料を徴収することは許されない。一刻も早く日本テレビと同等、もしくはそれ以上の電波を送信する必要があった。

そこでＮＨＫは、紀尾井町に高さ一七八メートルのテレビ塔を建設し、一九五三（昭和二八）年一一月三日に送信所を内幸町から紀尾井町に移転した。日本テレビの開局から二カ月が経過していた。日本テレビの塔が一五四メートルであるから、一気に二四メートル上回る塔がつくられたわけである。

この送信所の建設は、本放送開始の前年から着手されていた。まだ、テレビの予備免許の目途も立っていない頃にもかかわらず、アンテナ調達、土地入手、塔の建設と慌ただしく進められた。

塔の建設地としては、紀尾井町一番地の旧李王家邸の一部一六一五坪の土地が充てられた。一帯は戦前に李王家へ下賜され、一九三〇（昭和五）年にチューダー様式の邸宅がつくられた。戦後、李王家が皇族に準ずる身位ではなくなると、土地と建物は国に返還され、邸宅は参議院議長公邸に転用されていた。

ＮＨＫはこの邸宅の北側の土地を一九五二（昭和二七）年九月に入手する。[33] ただしＮＨＫに直接払い下げられたわけではない。一度、七月に太平工業が購入し、その二カ月後にＮＨＫへ転売される形がとられた。ＮＨＫが直接国有地の払い下げを受けることができない仕組みであったことによる苦肉の策であった。この土地には住宅、門衛・供待ちの建物など七棟が建っており、これらの移転補償料など含め、取得経費は約三二八〇万円に及んだ。だが、坪一万六〇〇〇円は、坪二万円だった日本テレビの二番町の土地より安い。なお、旧李王家の残りの土地は、同年に西武鉄道が取得。邸宅は赤坂プリンスホテルに転用され（のち旧館）、南側には丹下健三の設計で、地上三九階の赤坂プリンスホテル新館が一九八三（昭和五八）年に開業することになる。

土地取得と同時期に、鉄塔に取り付けるアンテナや送信機器の手配も進められた。一九五二（昭和二七）年九月一九日、野村達治テレビ研究部長、遠藤敬二研究員、清水威寛研究員の三名が離日しニューヨークへ向かった[34]。野村は、のちにＮＨＫが六〇〇メートル級タワーを発表した際、専務理事兼技師長として計画に携わることになる。

もともとＮＨＫは、国産でアンテナや送信機を賄うことを模索していた。ところが、既に日本テレビはアメリカのＲＣＡに機器を正式発注していた。ＮＨＫには国産に拘泥する暇はなく、日本テレビと同じくＲＣＡ製品を発注することになった。ニューヨークではＲＣＡと直接折衝するとともに、アメリカのテレビ事情を視察することになった。遠藤はロックフェラーセンター内のＲＣＡ本社に連日通った。持参した鉄塔の図面をもとにアンテナを塔に設置できるかどうか相談し、組立方法や調整方法の聞き取りを行った。しかし、ＲＣＡの情報管理は徹底しており、工場見学時には、写真撮影はもとより、メモを取ることすら許されなかった。アンテナの青焼き図面一枚も手に入れることができず、ＲＣＡから渡されたのはカタログだけだった。

三名は、放送機とアンテナ購入の手配を完了させて一〇月二七日に帰国。購入代金は放送機が四六四〇万円、アンテナ二七五〇万円の計七三九〇万円だった。旧李王家の土地代金の二倍に及ぶ高額の買い物となった。日本テレビの時と同様に、注文はしたもののすぐには届かずしばらく時間を要することになる。

NHKの原点、愛宕山

紀尾井町の土地は標高三〇メートルの高台で、送信所の場所に適していた。しかし、一九五一（昭和二六）年一〇月の予備免許申請書には、送信所の位置は「愛宕山」と記されていた。

愛宕山はNHK発祥の地である。NHKの前身である東京放送局が一九二五（大正一四）年三月二二日に芝浦で仮放送を開始し、七月一二日に本放送が愛宕山の鉄塔から発信された。鉄塔の高さは約四五メートル、内藤多仲による設計だったことは先にも述べた。二本の塔の間に張られた空中線（アンテナ）からラジオの電波が送信された。

標高二五メートルの愛宕山は、東京市街地を一望できる数少ない山であった。幕末期にイタリア系イギリス人のフェリーチェ・ベアトが愛宕山から江戸の町を撮影したパノラマ写真でも知られる。一八八九（明治二二）年には「愛宕塔」と呼ばれる五階建ての高楼が設置され、翌年に完成した浅草凌雲閣（浅草十二階）とともに高所から東京を見下ろすことができる名所となっていた（なお、愛宕塔は浅草十二階と同様に関東大震災で倒壊）。愛宕山の山頂は東京中にテレビ電波を送るにはうってつけだった。

それゆえ戦前にも愛宕山でテレビ塔の建設が計画されていた。日本のテレビ研究の始祖ともいえる高柳健次郎の証言をもとにその経緯を見てみたい[35]。

NHKは、一九四〇（昭和一五）年に開催予定だった幻の東京オリンピックにあわせテレビ放送を開始する準備をしていた。テレビ塔の設置場所として最初は愛宕山が候補に挙がった。ところが、高さのある鉄塔は建設できないことが判明する。地盤が軟らかく、豪雨による土砂崩れなども頻繁に起きる場所だったのである。高柳は高さ三〇〇メートル程度のものを想定していたことから断念せざるを得なかった。

次いで、代々木にあった陸軍練兵場が候補となる。この場所は、戦後、米軍に接収され将校住宅地ワシントン・ハイツとなり、一九六四（昭和三九）年の東京オリンピックでは選手村に転用される。その後、都立代々木公園が整備され、敷地の一部をＮＨＫが取得し放送センターを整備することになる。戦前の段階でＮＨＫが代々木の練兵場の取得を検討していたことは興味深い。しかし、軍が幅を利かせていた時代に、陸軍が自らの土地を手放すはずもなく、これも立ち消えとなった。

なおもあきらめなかった高柳らは池袋の巣鴨刑務所に目をつける。戦後、巣鴨プリズンとしてＡ級戦犯らが収監されていた場所として知られる。一九七八（昭和五三）年には当時日本一の高さを誇る地上六〇階、高さ二四〇メートルのサンシャイン60がつくられることになる。巣鴨刑務所は一九三五（昭和一〇）年に府中へ移転し、一九三七（昭和一二）年に東京拘置所（戦後に巣鴨プリズンと呼ばれる）となるまでの二年間使われていなかった。おそらくこの空白の時期に候補になったと思われる。しかし、刑務所跡は「どうも縁起が悪い」として除外される。最後に、豪徳寺付近で決まりかけた頃、日中戦争の深刻化を理由にオリンピックの返上が決定。テレビ計画も消滅し、三〇〇メートルのテレビ塔は幻と消えた。

戦後、ＮＨＫが検討したテレビ塔は三〇〇メートルも必要なかったため、再び愛宕山が候補地となる。だが、この土地はＧＨＱに接収されており利用は叶わなかった。接収解除はテレビ放送開始後の一九五三（昭和二八）年一一月だった。やむなく他の土地を求めることになる。

当時ＮＨＫの建設部長だった五嶋丙午郎によると、のちに東京タワーが建設される芝公園二〇号地を候補に挙げていたという。[36] 十分な広さがあることから経営側に要望したものの認められなかった。結果的に、紀尾井町の旧李王家邸の土地の一部が手に入ることになった。紀尾井町の土地の標高は三〇メートル。標高二五メートルの愛宕山よりも条件は良かった。高柳らがテレビ塔建設に奔走した戦前、戦中であれば皇室の土地を入手することは確実に不可能だった。紀尾井町の旧李王家邸跡にテレビ塔がつくられたことは、時代の転換を象徴する出来事でもあった。

風致地区とテレビ塔

紀尾井町での建設工事は一九五三（昭和二八）年一月にはじまった。内幸町でのテレビ本放送の準備が大詰めを迎えていた頃だ。

ただ建設は思うように進まなかった。この敷地を含む紀尾井町一帯が、風致地区に指定されていたことによる。風致地区とは、都市計画法に基づく制度の一つである。都市内の水や緑の環境を守ることを目的として、区域内では建築物の建築や土地の造成等が制限される。紀尾井町の弁慶橋風致地区は一九五一（昭和二六）年一二月に指定されたばかりだった。芝公園、市ヶ谷の外濠、御茶ノ水駅周辺、上野公園、明治神宮外苑も同時に指定されていた。

それまで東京における風致地区は、多摩川、江戸川、洗足、石神井等のように都市近郊部に限られてきた（ただし、我国初の風致地区は明治神宮内外苑の参道〔表参道、北参道、西参道、外苑入口〕）。しかし、戦後復興期に都心部で進む開発によって風致の保全が図れない状況が生じ、「戦後の復興にや〻もすれば忘れ勝ちな身近に残された自然や文化財に対する認識を深め、東京の復興に資する」[37] ことを目的に都心での風致地区が導入された。制度創設時の当初意図を考えると、自然風景のみならず、文化財保護を包含するような指定は異例のことでもあった[38]。

異例の指定に至った背景には、戦後復興で勢いを増した開発の動きがあった。芝公園、上野公園、御茶ノ水、神宮外苑、紀尾井町について、各地域で起きた問題を具体的に見てみたい[39]。

まずは芝公園である。芝公園一帯の土地は都有地だったが、戦後の政教分離政策の一環として大部分の土地が近く増上寺に返還されることになった。この動きを察知した一部の事業者が巨大な観音像と浅草のような仲見世をつくって一大観光地に仕立てようと目論んだ。また、徳川家正が所有する徳川家墓地を買収して野球場を建設しようとする計画も都に持ち込まれていた。ちなみに、NHKが最初に鉄塔を建てる予定だった愛宕山もこの芝公園の風致地区に含まれている。上野公園では、不忍池を埋め立てて野球場を整備する計画が進んだ。不忍池を中心とする水と緑の景観が損なわれるとして、地元団体等の反対から計画が頓挫していた。芝公園と上野不忍池の野球場は、同じグループによって計画されたのだが、詳しくは次章で触れることになる。また、御茶ノ水では屋外広告物が問題となっていた。駅や電車から見える派手な広告物が神田川や聖橋周辺の美観を損なうとして議論を呼んでいた。屋外広告物の無秩序な掲示は、この時期大きな問題となり一九四九（昭和二四）年に屋外広告物法の制定に至る。神宮外苑では問題が顕在化していたわけではなかった。一帯は当時GHQによって接収されていたが、解除後の管理権を誰が持つのか決まっていなかった。民間団体が管理することになった場合、風致に配慮しない施設の整備がなされる恐れがあったことから、予防的な意味で風致地区に指定された。

そして、紀尾井町の弁慶橋周辺では、弁慶濠を利用してウォーター・シュートを設置しようとする業者が現れた。東京都はこれを拒否する根拠がなく、開発を規制する手立てが求められていた。

なお、このウォーター・シュート計画は、政治的なルートを通じて業者の申請を取り下げさせたことで風致が守られることとなる。

以上のような状況を鑑みると、風致地区内で高さ一七八メートルの鉄塔が建設されるとなれば、東京都も神経質にならざるを得なかったことがわかるだろう。

鉄塔の許可申請書が都に提出されると、風致地区内に巨大な塔をつくることに異論が出された。中でも問題視したのは、日本都市美協会である。この協会は都市の美観維持・創出を目的とした民間団体で戦前から活動を続けていた。不忍池の埋め立て計画が持ち上がった際にも反対の意思を示している。

この時期、都市美協会の会長は不在で、副会長の石井柏亭（画家）が実質的な代表者だった。東京都が協会の設立に関わっており、事務局は東京都建設局公園観光課に置かれていた。民間とはいえ公的な性格を持った団体でもあった。ＮＨＫの五嶋丙午郎によると、石井の自宅に赴き、都市美協会関係者から塔の色彩等について様々な注文がつけられたという。[40] 東京都は首都建設委員会に審議を依頼する念の入れようだった。風致地区の指定から間もない時期に風致を損なう恐れのある鉄塔計画が出てきたのであるから当然の対応でもあった。

一九五三（昭和二八）年三月二日、都はＮＨＫに対して風致を害しない程度の条件を付して許可した。[41] ところが、風致地区の許可が出された後も、なかなか着工には至らなかった。基礎工事の検査を経て本格的に建設となるのだが、申請しても都の検査官が現場に来なかったのである。[42] ＮＨＫの担当者が、都の検査官を強引に連れてきたものの、都は認めようとしなかった。東京都の職員に日本テレビの息がかかったものがおり、ＮＨＫのテレビ送信環境の改善を遅らせるためではないかとの憶測も流れた。しかし、都が認可をしない理由は明確だった。地質が粘土質だったことに加え、塔の高さに対して幅（脚部の開口面積）が狭く、安全性に疑念があったためだった。

高さの割に塔の幅が狭いことには理由があった。この鉄塔がもともと愛宕山の上に建てられる予定だったことは先に述べた。既設の二本のラジオ用鉄塔の脇には墓地があり、その上に建てることになっていたという[43]。愛宕山は南北に細長いために、広い面積は取れない。それゆえ、エッフェル塔のような末広がりの形ではなく、底面を小さくして直線的に上に伸びる四角錐の形状で設計された。そこに突然、小松繁NHK副会長から紀尾井町でつくるよう指示が出された。愛宕山はGHQが接収中で解除の目途が立たなかったのだからやむを得ない判断ではあった。現場としてはトップの命令には従わざるを得ない。設計をし直す時間もないため、愛宕山を想定したものをそのまま流用することになったのである。

その後、建設計画の安全性が確認され、三月中に基礎工事が完了し、鉄塔の工事が本格化していった。鉄骨には厚い部材が用いられ、設計したNHK建設部の新海政澄は「原爆が落ちても壊れない」ほど頑丈であると豪語した[44]。

宮内庁との近隣トラブル

鉄塔の工事が始まった後もトラブルは続いた。

原因は、建設地の北側に位置する宮内庁官舎である。官舎は四つの建物で構成され、敷地の一番奥が宮内庁長官公邸だった。公邸は秩父宮勢津子妃が公務で東京に来た際の宿舎として利用されていた。当時、秩父宮邸は藤沢・鵠沼にあり、結核を病んだ秩父宮の療養のために都心から離れた鵠沼で静養していた。

戦後の新しい皇室典範によって、正室の産んだ子のみが皇族の範囲となり、三笠宮、高松宮、秩父宮の三宮が皇族として残った。他の皇族は臣籍降下となったことから、自ずと三宮に公務が集中した。それゆえ秩父宮の負担も増えたが、体調の問題から秩父宮の代理で勢津子妃が頻繁に上京せざるを得なかった。多い時は週に一度に及んだ。

一九五三（昭和二八）年一月四日に秩父宮が死去。[45] その後も勢津子妃は、公務の度に宮内庁長官公邸に泊まる機会が続いた。ちょうど千代田放送所の建設工事が始まろうとしていた時期にあたる。

鉄塔工事中のある時、勢津子妃の上京のために宮内庁官舎で布団を干していたところ、塔の塗装に使っていたペンキが風で飛んで布団にかかった。[46] NHK職員があわててシンナーで落とそうとしたが、むしろ広がってしまい、急遽三越に布団を買いに行くことになった。この件はNHK内部で大問題になった。ペンキは、官舎の屋根にも落ち、鉄塔から見下ろすと住宅の屋根には銀色の斑点が散らばって見えたという。

宮内庁とのトラブルはこれだけではない。宇佐美毅宮内庁次長（のち宮内庁長官[47]）を怒らせる事件も起きた。[48] ウインチを使って資材等を塔の上に引き上げる際、ケーブルを地面に固定する必要がある。それをよりによって官舎の庭にある松の木の根っこに引っ掛けたのである。由緒ある松の木だったらしく、普段は温厚な宇佐美もこの時ばかりは怒りを隠しきれない様子で抗議した。

NHKは官舎の各部屋に酒を持ってあいさつに回るなどして関係修復に努めた。その結果、宮内庁関係者の家族が放送所を見学したり、敷地内のテニスコートを利用したりするようになった。それまでに官舎側に入ってしまったテニスボールもまとめて返却された。

高さ一七八メートルの鉄塔完成：内幸町から紀尾井町へ

数々のトラブルを抱えながらも鉄塔が完成し、一九五三（昭和二八）年一一月三日に送信所が内幸町から紀尾井町へ移転した。翌年一月四日には、送信所の名称が、紀尾井放送所から千代田放送所に変更された[49]。映像出力は五キロワットから一〇キロワットへ、アンテナの位置も七三メートルから一七八メートルに高くなったことで、テレビ送信環境は大幅に改善された。本放送開始から九カ月後、日本テレビ開局から約二カ月後に千代田放送所からの放送が可能となり、関係者は安堵した。綱渡りのような準備が実を結んだ。

だが、ここで大きな疑問が生じる。日本テレビとNHKはともに自らのテレビ電波の発射を目的に準備を進めてきたわけだが、なぜ鉄塔を共用しなかったのだろうか。

その理由を理解するには、両者のテレビ参入時にさかのぼる必要がある。

3　NHKと日本テレビの対立

批判された二つの塔

二つのテレビ塔がつくられたことに対しては、批判も少なくなかった。

一九五三（昭和二八）年五月、日本テレビのスタジオ建設のアドバイザーをつとめたウォルター・J・ダスチンスキーが来日した際、二つの塔の建設を認めた政府の対応に疑問を呈した。ちょうどＮＨＫの紀尾井町鉄塔が建設中の頃である。

ここへ来る途中ＮＨＫの放送塔も見たが、都心に二つも塔を建てさせた日本政府の方針は不可解だ。飛行機や雪害の危険も多いのでアメリカでは連邦通信委員会の命令で一都市一塔、各テレビ会社が共同に使用して資材を節約している。[50]

例えば、ニューヨークではエンパイア・ステート・ビルの屋上に各社の送信施設が設置されていた。

ＮＨＫが紀尾井町の鉄塔から放送を開始した一九五三（昭和二八）年一一月には衆議院電気通信委員会でも取り上げられた。東京電気化学工業（のちＴＤＫ）の創業者で衆議院議員の齋藤憲三が二つの塔を非難した。

ああいうものは東京には一本でいいのであつて、ああいうものが二本、三本建つということは、むしろ電波行政の統一というものがないのだ。[51]

これに対して塚田十一郎郵政相は、「電波放送の建前から行けば、やはり本人らがどうしてもやるという以上はいかんともしがたいのである」と弁明した。[52] 電波行政を司る郵政省は塔の共用を検討するように促したが、日本テレビとＮＨＫは納得せず、それぞれ独自の塔を設けた。

この背景には、テレビ放送開始を巡って生じた両者の軋轢があった。

日本初のテレビ放送がＮＨＫの手で開始されたことはこれまでにも述べた。だが、ＮＨＫとしては想定外の早い放送開始であった。もちろんＮＨＫは戦前からテレビの研究を積み重ねていたが、復興途上の日本でテレビを開始するのは時期尚早と判断していた。事実、一九五一（昭和二六）年八月に正力と面会した小松繁ＮＨＫ副会長は「ＮＨＫとしてはまだ準備が出来ていないため五、六年テレビはやれそうもない。しかし正力氏がおやりならあらゆる協力を惜しまない」[53]と言明していた。ところが、九月の経営委員会でテレビ実施を決定、一〇月にはテレビ放送の予備免許の申請に至った。わずか二カ月の間の変心である。

この短期間に何があったのか。

ＮＨＫが従来の主張を翻意した裏には、正力松太郎率いる民間の日本テレビ放送網の出現とそれをバックアップするアメリカの存在があった。ＮＨＫ会長の古垣鉄郎は、郵政省の機関誌『電波時報』に論文を寄稿し、正力を牽制した。

> アメリカを除く世界中の殆どの国々がテレビジョンを公共放送形態で運営している時、ひとりわが国のみが、その経済状態を顧慮することなく又敗戦国としての賠償義務にも思いを及ぼすことなく、商業放送への道は果して考え得るものであろうか。（略）国民大衆の要望にこたえ公共の福祉と国民文化水準の向上に寄与する道は、テレビジョンを単一の公共放送形体《原文ママ》によって行う以外にないことを私は堅く信ずる者である。[54]

日本のテレビジョンは公共放送であるＮＨＫが担うべきであり、経済的な体力のない日本でアメリカのような商業放送は成立しないとの主張である。かつて国際連盟で働き、朝日新聞ロンドン支局長も務めた古垣は、ヨーロッパ暮らしが長かった。アメリカ式商業主義への反発もあったのだろう。

日本テレビの攻勢に駆られるように、ＮＨＫはやむなくテレビ事業に乗り出さざるを得なかったのである。

正力松太郎とテレビ

正力がテレビに関心を持ったのは一九四八（昭和二三）年末のことである。戦後、Ａ級戦犯の指定を受けていた正力は、一九四七（昭和二二）年九月に巣鴨プリズンから釈放されたが、公職から追放されていた。その正力の元に戦前からテレビの将来性に着目していた鮎川義介からテレビジョンの話が持ち込まれる。その後、一九四九（昭和二四）年七月に、ビクターの株主でテレビの商業化を目指していた皆川芳造が、鮎川に書簡を送り協力を要請。一〇月には皆川の協力者であったテレビ技術者のド・フォレーがダグラス・マッカーサー連合国最高司令官に宛てて、正力を中心とするテレビ事業の実施を提案した。ところが、ＧＨＱからの返事は芳しいものではなかった。アメリカの資金提供が必要ないならば実施してもよいが、公職追放中の正力は適切な人物ではないとの回答だった。[55] 首相の吉田茂も反対したといわれる。皆川らはあきらめざるを得なかった。

この二年後、別ルートでテレビ事業の話が正力にもたらされた。これが日本テレビ設立の直接的なきっかけとなる。

一九五一（昭和二六）年四月、ＮＨＫのニュース解説者だった柴田秀利が正力のもとを訪れ、テレビ事業について相談する。柴田は戦前に報知新聞社に入社、戦後の第二次読売争議では馬場恒吾とともに労働者側の要求を撥ね付け、争議を終結させたことで正力の信頼を獲得していた。正力の成果とされるテレビや原子力は、柴田が黒子となって日本にもたらされた。このことは、柴田自身の回想録『戦後マスコミ回遊記』や佐野眞一の『巨怪伝』、奥田謙造の『戦後アメリカの対日政策と日本の技術再興』等、多くの文献で明らかとなっている。本書で扱う屋根付き球場や、四〇〇〇メートルの読売タワー、正力タワーも柴田が密接に関わっていたが、これらについては後に触れることになる。

当時、柴田はNHKラジオのニュース解説を担当し、歯切れのよい語り口で人気を呼んでいた。柴田がNHKで一つの外電に接したことが、柴田と正力の運命を大きく変えていくことになる。

その外電とは、一九五〇（昭和二五）年六月、アメリカ上院議員のカール・ムントが「ビジョン・オブ・アメリカ」計画を上院で演説したニュースである。ビジョン・オブ・アメリカは、アメリカの技術をもとにテレビジョンネットワークを関係国で構築し、テレビを通じて各国民に民主主義を啓蒙することで、共産主義の脅威から守ることを目的とするものだった。当時アメリカでは赤狩り（マッカーシズム）が猛威を振るい、日本もビジョン・オブ・アメリカの対象国として挙げられていた。全国に二二の中継局が必要であり、一局あたりの建設費が一八万ドル、計三九六万ドル、その他に建設技術費や中央スタジオの建設に六五万ドル、年間のランニングコストが三〇万ドルとの試算が示された。この計画には、詳細な研究のために日本に使節団を送る用意があることも含まれていた。

このムントのアイデアが柴田の目を引いた。柴田は、読売争議の経験から共産化への懸念を抱いていた。かといって、アメリカがテレビジョンネットワークを構築することには反対だった。当時の日本は占領下。独立による主権の確立が柴田の悲願であった。占領下とはいえ、アメリカによるネットワーク構築は主権の侵害であり、日本自らが手掛けるべきと柴田は考えた。マッカーサーも同様の考えを持っていた。ムントから日本でのテレビジョン実施について打診を受けたマッカーサーは、「日本国民が実行すべきことについて、当局が実行することをできる限り差し控えてきました」とした上で、テレビジョンについても「日本企業で実施されなければならないでしょう」と返信していた。[56]

一九五一(昭和二六)年春、柴田はアメリカ政府の招待で電波監理委員会委員らとともに渡米する。弁護士で上院外交委員会顧問のヘンリー・F・ホールシューセンらと面会し、ビジョン・オブ・アメリカ構想は、日本自らが手掛けるべき旨を主張した。だが、日本が手掛けるには資金が要る。そこで渡米前に旧知の正力に相談したのである。正力は、かつて鮎川や皆川から持ち掛けられたテレビ事業に関心を持っていたこともあり、柴田の計画に賛同した。ただ、公職追放が活動のネックになることから、柴田に公職追放の解除の手筈を整えるように指示する。柴田は、アメリカ側に資金的な裏付けが得られたことを伝えた。この時に正力の公職追放解除も要請したと思われる。

一九五一(昭和二六)年八月六日、正力の公職追放が解除される。[57]「追放解除になってうれしい。今後は多年やってきた新聞事業その他文化事業に尽力したいと思っている。特にテレビジョンの開始実現には大いに努力したい」[58]。こう談話を発表した正力は、テレビ事業への意欲を見せた。追放解除の四日後の八月一〇日には、正力はホールシューセンに書簡を送り、テレビ事業の資金的な目途が立ったことを伝え、技術や設備の支援、ドル資金の調達への協力を依頼した。

八月末にはアメリカからホールシューセンのほか、ウィリアム・ホールステッド、ウォルター・

J・ダスチンスキーの三人が来日。政財界の様々な会合に出席し、テレビジョンネットワークの必要性、技術的な可能性、日本にもたらされることの意義を説いて回った。彼らの来日中の九月四日には正力らがテレビ放送計画を発表した。

これに慌てたのがNHKであった。それまでテレビ事業は時期尚早と消極的な姿勢を崩していなかったが、正力の参入で悠長なことは言っていられない情勢になりつつあった。

日本テレビとNHKの戦いのはじまりである。

まずはテレビ放送の標準方式を巡って論戦が交わされることになる。

テレビ放送の標準方式を巡る対立

当時の電波行政は現在とは大きく異なる。電波行政の方針の決定権は大臣ではなく電波監理委員会が握っていた。これは、政府からの独立性を担保するためにGHQの意向を踏まえて設置された第三者機関である。その電波監理委員会が一九五一(昭和二六)年一〇月に「白黒式テレビジョン放送に関する送信の標準方式案」を策定した。標準方式とはテレビ信号の送信の方式を定めたもので、テレビ放送の前提となる規格である。電波監理委員会の提案は、その規格を六メガとするものだった。この是非を巡ってNHKと日本テレビが対立する。六メガ案に賛意を示したのが日本テレビで、NHKと業界団体は七メガが適切であると主張した。

日本テレビは、アメリカの技術を輸入して早期にテレビ導入を図るべきとの立場をとった。できるだけ早く開始するにはアメリカで導入された六メガを採用した方が合理的との考えに基づく。逆に言えば、アメリカの技術頼みの日本テレビは、六メガでなければテレビ事業が立ち行かなくなるため、アメリカと同じ六メガを採用してもらう必要があった。

一方、NHKが七メガを要求した表向きの理由は、六メガは将来的に導入されるカラー化に対応できないというものであった。だが、NHKは積極的に七メガにしたかったわけではなく、「六メガにさせたくなかった」のである。NHKは戦前から地道にテレビ研究を継続してきた。自前の技術を確立した上で、テレビ放送を開始したかった。そのためにはまだ準備期間が足りなかった。ここで六メガが採用されれば、アメリカの技術を用いた日本テレビに先を越されてしまう。NHKと同じく六メガに反対した業界団体（無線通信機械工業会）は、アメリカ頼みでは受像機をはじめとする国産技術の育成が阻害されると考えた。国産の技術を育てるためにはアメリカと異なる七メガである必要があった。

受像機について正力は、アメリカの中古を調達すれば二〇〇万台は確保できると主張。これに対し、矢野一郎NHK経営委員長はアメリカのおさがりで日本のテレビを始めることに拒否反応を示した。NHKは自前の技術に基づくテレビ事業にこだわった。

一九五二（昭和二七）年一月一七日、標準方式に関する聴聞会が開催された。参考人として呼ばれた電気工学者の八木秀次東北帝国大学元教授は、六メガも七メガも技術的な差はなく、六メガの汎用性の高さ、カラー化にも対応可能であること等を学術的な観点から指摘した。七メガの技術開発を待っていたのでは、ただでさえ遅れているテレビ技術が一層遅れをとり、テレビの普及ひいては経済発展に支障をきたすと主張した。

議論は平行線を辿った末、二月一六日に電波監理委員会は六メガの採用を決し、二月二八日に「白黒式テレビジョン放送に関する送信の標準方式」が制定、公布された。

この電波監理委員会の決定にＮＨＫは反発する。異議申し立てをして六メガ採用の撤回を求めた。この異議申し立ては、ＮＨＫがテレビ放送の準備期間を確保するためであったとの見方がある。

ＮＨＫの当時の状況を考えると、この異議申し立ては本放送開始引き延ばし戦術ではなかったかと思われる節があった。当時ＮＨＫは、テレビ放送は果たして採算がとれるのか、本放送を開始して継続して番組が供給できるのか危惧していた。ＮＨＫはこれより前、二六年九月「テレビ番組研究委員会」を暫定職制として発足させ、番組制作面での研究に取り組んでいたが、まだ十分ではなかった。その後もこうした「まだ本放送は時期尚早」の雰囲気があったのか、二八年度のＮＨＫ予算には「テレビ本放送経費」は計上されていなかった[59]。

これは、ＮＨＫのＯＢらが執筆、編纂した『千代田・芝放送所史』に記されたものであるため信憑性は高い。予算にテレビ本放送経費が計上されていなかったことは、後述するＮＨＫの予備免許取得の足かせとなる。

予備免許を巡る対立

ＮＨＫと日本テレビとの間に生まれた溝は、テレビの予備免許の取得を巡って深まることとなる。なお、予備免許とは局舎の建設を許可するものであり、免許（本免許）は本放送を許可するものである。予備免許が交付されれば実質的に本放送が可能であることを意味するため、各局は予備免許の取得に力を注いだ。

NHKと日本テレビは、互いに自らが予備免許を得るべきであると主張した。この時、関東におけるテレビ用のチャンネル枠は三つあった。だが、申請すれば自動的に取得できるわけではなかった。テレビ事業を遂行するための経済的、技術的な裏付けが求められた。

日本テレビは正力自らがロビー活動に乗り出した。予備免許交付の権限を持つ電波監理委員会の網島毅委員長のもとに直接足を運び、予備免許の許可を求めた。正力は、首相の吉田茂にもアプローチしていた。ある時、吉田から呼び出された網島は、「網島君、正力がうるさくてね」と切り出された[60]。繰り返すが、電波監理委員会は政府から独立した機関である。ここで吉田が口を出すことは越権行為となる。そのため吉田は直接自身の意見を述べることはなかった。だが、網島が部屋を出ると、同席していた吉田の側近で官房長官の保利茂がこう言った。「総理は、テレビは正力にやらせたいと思っていますよ」。日本テレビに予備免許を与えたいとの意思を暗に示したわけだが、網島はこれに答えなかった[61]。当時、吉田は電源開発の借款をアメリカに申し込んでおり、これを実現するためにはアメリカの技術でテレビジョンを導入した方が得策と考えていた[62]。

一九五二(昭和二七)年六月、吉田内閣が進める行政改革の一環で、七月末をもって電波監理委員会が廃止されることになった。これにより予備免許の許可権限は、八月から郵政省に移る。

七月三一日、最後の電波監理委員会が開催された。議論は長引き、二三時四五分、電波監理委員会が消滅する直前にようやく結論が出された。電波監理委員会は日本テレビのみに予備免許を与え、NHKとラジオ東京は保留とする方針を決定した。

当初、委員会としてはNHKと日本テレビの双方に予備免許を交付する方針に固まっていた。しかし、委員の一人が昭和二八年度のNHK予算にテレビ放送事業の経費が計上されていない点を問題視した。放送法では、ＮＨＫの予算は国会の審議を経る必要があったが、当該年度の予算にテレビは盛り込まれていなかった。仮に補正予算で位置付けるにしても国会の審議を通さなければならない。つまり、法律上、ＮＨＫに予備免許を与えることは難しかった。電波監理委員会としては、予算を獲得するまで判断は保留するとの結論に至った。

片や、予備免許を得た日本テレビの予算的な裏付けはどうだったのか。一〇〇〇万円以上の大口出資者から五二口、六億円近くを既に集めていた。メンバーの中に、大谷米太郎、永田雅一（大映社長）、小林一三（阪急）、五島慶太（東急）、新聞各社等が含まれていた。

ＮＨＫの追い上げ

予備免許の取得に失敗したＮＨＫだったが、テレビ放送の準備を加速させていった。

日本テレビが翌年二月の放送開始を宣言していたことからＮＨＫは焦っていた。日本テレビより早く始めるには、予備免許取得と放送設備の準備を並行して進める必要があった。一〇月には実験放送所を世田谷区砧のＮＨＫ技術研究所から内幸町の放送会館に移転し、仮放送所を設置した。屋上に増築された約六〇坪の建物に放送機室、主調整室、フィルム送像室を置き、地下に電源設備が設けられた。屋上には応急的に高さ三〇メートルの鉄塔も建設され、その頂部にアンテナが据えられた。この段階で映像出力は一キロワットから三キロワットに増力されたものの、送信機もアンテナも技術研究所が開発した試験局のものが流用された。すべてが間に合わせの仮設的な設備だった。

暮れも押し迫った一二月二六日に予備免許が交付された。予備免許の保留の要因だったテレビの予算措置については国会対策によって解決していた。翌一九五三（昭和二八）年一月には映像出力が三キロワットから五キロワットにさらに強化され、一月二六日に本免許が交付。二月一日に本放送が始まった。

予備免許取得は日本テレビから約半年遅れたにもかかわらず、その一カ月後に本放送を間に合わせた。同時期の開局を予定していた日本テレビは、ようやく鉄塔本体が完成したばかりで、肝心のRCA製のアンテナはアメリカから出荷すらされていなかった。日本テレビが準備に手間取る間にNHKが先を越した格好となった。だが、内幸町の放送会館から送られた映像の質は悪く、電波の到達範囲も限られたものだった。日本テレビに先行を許さないために、間に合わせの設備で開始したためである。NHKの準備期間は限られ、機器等の設備も開発途上の不十分なものだった。その半年後の八月に日本テレビが一五四メートルのタワーから放送を開始した。NHKと比べて映像出力は二倍、アンテナの高さも約二倍で、映像の質は明らかに日本テレビの方が上回った。

古垣NHK会長と正力が鉄塔の共用について話し合ったこともあったが、NHKは日本テレビとの鉄塔の共用をよしとしなかった。二人の話し合いに同席した前田義徳NHK報道局長（のち会長）は、「正力さんは手にした紅茶が洋服の上にこぼれても意に介せず熱弁をふるわれた」[63]と後年回想している。古垣は正力の説得を受け止めることなく、独自の鉄塔建設に踏み切った。紀尾井町に高さ一七八メートルの鉄塔をつくり、映像出力も日本テレビと同じ一〇キロワットにすることで視聴環境の改善を図ったのである。

一九五一（昭和二六）年九月の正力によるテレビ参入表明から約二年の間に、日本テレビとNHKとの間には、容易に修復できない溝が刻まれていた。塔の共用以前の問題だった。

4　ラジオ東京の鉄塔：赤坂

一九五五（昭和三〇）年四月一日、ラジオ東京がテレビ放送を開始した。関東エリアではNHK、日本テレビに続く三つ目のテレビ局であった。ラジオ東京も自前のテレビ塔をつくり、三つ目の塔が東京に誕生することになる。NHKと日本テレビから二年遅れた訳は、ラジオ東京が準備に時間をかけたことによる。NHKと同様、早期のテレビ進出には後ろ向きだった。

ラジオ東京の発足

ラジオ東京は一九五一（昭和二六）年一二月二五日にラジオ放送を開始。関東でははじめて、国内では中部日本放送等に続く六番目の民間ラジオ放送であった。

一九五〇（昭和二六）年一二月、電波監理委員会が東京で民間二局に対するラジオのチャンネル割当を決定すると、参入を希望する会社が殺到した。なかでも有力視されたのが、朝日放送（朝日新聞）、読売放送（読売新聞）、ラジオ日本（毎日新聞）、東京放送（日本電報通信社）だった。

枠が限定される中で、これらの候補がラジオ東京として一本化された。実業界の重鎮、原安三郎の仲介によるものだったが、日本電報通信社（のち電通）の吉田秀雄が中心となって各所の調整にあたった。吉田はいわば民間放送のプロデューサーとなった。NHKと異なり、聴取料は徴収しない代わりにスポンサーを集める必要があった。ラジオは新しいメディアとして広告市場の拡大が見込めた。この時点でNHKの契約世帯数は九〇〇万世帯[64]を超え、ラジオ受信機は十分に普及していた。広告を集める電通にとって民間放送は新たな収入源になることが期待できた。

一九五一（昭和二六）年五月に発足したラジオ東京は、朝日新聞、読売新聞、毎日新聞、日本電報通信社の四社が共同出資し、社長にはのちに東京商工会議所会頭を務める足立正が就くことになった。足立の希望で、専務には毎日新聞出身の鹿倉吉次が就任した。鹿倉は大阪毎日新聞の販売部見習いから出発し、営業畑で実績を重ねて販売部長、常務取締役、専務取締役を歴任したたたき上げの人物だった。一九四六（昭和二一）年一一月に退社後、公職追放となり、一九五〇（昭和二五）年一〇月に解除されたばかりだった。堅実な経営で大阪毎日新聞の黒字化に貢献した人物として白羽の矢が立ったのである。ラジオ東京の局舎は有楽町の毎日新聞社屋の七階に設けられた。これは、四社のうち一番準備が進んでいたのが毎日新聞だったことによる。毎日は、送信機等の機材の発注も既に済ませていた[65]。専務に毎日の鹿倉を据えたことも、こうした点が影響したのかもしれない。

民間ラジオ放送に対しては懐疑的な見方も少なくなかった。当時、ラジオ局はＮＨＫのみで利益の出る事業とはみなされていなかったのである。阪急グループの創設者小林一三もその一人だった。小林は旧知の仲の鹿倉吉次に、ラジオ進出をやめるよう説得した[66]。

「きみはこんど東京放送〔当時はラジオ東京〕に行くことになったそうだがこれは一体どうしたことだッ」っていうんです。「どうかしましたか？」って聞いたら、「きみは毎日新聞をやめたら何もせんといっていたじゃないか。何かしたいんだったらおれがいくらでも心配するからやめてくれ」、「それはそういうわけにはいかん、もう約束してきたんだから」といったんですよ。そして結局わかれて帰ったんだ。

だが、およそ半年が経過すると、小林は鹿倉を訪ねて、こう言った。

「きょうは、お前にあやまりにきたんだ」「あなたからあやまられる理由はないんだが、何をあやまられますか」、「いや、おれもずいぶん長い間いろいろなことを言ってきたけれども、放送のことだけは見あやまった。おれはお前にやめろといったけれども、非常につごうよく進んだということは、全くおれの間違いだった。それをお前にあやまらなければならん」

ラジオ東京が何とか軌道に乗ったことで、小林は自らの不明を恥じて謝罪した。阪急グループを創設し、鉄道、デパート、宝塚歌劇団、東宝といった数多の新規事業を成功させた小林ですら、民間ラジオ放送が成功するとは思えないほど、リスクの高い事業と認識されていたのである。

テレビへの進出

ラジオ事業が順調な船出を迎えると、今度はテレビ進出を目指す。一九五二（昭和二七）年六月一六日、ラジオ東京はテレビの予備免許申請を行った。日本テレビとＮＨＫのほか、日本テレビジョン放送協会と日本文化放送協会も申請していた。政府が示したチャンネルプランでは、関東では三局認められることになっていた。限られたチャンネルを確保するためには、ラジオ東京としても出遅れてはならないと判断したのである。

テレビのスタジオ等は有楽町にあったラジオ東京の既存施設を利用することを想定していた。その理由は資金と時間である。新たな設備投資をできるだけ抑制し、予備免許を受けた日から半年以内での工事完成を予定した。

当時、ラジオの番組制作は、毎日新聞ビル（旧東日会館。一九三八年完成）で行い、このビルの屋上から電波を送信していた。ビル内にはかつて東日天文館というプラネタリウムがあった。戦前の東京で唯一つくられた本格的プラネタリウムだったが、一九四五（昭和二〇）年五月の空襲で焼失。一九五一（昭和二六）年のラジオ東京開局に伴い、プラネタリウムの部分は毎日ホールとして改修され、公開放送等を行うスタジオとして活用された。このスタジオを改造してテレビに利用する予定だった。

スタジオは既存施設を用いるにしても、送信所は別途確保する必要があった。ラジオ東京は、永田町の国会議事堂の裏、のちに議員会館が建設される敷地付近に五〇〇フィート（約一五〇メートル）の鉄塔を建てることを考えた。[67]

しかし、この時の予備免許は許可されなかった。前述のように、一九五二（昭和二七）年七月三一日に開かれた電波監理委員会で日本テレビのみに予備免許が交付されたのである。ラジオ東京はＮＨＫとともに保留との結論が示された。ＮＨＫが保留となった理由は、テレビ事業の予算措置がなされていなかったためだったが、ラジオ東京の場合はラジオ事業の基盤を確立してからテレビをはじめても遅くないとの理由だった。[68]

この電波監理委員会の結論にラジオ東京は反発する。「ラジオとテレビの兼営が有利だという主張に対して電波監理委は何の考慮も払っていない」として、保留は不当であると主張した。

だが、本音としては、そこまで積極的にテレビ免許を望んでいたわけではなかった。むしろ、この段階でのテレビ進出にはやや及び腰で、社内は慎重論が人勢を占めていた。

そのような中で、テレビ参入に積極的だった人物が今道潤三だった。一九六〇（昭和三五）年に専務、一九六五（昭和四〇）年に社長となり、のちのTBSの骨格をつくりあげた中心人物である。東芝日曜劇場を立ち上げたほか、「私は貝になりたい」では芸術祭賞を受賞したことでも知られる。今道が敷いた路線は、のちに「ドラマのTBS」「報道のTBS」の異名を定着させる礎となる。

今道は京都帝国大学を卒業後、大阪商船に入社し、海運に従事していた。仏印でハノイ、ハイフォン、サイゴンに設置された支店を束ねていた。戦中は九州の石炭を航空兵器総局管下の工場に運ぶ仕事を担い、終戦を門司支店長として迎えている。戦後、大阪商船を退職し、第一回参議院選挙に出馬するも落選。鵠沼で隠棲していたところ、鹿倉の使者が今道を訪ね、ラジオ東京入社を求めた。大阪毎日出身の鹿倉は、大阪商船に勤めていた今道と大阪時代に面識があり、旧知の仲だった。

一九五二（昭和二七）年秋に入局し、広告料金値上げのためのスポンサー説得にあたった。ラジオ東京のテレビ予備免許申請自体は今道が入局する前に行われていたが、今道はできるだけ速やかにテレビ放送を開始すべきと考えていた。

今道の積極策が功を奏し、一九五三（昭和二八）年一月一六日に首尾よく予備免許を取得したが、専務の鹿倉吉次は慎重な姿勢を崩していなかった。あくまでもリスクの大きいテレビ放送の開始まで時間をかけるべきと考えていた。予備免許が下付された時点で日本のテレビ放送はまだ始まっていない。NHKテレビはこの年の二月に開局、テレビの契約台数はわずか八六六台だった。日本テレビが開局した同年八月には一万台に増えていたものの、テレビ受像機の普及の見通しが立っていたとは言いがたい状態だった。しかも、ラジオ東京がラジオ放送を始めてからまだ一年余り。ラジオ事業が軌道に乗っていたとはいえ、テレビはリスク以外の何ものでもなかった。鹿倉としてみれば、NHKや日本テレビの状況を見極めた上で判断したかったのだろう。

のちに今道はこの時期を振り返って次のように述べている。

まず、考えなくてはならなかったのは、どうしたら経営的に成り立つかという問題でした。その点、公共放送のNHKや、採算は二の次と考えられた正力さんのところとは、根本的に違う点でした。[69]

米国技術に依存する以上、技術的にはすぐにでも出来る。しかし商業テレビとして成立するための、スポンサーがこれを養うだけの経済力はまだ日本では不十分だ。[70]

堅実な経営者である鹿倉がテレビ参入に及び腰になるのは無理もなかった。役員会も反対の意見が支配的だったが、業務局長の今道は、できるだけ早く開始すべきと強硬に主張した。必要な資金は一〇億円と言われたが、今道は「とにかく規模は小さくてもいいから、スタートだけは早く切ろう。そのためには五分の一の二億円でもいいから、とにかく踏み切ろうではないか」と周囲を説得した。[71]

テレビ積極論者の今道も、本音としてはもう少し時間の猶予が欲しかったようだ。

もう三年テレビを待ってもらえば、ラジオ事業の基礎を固めることができたと思うのです。ところが、テレビが許可された、サア早くせんと電波がないぞというんで、みんなが急いでやつたわけですね。当時、民間ラジオは堅実な行き方をしていたんで、これには面くらつたというのが実情でしたよ。（中略）政治がいけないんですよ。あのときNTVのテレビを許可したのが、そもそも間違いだつたんですよ。[72]

鹿倉も今道と同様の認識を持っていた。

正力松太郎君がNTVをやるという時分に、テレビなんていうのは一か所やればいいという。だからNHKをやめさせろというんでぼくのところへも何回も言ってきたんですよ。そんなことはできるはずがないじゃないか、一か所でいいのならNHKにやらせるべきだというのがぼくの主張なんだ。[73]

その日本テレビの正力は、ラジオ東京がテレビに進出する段になると猛反対した。テレビの予備免許がまだ日本テレビにもNHKにも下りていなかった頃、有楽町の日本倶楽部で鹿倉と正力が顔を合わせた。[74] 正力は「東京に何社もできては、テレビは成立たない。NHKには絶対やらせない。KR〔ラジオ東京のこと〕はしばらく手を引いてくれ」と鹿倉に迫った。「いや、そうはいかない」と鹿倉が拒むと、「KRは三新聞が作ったのをお忘れか」と正力は手を引くよう説得した。もともとラジオ東京は朝日新聞、毎日新聞、読売新聞の三社がつくったラジオ局で、読売も株主だった。正力はそれを盾にラジオ東京の予備免許申請の取り下げを迫った。

鹿倉は「新聞、新聞というが、三社の株は一割にもならないじゃないか」と反論。すると正力はテーブルを叩き、コーヒーがこぼれて、同席していた人たちが二人をなだめるほどだった。

今道も「正力さんのテレビに対する情熱はわかるとしても、こうした排他主義には、かなり悩まされました」[75]と回想する。

かつて正力がテレビ進出を決めた時、NHKの古垣会長から「テレビはNHKが行うからあきらめてくれ」と言われ激怒した。ところが、いざテレビ免許を取得できる見通しが立つと、正力は自社の既得権が侵されることを恐れて新参者を拒絶したのである。

その後、正力はラジオ東京のテレビ開局式典に列席した。だが根に持っていたのだろう。「正力君など、一、二年はパーティーなどで会っても、スッと横を向いてしまうくらいだった。とにかくテレビ開始当時は大変苦しかった」[76]と鹿倉は吐露している。次章で述べるが、鹿倉はのちに日本テレビに対抗して屋根付き球場建設に乗り出すが、この時の正力との摩擦が遠因になったのかもしれない。

赤坂新局舎の建設

一九五三（昭和二八）年一月一六日の予備免許交付後、二月三日には「テレビジョン委員会」が設置され、事務局として「テレビ準備局」が新設された。[77]テレビジョン委員会は、鹿倉吉次専務が委員長、遠藤幸吉が副委員長、委員は今道潤三業務局長などの各局長で構成された。

規則では予備免許後一年以内に開局しなければならなかったが、一年の猶予申請を行い、これが認められた。延期した理由は、テレビ用の局舎および送信所の計画変更による。予備免許の申請時点では、有楽町のラジオスタジオを活用し、永田町に送信所を設ける計画だったが、別の土地にテレビスタジオと送信所を設ける案に切り替えたのである。テレビ受像機の普及を待ちたかったラジオ東京としては、開局までの時間を稼ぐことができた。

一九五三（昭和二八）年六月の役員会で、テレビ局舎建設計画の大綱が固まる。新局舎の建設地は赤坂一ツ木町に決まった。七月二二日に買収手続きが完了し、その後、局舎の設計を山下寿郎設計事務所（ＮＨＫの内幸町の放送会館も担当）に、鉄塔の設計を石川島重工業に委嘱した。建設予算は、当初の三億円から七億円へと二倍以上に膨らんでいた。[78]

赤坂の土地を買収し、局舎と送信所を設置することは決まったが、テレビスタジオには日比谷を考えていた。当時、日比谷の帝国ホテル北側に位置する進駐軍のモータープール（駐車場）の場所に、三井不動産が大規模なオフィスビルを計画していた。ラジオ東京の技術陣は、この土地をテレビ放送の訓練に使っていた。当時の計画では、地上八階、地下四階、延床面積二万四〇〇〇坪で、床面積は巨大な建物の代名詞であった丸ビルの一・三倍に及ぶ。そのビルの一階から三階までの六〇〇〇坪をラジオ東京のスタジオとして借りることを考えたのである。[79]

しかし、ビル建設工事が遅れ、日比谷のスタジオの見通しが立たなくなると赤坂一ツ木町の新局舎の利用が決まった。なお、日比谷のビルは、一九六〇（昭和三五）年に日比谷三井ビルとして完成し、三井銀行本店等が入居した。ビルは当初計画が変更され、地上九階、地下五階、延床面積二万七五〇〇坪に拡大していた。その後、二〇一八（平成三〇）年には隣接する三信ビルの敷地と一体的な再開発が行われ、東京ミッドタウン日比谷として建て替えられることになる。

赤坂の土地に決定するまで、さまざまな候補地が検討の俎上に載せられた。[80] 例えば、かつてラジオ東京の創立事務所が置かれた虎ノ門の日本化学工業会館（のち霞が関ビルが立地）、同じく虎ノ門の大倉集古館（のちホテルオークラ）、紀尾井町の旧伏見宮邸（のちホテルニューオータニ）等である。具体的な場所は不明だが、平河町、永田町も候補に挙がった。当時、大谷米太郎が所有していた旧伏見宮邸は、立地も広さも十分な好条件の土地だったが、敷地のすぐ近くにＮＨＫの鉄塔があったことから断念せざるを得なかった。

専務の鹿倉は大倉集古館の敷地を望んだが、今道は赤坂の旧近衛歩兵第三連隊の跡地を推した。赤坂案の優位性を説明したのが、のちに副社長となる吉田稔だ。吉田は元海軍技術科士官で、戦後、ラジオ東京の発足に伴い入社したエンジニアだった。鉄塔のコスト計算、土地の利用価値、テレビスタジオや技術の将来性などから赤坂の方が優れているとの結論を提示。[81]今道が鹿倉をはじめとする役員を説得し、赤坂に決まった。

ところが、社内の反発は大きかった。[82]ラジオ東京のあった当時の有楽町は、朝日新聞、読売新聞、毎日新聞等の主要マスコミが集積する一大メディアセンターだった。赤坂は有楽町からも距離があり、交通の便も悪い。社員が「都落ち」との感覚を抱いたのも故なきことではなかった。ただ、テレビ放送には広いスタジオが必要で、有楽町の既存ビルだけで対応できないのも事実だった。スタジオでの使用を検討した日比谷の新ビルの目途が立たない中、赤坂への移転が最も現実的であった。

高さ一七三メートルの鉄塔

軍用地だった赤坂の土地には、幅一〇メートル、長さ一三〇メートルの地下射的壕と防空壕が残されていた。空襲のたびに、連隊長が連隊旗や軍人勅諭等をかついで防空壕に逃げ込んだとの逸話も残る場所だった[83]。厚さ三メートルの壁は堅固で壊すことが難しかったことから地下室として活かし、本読室、電源室、倉庫等が設けられることとなった[84]。

問題は送信用の鉄塔である。

ラジオ東京に予備免許が交付された一九五三（昭和二八）年一月時点で、日本テレビとＮＨＫはそれぞれ自前の鉄塔を建設中だった。それゆえ、ラジオ東京までもが新たに塔をつくることに対して疑問も出されていた。予備免許交付の翌月、長谷愼一郵政省電波監理局長は「相当の金額と資材を必要とする空中線、特に鉄塔のようなものは、できるならばお互いに共用した方が、国家的な見地からいたしましても最も有利[85]」と指摘した。監督省庁として共用の可能性を探るよう求めた。

既にラジオ東京は、鉄塔の共同利用をＮＨＫに打診していたのだが、ＮＨＫはこれを断っていた。鉄塔に二局分の送信設備の重さを支えるだけの強度がなかったのである[86]。ラジオ東京の分も載せるためには、設計を根本からやり直す必要があった。仮に再設計するにしても、鉄塔が大きくなることから、紀尾井町のＮＨＫの敷地内で収まるかどうかもわからない。また、ＮＨＫが民間の送信設備を載せるために予算を投じることが認められにくい状況だった[87]。

共用を要請されたＮＨＫは、塔の設計を改める考えは毛頭なかった。ラジオ東京の予備免許交付の段階で、既に基礎から塔体部分の工事に差し掛かっており、ＮＨＫはその完成を急いでいた。同年二月から送信していた内幸町のアンテナが高さも送信出力も不十分であったことは、これまで述べた通りである。日本テレビに「わが国初のテレビ放送」の座を奪われないために、ＮＨＫはテレビ放送を見切り発車していた。紀尾井町の鉄塔の速やかな完成と本格的な放送への移行に邁進しており、ラジオ東京の都合を顧みる余裕などなかった。

結局、ラジオ東京は独自の電波塔を建設することになる。

ところが、大蔵省から待ったがかかる。建設にあたって金融機関からの融資が必要だったが、銀行筋はラジオ事業の借り入れで手一杯だったため、保険会社からの融資を検討した。これには大蔵省の許可を要するが、大蔵省は許可しないとの判断を下した。[88]当時、朝鮮戦争の特需が収まり、景気は低迷していた。さらに、一九五二（昭和二七）年四月二八日の講和条約発効から一年余りの日本に、三本ものテレビ塔を建設することは贅沢だとのアメリカ側の意見も影響した。

ラジオ東京側は、郵政大臣の佐藤栄作をはじめ、自由党幹部の大野伴睦、林譲治、益谷秀次等への根回しを済ませていたが、大蔵省はアメリカの意向を無視できなかった。だが、鹿倉と親交のある衆議院議員の原田憲が当時自由党の政調会長だった池田勇人と大蔵省を説得し、何とか建設にこぎつけた。[89]

鉄塔工事の起工式が一九五四（昭和二九）年一月一六日に行われた。予備免許取得のちょうど一年後である。四月には敷地一杯に咲き誇るタンポポの花を背景に局舎の起工式が挙行された。八月に鉄塔の塔体が組み上がり、一〇月にアンテナの設置が完了した。標高二九メートルの台地に、塔体一五〇メートル、アンテナ二二・七メートルの全高一七二・七メートルのテレビ塔が完成した。[90]高さはＮＨＫには及ばないものの日本テレビの塔を二〇メートル上回る。アンテナは日本テレビやＮＨＫと同じく、ＲＣＡ製の一二段スーパーターンスタイルアンテナが用いられた。

完成した塔の形は、直線的な日本テレビやＮＨＫとは異なり、末広がりのカテナリー曲線を描くものだった。カテナリー曲線（懸垂線）とは、紐などの両端を固定してたるみをもたせたときの曲線のことであり、吊り橋等の土木構造物でよくみられる。大空間を少数の柱で支えることが可能となるために、競技場、博覧会場、展示場等の大空間建築で用いられる。ラジオ東京の鉄塔では、鋼材を節約しつつ強度を確保するためにカテナリー曲線が採用された。それゆえ、「見た目には優美であるが、反面ひよわな感じ[91]」を与えたが、「あたかもTBSの内孫でも生まれたように」社員から愛されることになる。

一九五五（昭和三〇）年四月一日の開局に先立って、ラジオ東京はテレビ開局の宣伝を目的に、鉄塔の撮影会を開いた。撮影会といっても、撮影のタイミングはほんの一瞬だった。鉄塔に取り付けた一万個のフラッシュ・ランプを同時に点灯し、わずか〇・二秒の間に撮影してもらうという趣向だった。フラッシュ・ランプは、電球会社のウエスト電気から無償提供を受けた。

三月二六日一九時五五分、松田竹千代郵政相が点灯のボタンを押し、夜空に一瞬だけ一七三メートルの鉄塔が真っ白に浮かび上がった。この光は富士山頂からも確認された。当日の富士山頂の天候は薄曇りだったが、それでも確認できるほど強い閃光だった。

5　東京タワー：塔の一本化

浜田成徳電波監理局長の集約化構想

ラジオ東京の鉄塔が完成したことで、結果的に東京に三本のテレビ塔が立つこととなった。不経済、不合理であることは皆承知しつつも、テレビ局間の政治的な対立、鉄塔建設のタイミングのずれなどから、三本の塔が立ったわけである。

だが、三本の塔に対する批判も高まっていった。一九五六（昭和三一）年二月には、元逓信省技術官僚で衆議院議員の松前重義が、三つの鉄塔の不合理性を指摘している。


現在のところ東京には、そこにも見えますが、大きな塔が一つあります。あと二つありまして、三つ並んでおります。大体世界中で三つ塔が並んでいる国は日本だけであり、まことにこれは誇るべき現象であるか、悲しむべき現象であるか、浪費であるかあるいは節約であるか、その辺のことは人によって違うであろうと思いますけれども、とにかく心ある人から見るならば、まことに不経済なことをやったものだ、こういう感じをまず第一に持たざるを得ないのであります。[92]

アンテナの共用は世界では常識だった。ニューヨークではエンパイア・ステート・ビルの屋上に七局分のアンテナが設置されていたほか、イギリスではアンテナの共用が進もうとしていた。一九五五（昭和三〇）年九月、公共放送であるBBCに続いて民間放送のITA（Independent Television Authority）が放送を開始し、独自の塔から発信していた。[93] 一九五六（昭和三一）年に、公共放送のBBCがロンドン南部のクリスタルパレス公園内に高さ二〇〇メートル超の鉄塔、クリスタルパレス送信塔を完成させると、ITAはそちらに移転した。[94] 国内でも既に鉄塔の共用が行われていた。一九五四（昭和二九）年には名古屋テレビ塔（NHKとCBC）、一九五七（昭和三二）年にはさっぽろテレビ塔が完成した。

こうした動きを受けて、電波行政を所管する郵政省電波監理局長の浜田成徳が国会で送信塔の集約化に言及する。浜田はもともと電子工学を専門とする研究者で、東北大学で教授を務めていたところ三顧の礼で電波監理局長に迎え入れられた変わり種の官僚だった。

この問題はなかなかむずかしい問題のようでありまして、どうしたならばNHKと民間放送会社が協力して、一本のアンテナを使うことになるかといろいろ考え中であります。これもまた考え中のものの一つに属するわけであります。[95]

浜田の発言の背景には、米空軍が使用していた1チャンネルと2チャンネルの返還が決まりつつあり、テレビ局の増加が現実味を帯びてきたことがあった。

新しい局は決まっていなかったが、チャンネル枠を巡って既に激しい争いが水面下で繰り広げられていた。まず、ラジオ局の文化放送（水野成夫社長）とニッポン放送（植村甲午郎社長）がラジオ東京に刺激を受けてテレビ進出を狙っていた。また、参議院議員の安井謙を代表とする東京テレビジョン放送、東映の大川博を発起人代表とする国際テレビ放送も申請していた。前述のように、既存局のNHK、日本テレビ、ラジオ東京のテレビ塔にアンテナを追加することは物理的にできないため、各社独自の送信塔を計画していた。東京テレビは大手町の産業会館、文化放送は新宿区若葉町（四ッ谷）、ニッポン放送は新宿区霞ヶ丘（日本青年館横）、東映の国際テレビは港区麻布北日ヶ窪（現在の六本木六丁目）を想定していた。

その後、一九五六（昭和三一）年八月には、計六チャンネルから一一チャンネルに拡大する案を浜田が明らかにした。米軍使用チャンネルの返還分も含めて、最大三つの局が追加される見通しが立った。[96]この追加分のテレビ免許を求めて参入希望者が殺到し、関東では一七社が申請することになる。内訳を見ると、大きくラジオ系、新聞系、映画系、その他に分けられる。ラジオ系が文化放送、ニッポン放送（のち両社は中央テレビに統合し、フジテレビとなる）、新聞系が東京テレビ（産経新聞）、神奈川放送テレビ（毎日新聞）、国民テレビ（東京タイムズ）、映画系として国際テレビ（東映）、東洋テレビ（東宝）、芸術テレビ（松竹）、アジアテレビ（大映）、日活国際テレビ（日活）、富士テレビ（新東宝）、極東テレビ（外国映画協会）、その他に日本教育放送（旺文社）、日本カラーテレビ放送協会（鮎川義介）、ＮＨＫ教育テレビ、日本短波放送テレビ（小田嶋定吉）、太平洋テレビが名乗りを上げた。

どこがテレビ免許を取得するにせよ、既存の塔を含めて六本の塔が東京に林立することになる。電波行政を取り仕切る郵政省として、同じ轍を踏むことは避けたかった。複数のアンテナを一本にまとめる声が起こるのは自然の流れであった。

浜田は塔の集約化の私案を練っていた。チャンネルプランの検討が大詰めを迎えようとしていた一九五七（昭和三二）年の正月、郵政クラブに顔を出した浜田に、ある新聞記者から質問が飛んだ。「浜田さん、新年の夢は何ですか」との問いに対し、浜田は集約電波塔の青写真を語った。

「ぼくは東京に大きなタワーを建てることを考えているんだ。このままでいくと六本も七本も建つことになるが、あんまり知恵のない話だから一本にまとめるほうがいい」「どんな構想ですか」というから、「高さは五百メートル、一切の電波を百チャンネルくらい乗っけるものをつくるのがいいと思っている」「場所はどこですか」「宮城（皇居のこと）の前がいい。できれば宮城の中がよく、それで天皇家の収入にする。宮城の下にはトンネルを掘って、どこにでも行けるようにする。天皇家は宮城を若干開放してモノレールをしくがいい」[97]

この談話が新聞に掲載されると、電波塔建設に名乗りを上げる人が次々と現れた。産経新聞の前田久吉、ニッポン放送・文化放送のグループ、新日本観光（はとバス）常務だった山本龍男、社会党の衆議院議員で東京相互タクシー社長の松原喜之次のほか、上野で計画する者もいた。

浜田によると、最も熱心だったのは前田久吉だったという。前田は、「あの構想を聞いて実に感激した。私の一生涯の仕事にするからぜひやらせてくれ。これを〝私の墓〟とし〝墓守〟のつもりで終生の仕事としたい」[98]と建設の許可を求めた。しかし、郵政省に電波の免許付与の権限はあるが、建造物の許可は建設省の所管である。郵政省の管轄外だった。ただ、このままだと何本も塔が立つ恐れがあった。そこで、浜田は案の一本化を提案。電波塔は前田久吉の案に集約されることになる。また、追加される三つのチャンネル枠に対して一七社が申請していたが、こちらも合同が進み、富士テレビジョン（のちフジテレビジョン）、日本教育テレビ（NET。のちテレビ朝日）の二局が決定し、残り一つはNHK教育が占めることになった。

日本電波塔株式会社発足

一九五七（昭和三二）年五月八日、大同団結の結果として日本電波塔株式会社が発足した。役員の構成を見ると、社長の前田久吉をはじめ、先に見た電波塔に手を挙げた各社の幹部や新テレビ局の関係者で構成されていることがわかる。なかでもニッポン放送は、稲垣平太郎（会長）、近藤亥一郎（専務）、松尾三郎（取締役）の三人を送り込み、ニッポン放送を実質的に取り仕切っていた鹿内信隆専務の影響力をうかがわせた。その背景には、二七億円にも及ぶ電波塔建設の資金繰りに鹿内が大きく寄与したことがあった。[99] というのも、銀行は前田久吉が社長を務めることに難色を示していた。前田は産経新聞の経営悪化の責任を取った直後だった。さらに、当時は金融引き締めの時期で、不要不急の建物には融資しないことになっていたのである。鹿内、植村、水野の三人が全国銀行協会の規制委員会委員長だった宇佐美洵三菱銀行常務取締役と同協会会長の酒井杏之助第一銀行頭取のもとに日参し、電波塔の必要性を説明。二人を説得し、融資を引き出すことに成功した。

もともと巨大集約電波塔のアイデアについては、浜田ではなく、鹿内信隆や松尾三郎が構想したとの説もある。[100] 逓信省（のち郵政省、現総務省）の技術官僚出身の松尾は、一九五四（昭和二九）年にニッポン放送へ移った。その後、日本電波塔株式会社の技術部長として、東京タワーの建設を担うことになる。

二人は、一九五六（昭和三一）年に欧米に渡り、各国のテレビ事情を視察していた。鹿内は「できることならNHKをふくめ、全テレビ会社が協力して、パリのエッフェル塔のように一本の塔から電波を発射するのが理想的だ」[101] との結論を持ち帰ったとのちに述べている。この欧米視察時の報告は『欧米のテレビ放送』（鹿内信隆、一九五七年）としてまとめられた。だが、これを見ると、エッフェル塔について触れられてはいるものの、アンテナの技術的な記述のみで、集約電波塔としての役割については特に言及されていない。報告書全体を通しても一切、東京タワーにつながるようなアイデアは出てこない。他社にアイデアを盗まれることを警戒して公にしなかった可能性もあるが、鹿内に同行した松尾は、欧米視察についてこう振り返っている。

私は一九五一年と一九五六年の二回に亘ってエッフェル塔に上って参りましたが、当時はまさか自分がエッフェル塔をしのぐ東京タワーの建設を担当するなどとは夢にも考えておらなかったため、塔上に設置されたテレビ施設だけの見学しか記憶に残っておりません。又塔建設の資料なども持ってかえらなかったため、「エッフェル塔の高さは？」と聞かれても正確なことが判らないという有様でした。[102]

松尾の証言を踏まえると、欧米視察時に集約電波塔のアイデアが浮かんだとの鹿内の言葉は疑わしい。鹿内らが当初電波塔をつくろうとしていた神宮外苑の日本青年館西隣の土地を見ると、広さは約四〇〇〇平方メートル（約一二〇〇坪[103]）に過ぎず、三〇〇メートル級の塔をつくれるほどの面積もなかった。その点、前田久吉の主導により購入した芝公園二〇号地の土地は七〇〇〇坪に及び、広さは十分だった。

芝公園につくられた理由

なぜ芝公園の土地に電波塔がつくられることになったのか。

電波法では、「放送局の開設の根本的基準」（現在「基幹放送局の開設の根本的基準」に改称）が省令で定められており、新たに送信所をつくる際は、既存の送信塔に近接することが義務付けられていたため、郵政省は二キロ以内にするよう前田らに指導していた。[104] これは、既存の電波塔と新しい電波塔のどちらからも受信ができるようにするための基準である。なお、日本テレビ、ＮＨＫ、ラジオ東京の塔はそれぞれ一キロ以内に位置する。新タワーは、これらの塔から二キロ以内でつくることが求められた。

集約電波塔が完成すれば既存の塔は必要なくなるため、この設置基準を考慮しなくてもよいはずだった。だが、全ての局が新しい塔に移るとは限らなかった。また、仮に一本の塔にまとめたとしても、送信機能を移すには時間を要し、一年か二年はかかるとの見方もあった。そのために、紀尾井町のＮＨＫ、二番町の日本テレビ、赤坂のラジオ東京から近い場所で探す必要があった。既存の三本の塔から近接し、かつ三〇〇メートル級のタワーがつくれるほどの大規模な敷地は限られる。芝公園や神宮外苑などが考えられたが、結局、芝公園二〇号地となった。

ではなぜ、前田久吉は芝公園二〇号地の土地を入手できたのか。その理由を探るには、まず芝公園の成立経緯を辿る必要がある。

芝公園は、一八七三（明治六）年の太政官布達に基づき、徳川家の菩提寺であった増上寺境内の一部を用いて整備された。上野の寛永寺や浅草の浅草寺等とともに、日本初の公園として位置付けられた。明治新政府の時代に入り、不平等条約の解消を目指して脱亜入欧が進んだが、社寺仏閣の境内を転用した公園整備もその一つだった。

この時、芝公園は一号地から二五号地の区画に分けられた。タワーが建設された二〇号地は、紅葉山と呼ばれる場所で、一八八一（明治一四）年に上流階層の社交場である「紅葉館」が設けられた。同様の施設としては一八八三（明治一六）年に井上馨がつくった鹿鳴館が有名だが、その二年前に誕生している。欧化政策の一環でつくられた鹿鳴館が西洋建築であるのに対し、紅葉館は純日本風の建物だった。政財界人の会合、外国人の接待に用いられ、のちには文壇人や軍人にも利用されるようになる。明治三〇年代には、紅葉館の座敷や庭を見物する観光コースもあったというから、この頃には大衆化が進んでいたのであろう。その後、一九四五（昭和二〇）年三月の東京大空襲で家屋は焼失した。

芝公園は都立公園だが、土地の所有権は増上寺にあった。都が増上寺から無償で貸与を受けて公園として整備、管理する形が取られていた。[105] 一九五一（昭和二六）年に二〇号地を含む五〇〇〇坪の借地権が増上寺に返還されたため、電波塔を建設する時点で東京都の管理から外れていた。[106]

いずれにせよ、二〇号地の土地を使うためには増上寺から譲り受ける必要があった。つまり、増上寺の檀家総代の同意がなければ購入できない。このときの檀家総代の一人に池貝鉄工所社長の池貝庄太郎がいた。池貝鉄工所は、旋盤や動力用エンジンの大手メーカーだったが、取り扱う製品の一つに新聞を印刷する輪転機があった。それゆえ新聞社とも取引があり、日本工業新聞や産経新聞で社長を務めた前田久吉とも親交があった。そこで、前田から依頼を受けた池貝は、増上寺との折衝に協力し、前田らは首尾よく買収することができた。[107] 東京タワー実現の立役者の一人となった池貝は、日本電波塔株式会社の常務取締役として遇されることになる。

三三三メートルに決まるまで

会社の設立と土地の取得に続いて塔の設計が行われた。設計は日建設計工務（現日建設計）が担い、構造設計については塔博士、内藤多仲が手掛けた。

東京タワーは鉄骨造であるが、当初、内藤は鉄筋コンクリート造での建設を検討していた。日本電波塔が発足する前年、ドイツのシュツットガルトの丘陵地に、高さ約二一三メートル（現在二一七メートル）のテレビ塔が完成した。[108] この塔の構造が鉄筋コンクリートだった。設計者で土木エンジニアのフリッツ・レオンハルトは塔の設計にあたって煙突からヒントを得ていた。「構造物は美しくなければならない」との信念を持っていたレオンハルトだったが、「煙突」と「美」は相反するように思える。レオンハルトは、エッフェル塔のような末広がりの鉄塔は風景を阻害しているのではないかとの疑問を持っていた。むしろ煙突のようにまっすぐ空に伸びるスレンダーな塔の方が美観に資すると考えたのである。シュツットガルトのテレビ塔を皮切りにヨーロッパでは鉄筋コンクリート造の電波塔が普及し、タワーの新潮流となりつつあった。

鉄筋コンクリート造のタワーは日本にも先例があった。それが福島県原町につくられた原町無線塔だ（正式名称は逓信省磐城無線電信局原町送信所主塔）。無線送信を目的として逓信省の設計で一九二〇（大正九）年九月三〇日に完成した（送信開始は翌年三月）。高さ二〇一・一六メートル、直径は頂部が一・八一メートル、基部が一七・七メートルの細長い塔であった。その高さは、自立式の建造物としては東洋一といわれた。一九二三（大正一二）年九月の関東大震災時には、この無線塔からアメリカへ打電され、アメリカによる迅速な救済支援につながった。[109]

内藤は、戦前に愛宕山のＮＨＫラジオ塔を設計する際に原町無線塔を参考にしていた。[110] 当時、風力の影響については十分な研究蓄積がなかったことから、日本一の自立式タワーであった原町無線塔のデータを用いたのである。

だが、新しいテレビ塔は原町無線塔よりも一〇〇メートル以上も高い。また、日本では地震と台風の揺れを考慮しなければならない。検討の結果、鉄筋コンクリート造は重くなりすぎることや地震に耐えうる基礎の設計が困難であるとして断念。結局、鉄骨造で建設されることになった。[111]

構造が決まると今度は高さが検討された。関東全域に電波を届けるためには塔の高さを三〇〇メートル以上にしなければならない。そこに六局分のアンテナを載せると三八〇メートルになる。しかし、強風時のアンテナの揺れ角度の制限等から三二〇メートルくらいに下げざるを得なくなった。地上風速六〇メートル／秒、頂部で九〇メートル／秒の風に耐えうる設計が行われた。

着工当時の高さは、塔体二六〇メートルの上にアンテナ部分六一・六六メートルを加えた三二一・六六メートルだった。ところが、各局の要望を取り入れようとすると、アンテナが六二メートル内に収まらないことがわかり、約八〇メートルに伸びた。そこで塔体の頂部を一部切除して高さを調整し、塔体二五三メートルにアンテナ部分八〇メートルを加えた三三三メートルに落ち着いた。前田久吉は、東京タワーの高さが三三三メートルである理由として、「どうせつくるなら世界一を……。エッフェル塔をしのぐものでなければ意味がない」[112]と記したが、実のところ世界一の高さを目指したためではなく、技術的な要請によるものだった。

このアンテナ部分の高さ変更の裏には、各テレビ局と日本電波塔の間でアンテナの位置を巡る激しい鍔迫り合いもあった。

アンテナの位置が高いほど電波は遠くに飛ぶ。各局にとってアンテナの設置場所は死活問題だった。通常、周波数が大きいものを高い場所に設置するため、日本電波塔は、上から順に10チャンネル（日本教育テレビ・NET）、8チャンネル（富士テレビジョン）、6チャンネル（ラジオ東京テレビ）、4チャンネル（日本テレビ）、3チャンネル（NHK総合）、1チャンネル（NHK教育）にすることを考えていた[113]。

この案に最下段となったNHKが反発した。電波を関東一円に届けることは公共放送の義務であるとして、最上部を要求したのである。日本電波塔の松尾三郎はNHKの永田清会長に面会し説得を試みたが、永田は「一番トップに持っていくなら乗ってやろう」と頑なな姿勢を見せた[114]。NHKをはじめとする既設局はまだ送信所の移転を決定していたわけではなかった。日本電波塔としてもNHKに利用してもらえなければ、総合と教育の二局分の利用料が手元に入らない。これだけは避けたかった。苦肉の策で、最上部に1チャンネルと3チャンネルが共用するスーパーターンスタイルアンテナを置き、以下、10、8、6、4チャンネルの順でスーパーゲインアンテナを設置する案をつくり、各社の同意を得ることができた。最終的にNHKが、最も条件の良い最上部を確保することになった。

田中角栄と石井桂

これで建設は順調に進むと思われたが、予期せぬところで横槍が入った。東京都が建築基準法に抵触するとして手続きを止めたのである。NHK、日本テレビ、ラジオ東京のテレビ塔と異なり、新電波塔には屋根や壁を持つ展望台とアンテナ整備用の作業台（一九六七年に特別展望台に改修）が計画されていた。それゆえ、東京都は「工作物」ではなく「建築物」とみなしたのである[115]。

当時、建築基準法では、建築物の高さは最大でも三一メートルに規制されていた。渋谷の東急会館（東急百貨店東横店西館）と東急文化会館（五島プラネタリウム）はいずれも四三メートルの高さだったが、これは例外措置を用いたものだった。

東京都は例外許可の運用が厳格なことで知られていた。それは、都の建築審査会会長の内田祥三東京大学名誉教授の方針が影響していた。内田は三一メートルの高さ制限（当初は一〇〇尺）の制定に関わった一人であり、周辺環境に悪影響を及ぼす高層建築物をいたずらに認めるべきではないと常々主張していた。当時、例外許可を受けてもせいぜい四五メートルが上限と考えられていたが、タワーの展望台の高さは地上一二五メートル、作業台は約二二三メートルで基準を大幅に超過していた。しかも敷地は都市計画公園と風致地区の区域内だった。内田が例外許可に同意することは考えにくかった。

そこに、当時郵政大臣だった田中角栄が登場する。田中は、一九五七（昭和三二）年七月に三九歳で史上最年少大臣に就任。その数日後、郵政官僚の浅野賢澄官房文書課長から、新電波塔の工事が滞っている旨の説明を受け、解決に乗り出す。自ら建設業を営み、議員になってから建築基準法の制定に大きく関与していた田中は、タワーを建築物ではなく工作物と解釈すべきであると石破二朗建設次官に進言。これに建設省や東京都も納得し、工事が再開されることになる。[116] 田中角栄は自らの手柄としたが、その判断の裏には、自民党参議院議員の石井桂の助言があったと考えられる。

石井は東京帝国大学で建築を学び、戦前は警視庁で建築行政に従事、戦後、東京都の建築課長、初代建築局長を経て、国会議員に転身していた[117]（なお永田町にある自民党本部〔自由民主会館〕の設計者は石井である）。石井と田中の出会いは、田中が中央工学校で建築を学んでいた学生時代に遡る。非常勤で教鞭を執っていた石井は、若き日の田中に建築を教えていた。建築の基礎を学んだ田中は、その後、田中土建工業を興すことになる。石井は田中の恩師だった。石井の子供全員の仲人を田中が務める等、二人は公私にわたり親交があった。

石井は日本電波塔株式会社の依頼で技術顧問に就任し、この問題の解決にあたっていた。建築法規を熟知し、長年建築行政に携わってきた経験から、タワーのような構造物を通常のビルと同等に扱うことに疑問を抱いていた。[118] 建築物ではなく工作物とみなすべきとの解釈を旧知の田中にアドバイスし、石井を慕う田中が建設省を説得、東京都の法解釈の変更につながったのだろう。都市計画公園かつ風致地区域内での建設には都の許可も必要だったが、いわば「国策プロジェクト」でもあったことから建設が認められた。

銀色から白・橙の塗り分けへ

工事中には、別のトラブルにも見舞われた。

一九五八（昭和三三）年春、国際航空運送協会（IATA）が東京タワーの高さに疑義を唱えたのである。[119] 東京で開催されていたIATAの太平洋・アジア地区技術会議（航空会社一一社五五名。三月一七日から四月一日開催）が、航空安全上の問題があるとして、塔の高さを六六メートル低くするよう、運輸省航空局と気象庁に申し入れを行った。羽田空港では、一九五九（昭和三四）年秋から一九六〇（昭和三五）年末にかけて、パン・アメリカン航空、スカンジナビア航空、日本航空等の各社がジェット機の運航を予定しており、離陸時の支障になるとの主張であった。通常のルートであれば影響はないが、離陸直後にエンジンが一つでも故障すると、浮力が落ちて急遽飛行方向を変更しなければならず、タワーに衝突する恐れがあった。

IATAは、高さを削ることができないのであれば、法規で定めるよりも明るい航空障害灯の設置等を要望した。法律上、六〇ワットの航空障害灯を取り付ければよかったが、要望を受けて、東京タワーでは一キロワットが六つ、七五ワットが六つ、頂部には五〇〇ワットのライトが設置されることになった。[120] また、航空安全の観点から白と橙（インターナショナルオレンジ）で塗り分けることも要望された。日本電波塔側は、太陽の輻射熱の影響をできるだけ避けるため全体を銀白色に塗る計画だった（図は一九五七年八月時点のイメージ）。塗り分けについては法律上の規定がなかったものの、自主的に白と橙に塗り分けられることになった。[121] その後、一九六〇（昭和三五）年に航空法が改正され、高さ六〇メートル以上の建造物をつくる際には、航空障害灯に加えて色の塗り分けが義務化されることになる。

東京タワー完成と日本テレビの拒絶

一九五八（昭和三三）年一〇月九日、公募によって愛称が「東京タワー」に決定し（審査委員長徳川夢声）、同月一四日にアンテナ取り付けが完了、一二月二三日に竣工した。翌年、新たに開局したNHK教育テレビ、日本教育テレビ、フジテレビが東京タワーから送信を開始する。NHK総合、ラジオ東京も追随した。

東京タワー設計時のイメージ図（1957年）

だが、日本テレビだけが東京タワーを利用しなかった。前田久吉は、正力を直接訪問し東京タワーの使用を要請した。正力は「自分の家を貸家にすることが出来ればまだいゝが、空家にしておいて、共同長屋にはいれという話じゃないか」[122]と頑なに移転を拒んだ。

日本テレビの拒絶の裏には、東京タワーの建設が読売新聞のライバルである産経新聞の主導だったことがあるとも言われている。また、全長八〇メートルのアンテナに各局の送信設備を設置する際に、NHKが条件の最も良い最上部を譲ろうとしなかったことも影響していたともされる。表向きには、以下のような理由から日本テレビは不参加を決めた。[123]

（1）既設の東京三テレビ局（NTV、KRT、NHK）は、放送区域六〇キロメートルを範囲として設置したものだが、日本電波塔（高さ三三三メートル、出力五〇キロワット、放送区域九〇キロメートル）に既設局以上の放送区域が与えられれば、政府当局の指示に従って経営してきた既設局に大きな損害を与える。

（2）電波塔を利用するとしても、開局三年から五年を経たばかりの既設局は、多額の経費（取付けに二億円）をかけて改変しなければならず、これは時期的にも悪く、財政的にも負担が多すぎる。

（3）電波によって放送区域を九〇キロメートルに広げても、関東地区の主要都市である水戸、宇都宮、前橋、高崎などは、いずれも東京から一〇〇キロメートルも離れており、東京局の増力もなんらの効果がない。

同じような疑問はラジオ東京の鹿倉も抱いていた。鹿倉は最初から「うちに一本あるのに移る必要はない」と移転に反対の姿勢を示していた。一番の理由は費用負担である。七〇〇〇万円を投じた鉄塔は完成から四年しか経っていない。加えて、映像送信出力が一〇キロワットから五〇キロワットに増強されることに伴い新しい送信機や電源設備等の設備投資が必要となる。各局既設の鉄塔、送信機、アンテナの整備から、まだ数年しか経過していなかった。サービス・エリアが六〇キロから九〇キロに拡大しても、受信可能な世帯はそれほど増えないとも指摘されていた。ラジオ東京にとっては費用対効果が見合わない恐れがあった。

ラジオ東京の今道と吉田稔は、東京タワー移転の可能性を技術面から検討させ、その結果、視聴者の立場に立てば集約電波塔に移る方が望ましいとの結論に至る。[124] 今道は、鮮明な画像が遠くまで届くのであれば視聴者にもメリットがあるのだから、移転案を受け入れるべきと判断し、一九五八(昭和三三)年九月に新電波塔への移転を決定した。[125]

ただ今道は、東京タワー完成直前に行われた座談会で、ラジオ東京のテレビ開局時から政府の方針に振り回されてきたことに不満を漏らした。

NHKが鉄塔を作ったときに、うちも乗つけてもらえないかとお願いしたわけです。ところが、NHKではNHKしか使えないような鉄塔になつているから、僕らの方は乗せられないというわけなんです。仕方なくうちでも作つたというわけなんで、これは政府の責任です。ところが、最近、今までのどのテレビ塔よりも高いテレビ観光塔というのができるんで、その方がエリヤ(電波の及ぶ範囲)が広がるから、お前らもこつちに移つてこないかと郵政省がいつている。これはおかしな話なんで、かつて政府の希望によつてNTV、NHK、KRTともに高さ百五十メートルの鉄塔にした。今になつて、テレビ観光塔に乗つけないかというのは無茶な話ですよ。移るといっても、そのためには今までのものをとりこわしたりなんかで、二億五千万円から三億円の金がかかる。その金は自分たちで出して、こっちに移れという、こんな無茶な話はないですよ[126]。

政府が最初から予備免許の交付をバラバラに行わず、塔の共用も指導すれば、余計な経済的負担を避けることができたのだから、今道の批判はもっともだった。

日本テレビの場合は、単に経済的理由だけではなく、自らが一番であることを望む正力の性格が移転拒否の態度に影響していた。正力にとって、東京タワーの存在は面白くなかったはずだ。日本で最初にテレビの予備免許を取得し、一五四メートルのテレビ塔をつくった。展望台は東京の名所となった。しかし、倍の高さを持つ東京タワーが完成すれば日本テレビの鉄塔の存在感は薄れる。東京を一望のもとに見下ろせる観光名所としての座は、東京タワーに取って代わられた。入場者は減少し、一九六六（昭和四一）年に展望台は閉鎖されることとなる。

日々、東京の空に向けて立ち上がる東京タワーの建設中、正力から東京タワーの感想を直接聞いたものがいる。日本野球連盟代表取締役を務めていた野口務だ。野口は野球面での正力のブレーンであり、一九五九（昭和三四）年の天覧試合を実現させた人物として知られる。

あるとき野口は、正力から「時間があるから久しぶりに雑談でもしようや」と電話で呼び出された。

「務君、君はこの暮に芝にできる東京タワーというものを知っているね。あれは何メートルか知っているかな……」

普段、正力は野口を「野口君」と呼んではいたが、正力と二人っきりのときはよく「務君」と呼んでいた。

「ええ、たしか三百三十三メートルだったと思います。覚えやすい数字ですから……」

「そうだ。そうなんだが、あれは将来のことを考えて建てているとは思わないんだ。創意がないと思わないか……」

野口は黙っていた。正力はつづけた。

「ぼくは思うね。将来の日本、東京は十年後、二十年後にアメリカのように何十階というビルヂングが何軒も建つよ。だから、そういうことを考えれば、あの東京タワーという塔は創意がないと思うんだ。ぼくならもっと別なところに建てるね……」[127]

正力の言う「別なところ」とは、「山の上」である。かつて正力は、日本列島に連なる山の頂上にアンテナを設置してそれらを全国にネットワークさせるマウンテントップ構想を提案していた。正力の独創ではなく、ホールステッドらアメリカのアドバイザーによるものである。日本テレビの正式名称が「日本テレビ放送網」であるのは、首都圏の一放送局にとどまるのではなく、全国に放送ネットワークを張り巡らせることを考えていたためだった。だが、このマウンテントップ構想は、早々に郵政省から退けられていた。

のちに正力は、アメリカの建築家バックミンスター・フラーに富士山の高さを超える「読売タワー」を検討させるが、これはマウンテントップ構想を正力なりに発展させたものであった（読売タワーについては第3章で詳述する）。

東京タワーには創意がないと野口に話した時、正力のもとには一つのプロジェクトが持ち込まれていた。屋根付き球場の建設計画だ。日々高さを増していく東京タワーを横目に、正力の関心は、電波塔ではなく世界初のドーム球場へと向けられていくことになる。

第2章　屋根付き球場計画：正力ドーム

一九五八（昭和三三）年六月一〇日、日本テレビの清水與七郎社長が八万人収容の屋根付き球場の計画を発表した。世界初のドーム球場であるヒューストンのアストロドームが完成する七年前、そして東京ドームが完成するちょうど三〇年前のことである。

プロ野球、街頭テレビ、テレビ塔の展望台など、独自の嗅覚で大衆の心をつかんできたプロデューサー正力が、新たに目を付けたものが屋根付き球場であった。

しかし、なぜ野球場が必要だったのか、ドーム球場のアイデアはどこからでてきたのだろうか。さらに言えば、どうして日本テレビが球場建設に乗り出す必要があったのか。同じ読売グループの巨人は後楽園球場を使っており、特に不都合はないはずだった。

1　戦後の新球場計画

正力の公約：「東京にもう一つ球場を」

屋根付き球場計画を辿ると、戦後東京におけるプロ野球専用球場の不足問題に行き当たる。在京球団の数に比して球場が足りなかった。

現在の日本野球機構は、一九三六（昭和一一）年に発足した日本職業野球連盟を起源とする。連盟は、東京巨人軍、大阪タイガース、名古屋軍、東京セネタース、阪急軍、大東京軍、名古屋金鯱軍の計七球団で構成された。

一九三九（昭和一四）年に日本野球連盟に改称され、終戦後の一九四九（昭和二四）年四月、コミッショナーの正力松太郎東京読売巨人軍オーナーが「二リーグ制の確立」と「東京での新球場の建設」を公約に掲げた。二リーグ制は実現したものの、球場建設は思うように進まなかった。一九五〇（昭和二五）年時点の在京球団は、読売ジャイアンツ、東急フライヤーズ、大映スターズ、毎日オリオンズ、国鉄スワローズの五球団。いずれも後楽園球場を本拠地とし、後楽園一極集中状態にあった。

国鉄は一時、一九五一（昭和二六）年に武蔵野市の中島飛行機武蔵製作所東工場跡につくられた武蔵野グリーンパーク野球場を利用したものの、交通利便性の悪さから数試合開催しただけで、結局、後楽園球場に戻った。また、東急（一九五四年から東映）は、一九五三（昭和二八）年に駒沢球場（現駒沢公園）へ移ったが、後楽園球場も併用していたため、五球団が後楽園を共同利用する状態が続いた。

一方、在阪球団に目を向けると、南海は大阪球場、阪急は西宮球場、近鉄は藤井寺球場、阪神は甲子園球場といったように、それぞれ球場を確保していた。

後楽園球場の共同利用といっても、五球団が平等に後楽園球場を使えたわけではない。球界屈指の人気を誇る巨人が優遇された。管理する株式会社後楽園スタヂアム側は、入場料収入の二五パーセントを球団から使用料として徴収していた。つまり、入場者数が多いほど後楽園の実入りも増える。巨人の入場者数は他の四球団を大きく上回っていた。後楽園としては、巨人の使用日が多いほど利益は上がる。しかも、正力が後楽園スタヂアムの創立に大きく関わっていたことから巨人とのつながりも深い。後楽園が巨人を優遇したのも故なきことではなかった。他球団が利用できる日は、巨人の使用日以外に割り当てられた結果、大型連休等であっても、地方へ行ってホームゲームを行うことが常態化していた。以上からわかるように、東京では球団の多さに比して、圧倒的に球場が不足していた。東京における新球場待望論が生まれたのは自然の成り行きだった。

　新球場計画は、戦後直後から一九五〇年代にかけて、いくつもの候補が挙がっては消えていく。

戸山ヶ原球場計画：一九四七年

　正力が新球場建設の公約を表明する前から、日本野球連盟は球場候補地を探していた。その一つが新宿の戸山ヶ原だった。戦前は陸軍の訓練場のほか、陸軍科学研究所や陸軍幼年学校が立地していた四万坪の広大な土地だ。野球場をつくるには十分すぎるほどの大きさだった。

　この土地を推薦した人物が清水達司だ。清水は一九三七（昭和一二）年の後楽園球場完成以来、場内整理を担当していた高木会の職員で、試合のある日は必ず関係者入口で待機し、選手の家族や知人に入場券を渡していた。[1]清水はのちにイベントの警備・場内整理の会社であるシミズオクトの前身となる会社を創業することになる。

　清水は、自宅の近所にある旧陸軍施設跡の戸山ヶ原があまり活用されていないことに気付き、ここに球場ができるのではないかと考えた。一九四七（昭和二二）年一月、新宿選出の都議会議員、佐藤栄志とともに日本野球連盟の鈴木龍二（のちセ・リーグ会長）に企画を持ち込む。[2]

連盟として球場建設に乗り出すことになったが、連盟が自ら球場建設を担うことは難しかった。そこで、一九四七(昭和二二)年五月に、連盟事業部を母体とする株式会社日本野球振興が設立され、代表には正力の野球面のブレーンである野口務が就任した。

五月一九日には、東京都建設局長名で球場施設の建設が認可されたが、以下の条件が示された。[3]

一、大蔵省に手続きをすること。
二、設計者は事前に都と協議すること。
三、本都において緑地事業上必要ある場合は買収に応ずること。
四、現在使用者とは出願者に於て別に協議すること。
五、臨時建築制限規則施行中は土盛り観覧席工事に止め、他の一切の施設をなさゞること。

戸山ヶ原は、大蔵省が所管していた公有地だったことから、関東財務局を通じて払い下げを受ける必要があった。だが、営利目的の組織では払い下げられない可能性があったため、一九四八(昭和二三)年三月に連盟は社団法人の認可を受ける。一方、営利活動面を担う組織として、同月二四日に株式会社日本野球連盟が創立されたことで、建設資金の調達も進んだ。

ところが、先の条件のうち、「現在使用者との協議」が障害となった。戸山ヶ原には、既に住宅営団[4]の住宅があり、約五〇〇世帯が暮らしていた。球場計画が住民に伝わると反対運動が起こる。[5]

九月二日に住民大会を開催し、翌三日に大蔵省と東京都に建設反対の決議を提出した。

地元の反発があったものの、正力は戸山ヶ原の開発に積極的だった。鈴木、野口とともに現地を視察し、その後も何度か訪れている。

野球場だけでは経営が成り立たないと考えた正力は、古河電工などの企業経営に携わった中島久万吉に相談した。その結果、戸山ヶ原に自然動物園を整備し、その一部に野球場をつくる遊園地構想へと膨ませていった。[6]大人が球場で野球観戦する間に、子どもは動物園や遊園地、大浴場で遊べるというものだった。のちの野球場の「ボールパーク化」の先駆けとも言える発想だった。動物園をつくるアイデアは、読売新聞で起きた労働争議、いわゆる読売争議が影響していたとの話もある。鈴木龍二によると、「当時読売新聞が例の共産主義者の攻撃を受けていた。どうも人間というやつは、いくら世話をしても、なんかのときになると口をきけるから反逆する（笑）。動物は反逆しない（笑）」と正力が語っていたという。[7]

国際野球株式会社が立ち上がり、球場は「インターナショナル・スタジアム」と命名、創立委員長には石橋湛山を据えるとの話もあったが、その前に球場計画は立ち消えとなった。[8]ＧＨＱがこの土地で住宅を建設する方針を示したのである。占領下においてＧＨＱの方針は絶対だった。戦後間もないこの時期、住宅不足、資材不足が喫緊の課題だった。日本全体で六〇〇万戸の住宅が必要との試算もあった。先に見た都の建設認可の条件として、「土盛り観覧席工事」にとどめることが盛り込まれていたが、これも資材不足の情勢を踏まえたものだった。

動物園や野球場は不要不急の施設とみなされ、戸山ヶ原には東京都が一〇五二戸の都営住宅を建設することになった。[9]なお、この都営住宅の建設をまかされた人物が都の初代建築局長に就任したばかりの石井桂だった。石井は、のちに東京タワーの工事が止まった折に、建設に問題ない旨の法解釈を助言した人物として前章で紹介した。

球場計画が中止になったことを知った清水達司は落胆した。清水とともに後楽園球場で働いていた高城一郎は「はた目で見るのも気の毒なくらいでした」と同情するほどだった。[10]とはいえ、正力や鈴木龍二らの視察時には自ら案内を買って出て、何かと質問を受けていた清水は、「生涯の自慢話として近親者や仲間内に語っていた」という。

その後、東京都建設局のある人物が代々木練兵場跡（のち代々木公園）を日本野球連盟側に勧めたとの話もあったが、GHQが接収中でワシントン・ハイツ（将校住宅）が立地していたために交渉には至らなかった。[11]また、松平恒雄、伊藤述史といった外交官の人脈を使って、新宿御苑に球場をつくる案もあったが、国有地であることに加え、GHQの反対もあり、それ以上進むことがなかった。[12]

江東楽天地：一九四八年

その後、錦糸町駅前の江東楽天地公園も候補となる。[13]「東京のブルックリン」ともいえる下町エリアで、熱心な野球ファンがつくことが期待された。正力は、戸山ヶ原のように地域住民の反対運動が起きないよう、地域からの要望を受けて球場建設に乗り出す形にした方がよいと考えた。そこで、地元選出の島村一郎衆議院議員と何度か会談を持ち、「江東地区野球場建設期成同盟」を設立してもらい、球場建設の機運の醸成を図った。一方、正力自らが東京都の建設局長を訪ね、土地の払い下げの交渉を行った。しかし江東区では、公園の代替地を見付けることが難しかったことから、具体化せずに自然消滅した。

2　市岡忠男の国際球場

不忍池埋め立てと国際球場計画：一九四九年

戸山ヶ原で計画された「インターナショナル・スタジアム」構想は、「国際野球場建設委員会」に引き継がれることになる。建設予定地は上野公園の不忍池だ。池の一部を埋め立て、そこに六万人の観衆が収容できる野球場をつくるプランが描かれた。

新球場計画が公になったのは、一九四九（昭和二四）年七月二七日だった。[14] 国際野球場建設委員会の中島久万吉代表が、「大野球場建設」を目的に不忍池約一万二〇〇〇坪の埋め立てを求める請願を都議会に提出した。発起人には、日本野球連盟の鈴木龍二会長、市岡忠男も名を連ねた。アメリカ3Aのプロ球団サンフランシスコ・シールズが同年秋に来日することも決まり、国際レベルの野球場建設を求める機運も高まっていた。

代表の中島は、戦後日本の野球復興に大きな役割を果たしたGHQ経済科学局長のマーカット少将と懇意にしていたことに加え、財界の長老として外資による建設資金の調達が期待されていた。球場の企画は、市岡と兄の乙熊が主導し、清水建設のバックアップを得ながら検討された。市岡は早稲田大学野球部の主将兼捕手として活躍したスター選手で、のちに日本職業野球連盟初代理事長、巨人軍代表を歴任するなど、日本プロ野球黎明期を支えた功労者として知られる。一九四七（昭和二二）年に巨人の代表を辞任し、国際球場の建設に力を注いでいた。

野球場建設の請願には一二〇名の都議会議員のうち七八名が賛成し、全議員の六五パーセントに

不忍池の国際野球場のイメージ図（1949年）

及んだ。さらに地元の台東区議会では、満場一致で計画が承認された。[15] これを受けて、埋め立ての可否が都議会の建設委員会で審議されることになった。

不忍池の埋め立ては突飛な発想にも思えるが、そうとも言い切れなかった。というのも、不忍池は、一九四六（昭和二一）年六月から戦後の食糧難解消のために田んぼに流用されていたのである。この年には二〇〇俵の米が収穫され、裏作には麦も植えられた。[16]

翌年に稲作が中止されると池は放置された。草が伸び放題の荒れ果てた状態になり、今度は不忍池を開発する動きが見られるようになる。一九四八（昭和二三）年九月に、不忍池を埋め立てて、競馬場とドッグレース場を整備する案が明らかとなった。[17] 競馬場の整備主体として社団法人大東京市施設協会が設立されたものの、世論の反対で消滅した。[18]

不忍池に野球場をつくるアイデアは、詩人のサトウハチローの発案だった。[19] 一九四七（昭和二二）年、戸山ヶ原の球場計画が練られていた頃、「不忍池を埋めたてるのが一番だ。省線、市電、地下鐵と三つの、のりものが利用できる。それに俺のところから近くてい丶や、歩いて五分」と酒に酔って友人に語っていた。当時ハチローは、向ヶ岡弥生町（現文京区弥生二丁目）に住んでいた。

ハチロー自身、この話を忘れていたが、一九四九（昭和二四）年のある日、立教中学時代の同級生で当時清水建設に勤めていた片田宣道から食事に誘われる。二人は中学で野球部に所属していた。片田は立教大時代に六大学野球でノーヒットノーランを達成したことがあり、当時六大学野球連盟と日本野球協会の理事も務めていた。ハチローが指定された京橋の店に出向くと、そこに大学野球のスター選手だった市岡忠男がいた。ハチローは立教へ移る前の早稲田中学在籍時、早大の捕手だった市岡から直接教えを受けたこともあった。市岡は会うなり、膳の上に図面を広げた。これが不忍池を野球場にする青写真だった。自分が酔って話したアイデアが形になっていたことにハチローは驚いた。

不忍池を埋め立てるといっても全てではなく、全体の四分の一にあたる西南隅一万二〇〇〇坪に限定していた。

球場建物は地上三階、地下一階、鉄筋コンクリート造、タイル張りのスタジアムである。[20] 建設費用は計四億五〇〇〇万円。収容人数六万人は後楽園球場より二万席多い。内野席には屋根を架け、ナイター設備（照明）も設けるものだった。出入口は全部スロープ式で、階段による危険の解消が考えられた（一九五〇年に完成した大阪球場もスロープ式）。スタンドの下を有効活用するために、室内スポーツ施設、宿舎等が計画された。また、グラウンドは約七メートル掘り下げて、地上に露出するスタンドを低くすることで周辺環境との調和を図ることも考えられていた。

建設にあたっては都の認可が必要だった。国際野球場建設委員会サイドは、約一億円の税金（入場税など）を納めることができ、都の財政に資することを強調した。[21]

埋め立てへの反発

だが、この計画に対し反発の声が上がる。

球場建設への反対というよりは、不忍池の埋め立て自体への拒否反応が大半だった。[22] 様々な団体、個人が反対の意見を表明しているが、以下では主なものを挙げる。

地元では、上野観光連盟の前身である「上野鐘声会」を中心に「不忍池埋立反対期成同盟」を結成。球場計画が表面化した翌月の八月四日、池に「上の文化会」と書かれた大きなアヒルの張子が立てられた。これは、上野動物園の林寿郎企画係長や東京藝術大学の西大由らがつくったもので、反対運動のシンボルとなった。

続く八日、上野公園文化会会長の上野直昭（東京国立博物館長）によって、各分野の有識者の意見を聞く会が東京国立博物館講堂で催され、二〇日には、反対する一六団体の代表者が集まり、「不忍池埋立反対期成同盟会連合会」が結成された。連合会の会長には東京大学総長の南原繁が就任した。東大の敷地は不忍池の西側の高台に位置する。当時、東大では南原総長を中心に文教地区構想を練っていた。これは、上野公園から湯島の岩崎邸、湯島聖堂を含む一帯を文教地区とする計画である。この段階で具体化していたわけではなかったが、学内に委員会を立ち上げて検討を進めている最中だった。

この一週間後の八月二七日、日本学術会議第十六委員会で「不忍池埋立問題に対する意見書」が決議され、翌二八日には埋立反対期成同盟が都議会議長に反対の請願を提出した。

不忍池埋め立てへの反発が大きな広がりを見せる中、埋め立てに反対した一人に、建築家で東京大学建築学科教授の岸田日出刀がいる。岸田は、都議会への球場建設の請願提出から間もない八月七日付の毎日新聞紙上で、自らの見解を述べている。[23]

今みる池は水もその周辺も荒れるに任かせ、あんなものは埋めてしまえ、後へ立派な競技場をつくれば、土地は繁栄するし、野球場難も救われて一石二鳥じゃないかというのは、視野の狭い実利主義者たちの考えそうなことだ。

岸田は、埋め立て案を「野球狂時代の熱に浮かされた迷案」と断じた。理由として、「単なるセンチメンタルな懐古趣味からでなく、東京という大都市の総合的な都市計画の立場」を挙げた。岸田の言う「都市計画の立場」とは何か。

それを理解するには、当時の東京の都市計画を巡る状況を確認する必要がある。

一九四九(昭和二四)年八月に終戦から丸四年を迎えた。当時、空襲で焼失した東京の市街地を再興するため、戦災復興都市計画が進められていた。復興には、まず焼け崩れた瓦礫を撤去しなければならない。大量の瓦礫を処理するためには処分地が必要となる。ところが、適当な場所はそう簡単に見つからない。遠方であれば土地はあるが、運搬に人手も費用もかかるため現実的ではなかった。しかも国庫補助はなく、都の予算もつかなかった。そこで、東京都建設局都市計画課長の石川栄耀(のち建設局長)が一計を案じた。瓦礫で濠や川を埋め立てて、埋立地の売却益で埋め立て費用を捻出する方法を考えたのである。現地で処分できれば費用を抑えられるだけでなく、処分地を有効活用できる。瓦礫処分に苦慮していた東京都知事の安井誠一郎は、窮地を救った石川に感謝した。「『助かった』という気持で一ぱいになり、石川君の手をおしいただく思いで堅く堅くにぎりしめた」という。[24]

東京で処分可能な土地は自ずと限られた。公共用地で、かつ、都市機能を阻害しない場所。そこで選ばれたのが旧江戸城の濠や運河だった。外濠、三十間濠、築地川等が戦後の復興期に瓦礫処分地として埋め立てられていった。

東京駅の八重洲口あたりや、四谷見附あたりの濠にしても、あんまりあっさり水を埋め過ぎやしないか。

岸田は、一連の濠の埋め立てに疑問を持っていた。江戸以来、継承されてきた東京の水辺景観が、戦後復興の名の下に壊されていくことへの反発が根底にあった。「都市美の上では水は重要な要素の一つである」と岸田は考えていた。それゆえ、不忍池の埋め立てについても、実利的な観点だけでなく、「都市の美や調和を考え不忍池を最もよく活かす優れた計画を樹ててほしい」と希望を述べたのである。

都市美の観点からは、日本都市美協会理事の石原憲治も、岸田と同趣旨の見解を朝日新聞に投書している。[25] 日本都市美協会は、先に述べた濠の埋め立てにも反対の立場をとり、新聞広告等を用いて協会としての見解を発信していた。石原は「不忍池あっての上野公園であり、池を除いてはあの丘陵の公園の生命はなくなる」とし、公園緑地保存の立場から反対すると述べた。また、埋め立てが決定される手続きについても批判の目を向けた。「議会内の取引でなく、広く一般都民の前に公開してその判断に従ってほしい」。決定が密室で行われ、透明性を欠いていることにも疑問を呈した。

だが、当時の不忍池は、必ずしも守るべき美しい水辺ではなかったようである。サトウハチローは、「パンパンがはびこり、浮浪者が群れをなし、宿無少年は、かつぱらいの釜と米で、池畔にとぐろをまくのは、何とも言わずに、グラウンドをつくるとなつたら、風致とおいでなすつた[26]」と述べ、「現状の風致と風紀を直視せよ[27]」と反対派を難じた。

不忍池だけでなく、濠や水路も美しさからはかけ離れた状態だったとの指摘もある。水面の埋め立てによる瓦礫処分方法を考案した石川栄耀は、「埋めた堀は、埋めなければ不潔で不快な不用な堀なのである。利用上からも都市美上からも何の存在カチのないものであつた。それを調べ、都市計画委員会にかけて埋めたのである。――にもかかわらず埋めれば必ずヒナンである[28]」と、実態を知らずに非難する世論を嘆いた。都市計画の現場を預かる立場からすると、東京の復旧、復興を図る上で、やむを得ない窮余の策でもあった。

世論は埋め立て反対が優勢となり、賛成の署名をした都議七八名のうち三五名が、賛成の取り消しを申し出たことで、埋め立ての見通しは厳しくなった[29]。しかし、一〇月にサンフランシスコ・シールズが来日し、日米野球が開催されると、再び国際球場建設論が息を吹き返し、監督の名を冠した「オドゥール・スタジアム」と命名することが発表された[30]。

そして翌月の一〇日には都議会建設委員会で公聴会が開催され、賛成派と反対派の公述人がそれぞれ五名ずつ招かれ、意見陳述を行った[31]。

賛成の立場として、台東区議会議長建部順（東京オリンピック時に東京都議会議長を務める）、日本セメント技術協会近藤謙三郎、国際野球場建設委員会副会長小林孝一、東京タイムズ社主筆下条雄三、柔道家石黒敬七が意見を述べた。一方、反対派としては、全日本観光連盟事務局長武部英治、小石川植物園長本田正次、市政調査会副会長佐野利器（東大名誉教授）、東京大学教授古畑種基（法医学者）、市政研究家中村舜二が公述した。

国際野球場建設委員会を代表して意見を述べた副会長の小林孝一は、スタンドの下を「全部室内スポーツの殿堂にする。即ち卓球その他総ての室内遊戯の殿堂にする」と語った。卓球が室内競技の筆頭に出ている点がやや唐突に思える。これは、埋め立てに反対していた中井猛之進国立科学博物館長を懐柔するための策の一つだった。中井は、「たとえ一部分であるにせよ、芸術・学問の場所に喧騒な野球場を建てることは、国家的見地からも反対である[32]」との立場を取っていた。植物学者だった中井は、学生時代から卓球の選手として活躍し、卓球の普及にも努めていた。市岡が中井を訪問した際、「池の風致を害さないよう球場は都民文化館寄りにしてスタジアムにピンポンのコートでもつくり、スポーツ功労者の写真を飾る……という風なことならそう反対することもないでしようなア[33]」と述べたことを受けて、「卓球その他総ての室内遊戯の殿堂」という表現になったのだろう。

また、この公述では、野球場の収益の一部を池の浄化や公園の再建に使うため、公園の風致の維持にも貢献する球場であることが強調された。市岡らは、反対派を一人でも減らそうと躍起になっていた。

埋め立ての中止

公聴会の翌月、暮れも押し迫った一二月二三日、建設委員会メンバーが不忍池を視察。二六日の委員会で不忍池の埋め立てを行わない方針が固まり[34]、翌一九五〇（昭和二五）年一月一二日の都議会建設委員会理事会で変更案が提案された。

野球場の建設中止ではなく、建設地を池の北端の都有地（都民文化館）に変更するものだった。不忍池を埋め立てることなく、球場を建設する折衷案だ。ただし、「上野公園の環境との調和等を勘案の上、慎重に検討を加えること[35]」との条件が示された。また、この時の決定事項としては、野球場の運営は半官半民もしくは都営とすることも含まれた。半官半民になったことで、オドゥール・スタジアムの名称も撤回された。

ところが、この案にも問題があった。池端の都有地では、上野動物園を拡張し、水上動物園を新設する計画があったのである。この案自体は、一九四九（昭和二四）年七月末に公表されていた[36]。上野動物園の古賀忠道園長を中心に練られた計画は、不忍池北側の池を含む約二万坪に水族館、児童遊園地を設けて、池に島をつくって水鳥を放し飼いにするというものだった[37]。その後、球場計画の影響で一二月に拡張工事は中止されたが、その手続きが不十分だったとして、翌年一月に工事再開の指示が出されていた[38]。

建設委員会は、池の近くに動物園、その北側に野球場を配置する棲み分け案を提示した。しかし、球場用地の広さは約六六〇〇坪。球場を建てるには狭く、都電の軌道の移設や、隣接する花園町の民有地約三六八八坪を買収する必要があった[39]。池に近い部分を動物園が利用するとなれば、野球場をつくるためには民有地をさらに多く買収しなければならない。だが、既に一〇〇世帯近くが暮らす住宅密集エリアだったことから、買収は難航することが予想された。事実、二月一七日には花園町野球場建設反対期成同盟が結成され、「野球場を作るために居住権を侵害されるとは基本的人権を無視するものだ」として、安井誠一郎東京都知事に中止を求める陳情書が出された[40]。

三月二九日の都議会に具体案が上程されるはずだったが、自由党議員団の反対で立ち消えとなった。反対理由として、(一)請願した場所以外の敷地で許可することは悪例となる、(二)予定地を変更してまで営利企業に都有地を提供することはできない、(三)同地は動物園の拡張予定地である、(四)七八名の議員も請願書に署名しただけで賛成した訳でないことが挙げられた[41]。東大、日本建築協会等からも不忍池周辺の風致を守る反対運動が再燃しつつあったことも背景にあった。

その後、田んぼとなっていた池も戻され、一九五八(昭和三三)年には戦争で焼失した弁天堂が復元される等、戦前の姿を取り戻していくことになる。一九五一(昭和二六)年一二月には一帯が風致地区に指定され、埋め立てや建物の建設が制限されることになった。これにより不忍池の環境は守られることとなる。

芝公園へ…一九五〇年

上野をあきらめた市岡らは、別の土地にターゲットを変える。今度は芝公園だ。

江戸城を守るために、その鬼門にあたる上野に寛永寺がつくられ、裏鬼門にあたる場所に増上寺が置かれた。増上寺の一部が一八七三(明治六)年の太政官布達で芝公園(一〇月一九日開園)となり、寛永寺の一部もこの時に上野公園となった。

市岡らが購入を目指した土地は、芝公園三号地、増上寺本堂の北側の一万二〇〇〇坪である。ここに五万人収容の野球場建設を計画した。球場をつくるには十分な広さだった。この敷地は一万坪が徳川家の霊廟群のある徳川家正の所有地で、残り二〇〇〇〇坪が大蔵省関東財務局管理の国有地（のちに増上寺に無償譲渡）だった。市岡らは、それぞれから譲渡の承諾を得ていた。

所有者の徳川家正は徳川家一七代当主である。明治末に外務省に入省し、在シドニー総領事、駐カナダ全権公使、駐トルコ全権大使などを歴任した元外交官だった。一九四〇（昭和一五）年に貴族院議員となり、最後の貴族院議長を務めたことでも知られる。一九四七（昭和二二）年の華族令廃止とともに、その特権を失った一人だ。財産税の徴収を背景に旧皇族や華族が土地を手放す例が後を絶たない中、芝公園三号地も手放されることになったのだろう。[42] 家正は千駄ヶ谷に自宅を所有しており、芝の土地を必要としていなかったこともあった。

徳川家正代理安井正吾と市岡の間で仮契約が一九五〇（昭和二五）年四月一五日に交わされた。[43] 不忍池での計画が頓挫したのが三月だったから、わずか一カ月弱で土地取得の目処をつけたことになる。八月一日には徳川家正と市岡忠男との間で土地譲渡の覚書が交わされた。覚書には、土地代金は坪当たり三五〇〇円、計三五〇〇万円で、九月末までに支払うとともに、野球場以外の用途に使わないことが記された。

土地入手までこぎつけたものの、芝公園は東京都の都市計画公園に位置づけられていた。文化財保存や緑地保全の見地から東京都は許可を下ろさず、芝公園の球場計画も水泡に帰した。翌一九五一（昭和二六）年一二月には芝公園一帯は上野公園と同時に風致地区に指定され、より厳しい規制がかけられることになる。

ところが、この覚書の三カ月後の一一月四日、徳川家正代理安井正吾と国土計画興業常務取締役中島陟の間で不動産譲渡の契約が締結された。[44] つまり、西武の堤康次郎が芝公園の土地を手に入れたわけである。しかも、購入価格は坪二五〇〇円で市岡らの提示額より一〇〇〇円安い。

その後、堤はこの土地に東京プリンスホテルを建設する。一九六四（昭和三九）年の東京オリンピックに向けて外国人が泊まれる国際水準のホテルが必要とされていたが、圧倒的に客室数が不足していた。そのため、都市計画公園に加えて風致地区区域内ではあったものの、都の特例で建設が許可された。[45] そのため、ホテルニュージャパン（一九六〇年）、ホテルオークラ（一九六二年）、東京ヒルトンホテル（一九六三年）、ホテルニューオータニ（一九六四年）が完成するが、東京プリンスホテルもこの流れの中で誕生した。堤は運がよかった。

実は市岡の背後には、堤康次郎が控えていたとの話もある。セ・リーグ会長を務めた鈴木龍二は、不忍池の国際球場の資金は西武の堤が提供するはずだったと証言している。[46] これがもし本当ならば、芝公園の球場計画にも堤は協力していた可能性がある。だが、都の許可が得られなかったために、代わりに堤が土地を購入したのかもしれない。

高輪・東久邇邸へ：一九五三年

なおも諦めない市岡は、土地取得に奔走し、一九五三（昭和二八）年夏に新たな候補地を見つけた。芝公園のプラン消滅から三年が経過していた。次は高輪南町の東久邇稔彦邸である。旧華族に続いて、旧皇族の土地を目指したことになる。品川駅の目の前で利便性は申し分ない。

東久邇稔彦は、一九〇六（明治三九）年に宮家の一つとして東久邇宮家を創設し、終戦直後に内閣総理大臣となり戦後処理に当たった後、一九四七（昭和二二）年の臣籍降下で東久邇稔彦と称することになった。この土地譲渡の話が出た段階では皇族ではなく、一般人だった。

市岡らは、東久邇への依頼状である「言上書」をしたためている。[47]

高輪御所は交通及び環境良好、加ふるに広大なる坪数を算ふる為めあらゆる方面から御依頼をお受けの事と拝察申上げますが弊社の目的は東洋随一を誇る国際スタヂアムの建設にあり由緒深き御地を健全なるスポーツの殿堂と化し殿下の御高徳を忍び有意義に大衆的スポーツの為め利用させて頂くもので御座います。

立地良好かつ広大な敷地であるため、多方面から同じような土地譲渡の依頼があったことがうかがえる。実際に、市岡だけでなく堤康次郎や京急も狙っていた。

同時期、堤は東久邇邸の西に位置する北白川宮邸を購入している。その北に隣接する竹田宮邸は一九五一（昭和二六）年に買収済みであった。いずれものちにプリンスホテルとなるが、当時はまだ使い道が決まっていなかった。東久邇邸の土地も買えばまとまった土地になるため、そこに野球場を建てる構想を持っていた。堤は息子の義明に野球場の設計を命じた。後年、義明は西武ライオンズのオーナーとなり、所沢に西武球場を建設するが、その原点は高輪だったと振り返る。

僕が最初に野球場の設計図を引いたのは、昭和二十年代のはじめなんですよ。そう、まだ高校生のころだった。それは、親父から、『品川の駅前に野球場をつくりたいから、お前、設計図を引いてみろ』と言われたからです。[48]

義明の高校時代は一九五〇（昭和二五）年四月から一九五三（昭和二八）年三月である。義明によると、康次郎は野球ビジネスが観光事業の柱の一つになると考えていたという。先に、市岡と堤が協力関係にあった可能性についてふれたが、この段階での両者の関係はわからない。
ただ、市岡らが東久邇に提出した言上書では、暗に堤を非難するような言葉が見られる。

> 今や都内各所に於て土地買収問題にからみ政治的に辣腕を振ひ将又思想運動にまで転廻し之れが獲得に狂奔せんとする趨勢下に於て私等スポーツ関係者は明朗と堅実、思想的にも純白なる事をモットーとして与論《ママ》の動向をも考慮しつゝ球場設置に努力する次第でありまして斯る醜聞を耳に致します事は全く顰蹙に堪へません。

政治力を使って強引に土地の入手を行う者とは、堤を指しているのではないか。この頃、堤は旧皇族の土地をはじめとする都心の土地を買い漁っていた[49]。芝公園内の徳川家の土地も同様である。もしかすると、ある段階で協力関係にあった両者に亀裂が入ったのではないだろうか。市岡が芝での球場建設を断念した直後に、西武が徳川家の土地をすぐに取得していることを考えると、この動きに市岡らは裏切られたとの思いを持ったのかもしれない。

市岡らは、「明朗と堅実、思想的にも純白なる事をモットーとして与論《ママ》の動向をも考慮しつゝ球場設置に努力する」と他の土地購入希望者との姿勢の違いを強調していた。また、上野不忍池、芝公園の時と異なる点もあった。「野球場」を全面に押し出した書きぶりではなかったのである。

近く招致されるオリンピック競技場の一礎石として野球場の外国際水準に基くテニスコート、バレー、バスケツトコート、及び五〇米プールの諸施設を併設して綜合文化施設を整備し名実共に美観威容のスポーツ殿堂を通じ国民大衆の健全な心身の育成と国際親善に聊か貢献し平和日本建設の一翼に致し度い所存であります。

この時点で既に東京オリンピックを念頭に置いていたことが興味深い。野球場以外にもテニスコート、バレー、バスケットコート、五〇メートルプール等を併設し、「名実共に美観威容のスポーツ殿堂」とする意向だった。

市岡らは、東久邇に国際球場の総裁への就任も依頼し、東久邇も受諾した[50]。ところが、高輪での計画も東久邇の土地取得が叶わず挫折する。そもそも東久邇は土地の所有権を持っていなかったのである。それにもかかわらず、東久邇は覚書を交わしていた。東久邇は戦中に麻布の自宅が空襲で焼け、戦後、皇室用財産である高輪の邸宅を借りて居住していた。臣籍降下で皇族ではなくなった後も居住し続けた理由は、東久邇の長男盛厚のところへ昭和天皇の長女照宮が嫁いでおり、関係が深いことが考慮されたためであった[51]。

この国有地を球場に使うためには、まず東久邇が大蔵省から土地の払い下げを受けて、それを国際球場側に出資もしくは貸与する手続きが必要となる。これにより、東久邇は配当もしくは賃料を得ることができる。しかし、東久邇は、高輪南町御用邸は一九四六（昭和二一）年八月一六日に下賜されたもので、自らに所有権があるとの主張を譲らなかった。裁判まで起こすことになるが、東久邇の主張が認められることはなかった。

こうして市岡の国際スタジアム構想は幻に終わった。最終的に京浜急行が高輪南の土地を取得し、一九七一（昭和四六）年七月、地上三〇階、客室数九五四室のホテルパシフィック東京が建設されることになる。完成披露式にはかつての住民である東久邇も招待された。[52]

3 旧制第四高等学校人脈と「新宿スタヂアム」

永田雅一と野球場

戦後、在京の五球団が後楽園球場を共同利用していたことは既に述べた。この共同利用の歪みが表面化したのが一九五四（昭和二九）年だった。パ・リーグ球団の使用がかなり制限されていたため、使用日の配分を巡って紛糾した。とりわけ、前年一二月にパ・リーグの初代総裁に就任した大映社長の永田雅一が反発した。だが、一九五四（昭和二九）年の後楽園入場者数を見ると、巨人は大映の九倍もの入場者を確保しており、後楽園がパ・リーグに配慮する理由はなかった。

後楽園依存を脱却するためには自前の球場が欠かせない。永田は球場建設用地の物色をはじめた。[53]まず検討したのが、浜町球場の改修だ。二階建てのスタンドを川に向けて張り出すことで客席を増設する案だった。しかし、外野席がつくれず収容人数が十分に確保できないことから断念した。

続いて目を付けた場所が新宿の淀橋浄水場だった。のちに、新宿副都心計画地として超高層ビル街となる地区だ。当時、新宿駅前の一等地を浄水場のまま使用することは非効率であるとして、浄水場移転の議論が進行していた。敷地は広いため、野球場をつくれば十分な収容人数が確保できる。

しかし、移転の議論も緒についたばかりで、時間がかかることが予想された。さらには、浄水場は都有地である。都有地で建設された駒沢球場のように、球場を都に寄付しなければならない可能性があったこともネックとなった。駒沢球場では東急が建設した後、東京都に寄付し、無償で使用する形が取られていた。

また、神宮球場の利用も検討された。だが、神宮はアマチュア野球の聖地であり、六大学野球連盟の了解を得る必要があった。仮に利用できたとしても夜間に限られる。ナイターのみの利用は使い勝手がよくない。しかもナイター設備の修理に二〇〇〇万円から三〇〇〇万円がかかるなど解決すべき課題は山積していた。

このように、浜町、淀橋浄水場、神宮はいずれも球場として適さなかった。

旧制四高人脈による新宿スタヂアム計画：一九五四～一九五五年

そんな折、新宿・東大久保の帝国石油本社約九〇〇〇坪の土地を野球場用地に提供する話がプロ野球サイドにもたらされる。持ち掛けた人物は、鮎川義介である。日産コンツェルンを築き、満洲重工業開発総裁として戦前の日本産業界の発展を支えた鮎川は、一九五四（昭和二九）年九月に帝国石油の社長に就任、同年一一月に会長となっていた。

帝国石油は、一九四一（昭和一六）年三月に成立した「帝国石油株式会社法」に基づき設立された国策企業だ。海外の石油供給ルートが断たれたために、供給の安定化を目的につくられた。戦後、一九五〇（昭和二五）年に同法が廃止され、民間企業として再出発することになったが、業績悪化を受けて鮎川が社長に招かれた。

帝国石油の本社はもともと東京の日比谷にあったが、戦中に空襲を避けるために新潟県柏崎市へ疎開していた。新潟は国内有数の産油地であり、帝石の拠点でもあった。戦後、日比谷にあった本社ビルがGHQに接収されたことから、東大久保に本社を構えていた。この土地は加賀前田家から購入したもので、既存の日本家屋がそのまま利用されていた。そのためオフィスとしての使い勝手が悪いだけでなく、手狭でもあった。新宿駅から距離があり、場所も不便だった。そこで、この土地を売却して都心に移転することを検討し、一九五四（昭和二九）年一一月に、虎ノ門の日産館に移転することが決まった。

鮎川は、腹心の山本高次（大洋鉱業社長、明生木材社長、満洲産業株式会社社長）に球場利用の可能性を検討させる。[54] おそらく都内の球場不足問題を耳にしていたのだろう。山本は坂東勝二郎（国際文化交換協会事務局長、のち日本芸能文化センター事務局長）に相談。さらに坂東を経由して、株式会社日本野球連盟代表取締役の野口務に協力を求めた。野口は、熊谷組野球部後援会副会長の福島巌（鉄道車輛工業常務）を通じて熊谷組に球場の建設計画の策定を依頼した。熊谷組は、当時最新の野球場だったナゴヤ球場の建設を担ったゼネコンで実績も十分だった。

ここで名前の出てきた、坂東、野口、福島の三名は、金沢にあった旧制第四高等学校の同窓だった。なお、正力も旧制第四高校出身である。四高の人脈とセ・リーグの鈴木龍二によってスタジアム計画が練られることになる。

一九五五（昭和三〇）年春、「新宿スタヂアム設立計画概要書」と題する目論見書がまとめられた。[55] 三階建てスタンドで収容人数は四万人、セ・リーグとパ・リーグが一チームずつ利用する球場である。建設費は五億円で、翌年九月の開業が予定された。「グランドの上部には雨天でも試合の行ひ得る様な屋根設備鉄塔を使はない夜間照明設備等日本で最も新しい企画の貸球場とするものである」とあることから、鉄塔を必要としないナイター設備を持つ屋根付き球場が想定されていたことがわかる。「屋根付き」とあるものの、それに関する具体的な記述はない。

野球の興行以外の収入源も確保するために、外野スタンドの下には、修学旅行等の団体客向けの大衆ホテルのほか、自転車預かり所、観光バス発着所、ボウリング場を配置し、内野スタンドの下には、貸事務所と貸しホールを併設する複合施設だった。地下には一年を通じて利用できる「東洋一の室内リンク」であるアイススケート場も予定された。[56]

ただ、帝石の土地は約九〇〇〇坪。これだけでは球場建設には足りない。周辺の土地を買い増す必要があった。ところが、この球場計画が新聞で報じられると、敷地周辺の地価が値上がりした。[57]土地価格が急騰したことで買収費用が膨れ上がったことは大きな誤算であった。

その後、地価高騰が原因で球場計画が消滅したとの報道もあったが、水面下で計画が詰められていった。帝石の土地は、鮎川の腹心の一人である佐々木芳朗に託され、セ・リーグとの間で交渉が持たれた。不動産会社の佐々木商会[58]を経営していた佐々木は、鮎川の日産コンツェルンに連なる企業の社屋や工場の用地買収等を任されてきた経緯があり、鮎川の信頼を得ていた。

この土地を巡っては、東急の五島慶太がヘルス・センターの建設用地にするために売却を求めてきたこともあった。しかし、佐々木はヘルス・センターでは売却価格が低くなることを懸念した。[59]鮎川が球場計画を望んでいたこともあり、セ・リーグとの交渉が優先された。佐々木と鈴木龍二の話し合いで、まず土地代の半分を支払い、残りを年賦で支払うことで合意。後楽園スタヂアムとの共同経営の可能性についても検討された。後楽園スタヂアムを増資し、その株式で土地を購入するというものであったが、後楽園サイドの了承を得ていたわけではない。

「新宿スタジアム」から「東京スタジアム」へ：一九五六年

翌一九五六（昭和三一）年二月には、前年の計画を踏襲、発展させた「新宿スタジアム設立計画」が完成した。

収容人数の記載はないが、おそらく「新宿スタヂアム計画」と同じ四万人なのだろう。敷地は、帝石所有地とその近接地を含む一万三〇〇〇坪。帝石の土地は九〇〇〇坪だったため、四〇〇〇坪を買収する必要があった。この土地にセ・パ両リーグの試合を行う野球場が計画された。また、アマチュア野球（社会人、学生、女子）、ボクシング、プロレスの興行のほか、スケート場、大衆ホテル、修学旅行用ホテル、レストラン、貸ホール、映画館、貸事務室、観光バス発着所、ヘルス・センター等、「種々の附帯事業」も行うスタジアムとして位置づけられた。

野球場でありながらも、総合的なレクリエーション施設として構想されていたことがわかる。ヘルス・センターが追加されているのは、五島慶太のアイデアを拝借したのだろう。

建設費用を見てみると、土地買収費が五億円、球場建設費が三億、その他一億の合計九億円が想定されていた。前年春の計画に書かれていた屋根付き球場の文言は削除された。屋根付きは費用もかかる上、周辺土地の買収費用の増大が想定されたため、建設費用を圧縮する必要があった。

資金調達が一番の懸念事項ではあったが、プロ野球を中継していない局や後楽園球場の試合中継ができない局が計画に協力する見込みがあるとも記された。具体的な局の名前は明示されていないが、当時、関東圏にテレビ局は三局しかなかったことから、ＮＨＫとラジオ東京テレビの二局が想定されていたことになる。

結局、このプランは正力の支持が十分に得られないまま停滞する。

先に見た不忍池の球場計画が頓挫した理由の一つに正力の反対があったとも言われていた。[60]正力が首を縦に振らない限り、計画を進めるわけにはいかない。鈴木と野口は正力に経過報告し、正力も熱心に話を聞いていたが、一切意見を述べることはなかったという。[61]当時の正力は衆議院議員として、一九五五（昭和三〇）年一一月には第三次鳩山内閣の北海道開発庁長官に就任。翌年一月には原子力委員会の初代委員長として原子力の導入に注力していた。正力の関心は、球場計画に向けられていなかった。

そこで野口らは計画をパ・リーグに持ち掛けた。そこでも四高人脈が活かされる。坂東勝二郎が同窓の藤田信勝（大阪毎日新聞）を通じ、毎日オリオンズ球団代表の黒崎貞治郎と交渉を持ったのである。[62]

黒崎は、東京日日新聞（のち毎日新聞）の記者で、社会部長時代には帝銀事件、昭電疑獄事件、下山事件等の戦後混乱期を騒がせた事件を担当したほか、梅木三郎の筆名で流行歌や軍歌の作詞も手掛けていた。それまで野球とは全く縁がなかった黒崎だが、一九四九（昭和二四）年に毎日新聞がプロ野球に参入すると、毎日オリオンズの専務に就任、その後球団代表となった。毎日オリオンズは、パ・リーグの看板球団として期待されていた。

ところが、巨人の本拠地と化した後楽園を間借りしているような状況に黒崎は不満を抱いていた。セ・リーグとパ・リーグの二大リーグを確固たるものにするためには、ホームグラウンドが必要と考えた。一九五〇（昭和二五）年末に米国球界の視察と球団首脳との会談を目的に渡米している。

この時、メジャー・リーグのオーナーたちから、球場は「ダウンタウンから車で一五分の立地」が必須とのアドバイスを受けた。[63] 野球場は何よりも利便性の高い立地が重要であることが黒崎の胸に刻まれた。

帰国後、黒崎は球場用地の検討を本格化させる。最初の候補地は高輪の東久邇邸だった。[64] 市岡忠男や堤康次郎も取得を目指した場所だ。品川駅前という立地は魅力だったが、合意に至らなかった。

以上からわかるように、坂東から新宿スタジアムの計画を聞いた時点で、黒崎は球場建設に強い関心を持っていた。こうして毎日オリオンズとして本腰を入れることになり、社長の山田潤二は、東京帝国大時代の友人である河合良成小松製作所社長に協力を仰ぐ。[65] 河合は「金をつくることはご免だが、社長の名前を貸してもよい」と快諾した。名称は「東京スタジアム」に決まり、パ・リーグ主導のスタジアム建設が動き出すこととなる。[66]「新宿スタジアム」では九億円と見積もられていた総費用は、なぜか七億円に減額されていた。その大半をパ・リーグの各球団が負担することになった。このうち大映スターズ（オーナー永田雅一）が最も多い二億三〇〇〇万円で、毎日オリオンズ、高橋ユニオンズ（同高橋龍太郎）等の各球団が合わせて二億三〇〇〇万円、残りを河合良成等の実業家が出資することで合意に至った。永田はそれまで単独で球場用地を探していたが、まとまった土地を見つけることができなかった。新宿スタジアムの計画がパ・リーグにもたらされたことは幸運だったと言えよう。

4　星野直樹とＡ野球スタヂアム：星野直樹・久米権九郎・丸山勝久

星野直樹の参画

パ・リーグによる球場計画は、河合が多忙を極めたこともあり、河合の親友で、鮎川の満洲時代の盟友[67]でもある星野直樹が代わりに参画することになる。鮎川は「満州以来私の最も親しくし、且つ畏敬している[68]」と語るほど星野に全幅の信頼を寄せていた。

星野は、大蔵省を経て、満洲国国務院総務長官、企画院総裁、東条内閣で内閣書記官長などを歴任。戦後、A級戦犯として終身刑の判決を受けたが、一九五五（昭和三〇）年一二月に仮釈放されたばかりだった。

星野は大の野球好きで、熱心な巨人ファンとして知られていた。東京帝国大の学生時代、小石川区小日向台町（現文京区小日向）の自宅近くにあった久世山の原っぱで、近所の子どもたちのコーチを買って出ていた。その中の一人に、茗荷谷に住んでいた当時小学生のサトウハチローがいた。ハチローは、「かすりのたもとを凧糸のタスキで肩にくくり（中略）メガネのガラスに汗をためて（彼はそれほど熱心だったのだ）ノックをしてくれた[69]」と振り返る。大蔵省入省後もその草野球にたまに顔を出し、背広を脱いで野球に加わったという[70]。満洲の総務長官時代には、記者クラブの記者たちとも野球に興じ、二塁手としてグラウンドに立った。「終わると用意されたビールを口にしながら、若い人たちと呵呵大笑[71]」するほど野球を楽しんでいた。星野の無邪気な野球愛がうかがえる。鮎川は、こうした星野の野球好きを知ったうえで依頼したのかもしれない。

球場計画を担当することになった星野直樹と黒崎貞治郎の間にもつながりはあった。二人の関係は星野がA級戦犯として巣鴨プリズンに収監されていた頃に遡る[72]。一九五二（昭和二七）年三月、巣鴨プリズン内のグラウンドで、巨人と毎日オリオンズの二軍が慰問試合を行った。星野の発案によるもので、法務府（現法務省）が依頼し実現した。開催にあたっては、当時、毎日オリオンズの球団代表だった黒崎の了承が必要だった。この交渉役となった人物（無期囚）が、のちに黒崎の私設秘書を務める。星野が出所すると、この人物を介して黒崎と星野は面識を持った。こうして二人は新宿の球場計画に取り組むことになったが、黒崎は旧帝石の土地は野球場には狭すぎると判断し、検討半ばで星野のグループから離れていった。

「A野球スタヂアム計画」：一九五六年

一九五六（昭和三一）年一〇月、「A野球スタヂアム興業計画概要」と題する「星野顧問室」名義の計画案がまとめられる[73]。計二〇ページの計画概要に、図面・パース（A野球スタヂアム計画案）が添えられたものだ。図面・パースは三カ月かけて久米建築事務所（のちの久米設計）が作成した。

国会図書館憲政資料室所蔵の鮎川義介関係文書の中に、「H野球スタヂアム興業計画概要」という、タイトル以外全く同じ内容の資料が残されている。「H」が星野のイニシャルであるとするならば、「A」は鮎川を指すのかもしれない。

「東京スタジアム（新宿スタジアム）」計画との大きな相違点は、収容人数が二倍以上の八万七五二一人という巨大スタジアムとなっていたことである。しかも、球場全体を屋根で覆うドーム球場だった。一九五五（昭和三〇）年の「新宿スタヂアム」案でも屋根付きが想定されていたが、具体的に検討されたわけではなかった。

球場は、内野、外野がともに二階建て、それぞれ五万二七八一人、三万四七四〇人を収容し、その上に高さ四〇メートル、直径二〇〇メートルの屋根を被せるものだった。三一メートルのスタンドに高さ四〇メートルの屋根を加えて、計七一メートルに及ぶ巨大な建築物だ。

屋内施設になることから、様々なイベントでの活用も想定していた。映画、スポーツ、音楽、サーカス、運動会、政治集会等も想定した多目的ホールとして位置付けられていた。また、野球についても、プロ野球のみならず、女子野球、都市対抗、小・中・高・大学野球大会等、アマチュアへの開放も考えていたようだ。

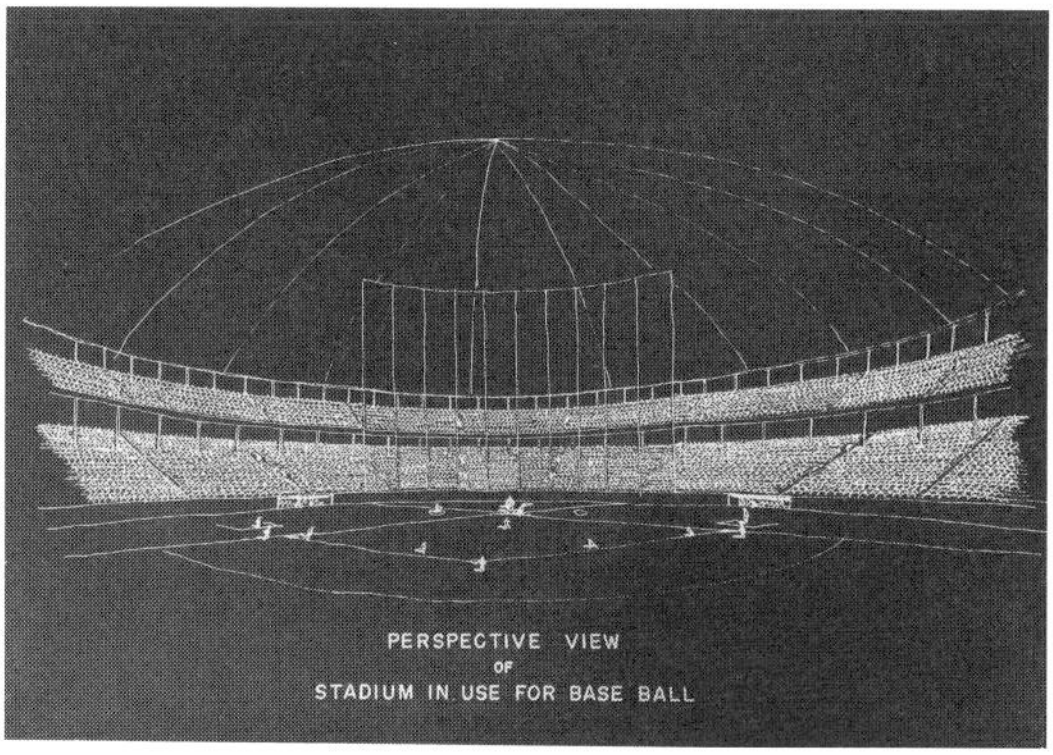

A野球スタヂアム計画案、球場内のパース（1956年）

多種多様なスポーツや文化イベントが盛り込まれた理由は、このスタジアムを「娯楽の健全化」の手段として位置付けていたことによる。計画概要の冒頭で、これからの時代は労働生産性の高まりによって余暇の時間が増えるが、現在の日本においては娯楽の提供が不十分であると指摘している。一九五五（昭和三〇）年度の映画、野球、スポーツ、演劇、音楽、展覧会等の入場料合計は六四六億円だったが、その九割を映画が占め、その映画に支払われた四・四倍の二五〇〇億円がパチンコ屋に、一・五倍の八五七億円が競馬、競輪に支払われていた。娯楽がギャンブルに偏っている現状を憂い、「余暇をもてあまし、益々不健全な娯楽に走ろうとする一般大衆とくに青少年層の足を健全明

A野球スタヂアム計画案、外観パース図（1956年）
左は高さ170mのテレビ塔

朗な各種の大衆スポーツに向けさせる」ことに重要な意義があると記された。単に野球場をつくるだけではなかったところに、満洲国を預かった経験のある星野の視野の広さがうかがえる。

「東京スタジアム（新宿スタジアム）」計画と大きく異なる点がもう一つあった。球場にテレビ局（スタジオ＋テレビ塔）の併設が盛り込まれていたのである。スタンドの下にテレビスタジオが設けられ、高さ一七〇メートル（うちアンテナ二〇メートル）のテレビ塔を敷地の南端に配置する計画だった。新宿駅方面から球場に向かって歩くと、まずこのテレビ塔がアイストップとして目に入る効果を狙ったのだろう。また、塔の最上部には展望台も計画されていた。

しかし、なぜ野球場にテレビ局を併設しようとしたのだろうか。

「A野球スタヂアム興業計画概要」には「野球場において演ぜられる野球、スポーツ、各種催物は、一般の観客を多数動員しうるばかりではなく、ＴＶ放送を通じて野球場まで足を運ぶことのできない人々を引きつけうることになる」と記されている。だからといって球場内にテレビ局を設ける必要はない。

テレビ局併設の背景には、当時のテレビ放送免許拡充の動きが関係していた。

一九五六（昭和三一）年八月、電波監理局長の浜田成徳が、米軍使用チャンネルの返還分も含めて、最大三つの局が追加される見通しを語った。これにより参入希望者が殺到し、関東だけで一七社が申請した。この経緯は第1章で述べた。申請者の中に、鮎川義介の「日本カラーテレビ放送協会」があった。早くからテレビに関心を持ち、米国とのつながりを持つ鮎川は、米国で開始されていたカラーテレビ放送の導入も目論んだ。NHKと日本テレビによるテレビ放送が開始されてからわずか三年。テレビ受像機の普及すらまだ十分ではなかった時期にカラー化を考えていた。[74]もちろんカラー放送の技術は日本にはない。鮎川はアメリカの人脈を駆使して、RCAなどと提携する手筈を整えていた。

この日本カラーテレビ放送協会のスタジオや送信所の住所が「新宿区東大久保二丁目三一七番地」だった。[75]これはまさに鮎川の依頼で星野が検討していた屋根付き球場の土地だ。放送計画概要には球場との関係にも触れられている。

別途計画として新宿大スタジアム（屋根付き球場のこと）を建設するがそこにおける興業をテレビを通じて放送しテレビ事業とスタジアムとの有機的結合を計って綜合経営を行う予定である。[76]

鮎川は、スタジアムでの興行をテレビ中継することを念頭に置いていた。テレビと屋根付き球場の計画はともに鮎川が背後にいたが、もともとは全く別のルートから出て来た話だった。鮎川は、それらを結び付けて、双方の計画に反映させたのである。

東京ヒルトンホテル人脈：星野直樹・久米権九郎・丸山勝久

屋根付き球場の図面やパースを作成した久米建築事務所は、建築家の久米権九郎が一九三二（昭和七）年に創設した建築設計事務所だ。久米はドイツのシュツットガルト工科大学に留学し、現地の建築事務所に勤務しながら建築を学んだ。一九二九（昭和四）年に帰国後、日本や中国で多くの建物の設計を手掛けた。しかし、ホテルや住宅の設計が大半で、球場をはじめとする大規模建築の経験はなかった。では、なぜ久米が野球場を担当することになったのか。そのカギは、「東京ヒルトンホテル」にある。星野直樹は東京ヒルトンホテルの副社長で、久米権九郎はホテルの設計者の一人だった。

東京ヒルトンホテルは、東急電鉄と米資本のヒルトンホテルズが設立した合弁会社によって、永田町の星ヶ岡茶寮跡につくられた国際ホテルである。日本進出を模索していたヒルトンと、観光業にも力を入れつつあった東急の利害が一致し、一九五六（昭和三一）年二月一日に仮契約。約七年を経て東京オリンピック前年の一九六三（昭和三八）年に完成させた。

ヒルトンの日本進出の仲介を果たした人物が鮎川義介だ。一九五五（昭和三〇）年にヒルトンサイドから打診を受けた鮎川は、ヒルトンのパートナーとして五島慶太を推薦した。[77] ヒルトンの海外進出の方法は、ホテルの企画や経営ノウハウは提供するが、資金は地元負担を原則とするものだった。つまり、ホテル用地の確保や建物の建設費用は日本側が手当てしなければならず、それだけの資金力を持つ相手を探す必要があった。

その点、財力が十分であるばかりでなく、ホテル業への本格参入を目指していた五島は適任だった。五島にとっても巨大ホテルチェーンのノウハウは魅力だったに違いない。

五島に請われて東急電鉄の顧問も務めていた星野は、東京ヒルトンホテルの立ち上げから関わり、合弁会社の副社長を務めることになる。

五島が一九四四（昭和一九）年に運輸通信大臣になった時、内閣書記官長だった星野の力が影響したとされる。星野は政財界からの信頼が篤く、巣鴨プリズン出所後は引く手あまただった。

東急とヒルトンが仮契約を結ぶ約ひと月前の一九五六（昭和三一）年一月一〇日、東京会館で星野の出所を祝う慰労会が催された。二〇〇名以上が出席し、鮎川義介、藤原銀次郎、五島慶太、岸信介、河合良成、正力松太郎等の錚々たる面々が挨拶をしている。挨拶に立った鮎川、五島、正力は、星野を自らの経営陣に引き入れる構想を述べた。鮎川は、「すでに自分が星野の身柄については手をつけているのだから、勝手な抜けがけはしないようにと、クギをさした[78]」という。

彼らを惹きつけた星野の魅力とは何だったのか。

満洲時代の星野をそばで見ていた小坂正則（元報知新聞新京支局長）は次のように述べている。

ものにこだわらず、合理的に筋を通し、人の長所をとって、その人の知恵をよく活用した。少々無理な、わけのわからないことを軍が主張しても、星野は向かっ腹を立てなかった。たとえ、総務長官が日系官吏の最高権力者であっても、内面指導権をもつ関東軍には歯が立たない仕組みになっていることを、星野はとくと胸の中にたたみ込んでいた。

堪えることを知っていた星野の器量は、ついに昭和十五年七月、企画院総裁として東京の舞台にその彼を立たせることになる[79]。

星野直樹の弟、芳樹も同じような印象を持っていた。「直樹は非常に優秀な事務官僚であった。しかし天下の体制をひっくり返すというようなだいそれたことは考えない、与えられた条件の下でなるべく皆がよくなるようにする、こういう官僚であったといえよう」[80]。芳樹は、直樹が満洲時代について語った言葉も記している。

あのなあ、満州であるあいう位置にあるとね、大きな動かせる金が手許にできることがあるんだよ。それをね、俺なんかはね、これをどうやって下の人々に公平に分配できるか、しかももらった人が精神的負担にならないように分けるにはどうするか考えるんだよね[81]。

牧師だった父、光多の教えが影響したのか、自身もクリスチャンだった星野は私欲とは無縁の性格だった。五島は、こうした星野の器量の大きさにほれ込んだのだろう。東京ヒルトンホテル副社長だけでなく、東急国際ホテルや羽田東急ホテルの社長も星野にまかせることになる。

一方、東京ヒルトンホテルの設計は、ヒルトンの設計主任エマニュエル・グラン、久米権九郎等で構成される設計委員会で具体的に進められることになった。久米が選ばれた理由は、日光金谷ホテル、万平ホテル等、ホテル建築の実績が豊富だったこともあるが、五島慶太との関係も無視できない。久米権九郎の姉、万千代は五島の妻だった（万千代は一九二一年死没）。久米は東急不動産が手掛けた外国人向けの高級賃貸住宅、代官山東急アパート（一九五五年完成）の設計も担うなど、既に東急の仕事を請け負っていた。

東京ヒルトンホテルで星野と久米は接点を持ち、星野は屋根付き球場の設計に久米を引き込んだ。久米権九郎と久米建築事務所の永井賢城（のち社長）は無報酬で協力したという。[82]

東京ヒルトンホテルのプロジェクトには、もう一人、屋根付き球場計画を支えることになる人物が関わっていた。東急電鉄の丸山勝久だ。丸山は、一九五六（昭和三一）年一月末にヒルトン副社長、ジョン・W・ハウザーらが来日した際にも交渉に同席し、当初から総括、企画、調査、渉外を一手に担っていた。

丸山は一九四三（昭和一八）年に慶應義塾大学卒業後、三菱商事に入社。翌年には海軍中尉として海軍の対外諜報機関「X機関」に所属。終戦まで上海で対米諜報電話班長として諜報活動に従事した。[83]戦後、GHQの命令で三菱商事が解散すると、自ら立ち上げた貿易会社、全洋商工を経営する。その後、大同製鋼顧問を経て、一九五一（昭和二六）年に東急電鉄に入社した。同年、公職追放から復帰した五島慶太は観光・レジャー事業を本格化させていた。そこに、アメリカの事情にも精通していた丸山が五島の目に留まった。[84]丸山は五島に国際観光事業を進言し、国際ホテルの建設が決まると、ヒルトンとの交渉にあたることになる。[85]

丸山の能力は語学だけでなく、その企画力や企画を裏付ける調査力にもあった。東急とヒルトンの契約後、政府や業界の反対意見が多かったことを受け、一九五六（昭和三一）年七月に『東京に何故ヒルトン・ホテルが必要か？』と題するレポートを作成している。[86]その内容は、「何故東京に新しい大ホテルが必要か」「何故東京にヒルトン・ホテルが必要か」「ヒルトン・ホテルは日本の観光事業にいかなる影響を与えるか」「ヒルトンに純益の三分の一を支払うことは、果して日本側にとつて不利であるか」「日本以外の諸外国に於て、観光を盛んにする上に、ヒルトン・ホテルはどんな風に役立つたか」という章立てで、ヒルトンホテル導入の利点を説得するための詳細な分析レポートだった。

星野は丸山の能力を買い、屋根付き球場のプロジェクトに引き込んだ。ヒルトンの業務だけでも多忙を極めたはずだが、並行して屋根付き球場計画の調査、立案に携わり、先に見た「A野球スタヂアム興業計画概要」を完成させた。だが、根拠データに乏しい企画書であったことから、企画を精査するための本格的な調査が継続されることとなる。

「野球場建設計画に関する基礎調査中間報告書」:一九五七年

一九五七（昭和三二）年春に「野球場建設計画に関する基礎調査中間報告書」（四月二六日星野顧問室）がまとめられる。[87]「中間報告書」とあるが、一〇章立て、全一五六ページに及ぶ。

各章の見出しを見ると、「何故東京に新しい球場が必要か」「新宿がなぜ野球場として好適地であるか」「試合内容によつて観客動員にいかなる差異が生ずるか」「プロ野球と開催時間との関係について」「天候はプロ野球にいかなる影響を与えるか」「既存球場会社の経営状態はどうなつているか」等とある。先に触れたレポート『東京に何故ヒルトン・ホテルが必要か？』の構成と類似していることがわかる。丸山は、根拠に基づく論理的な分析によって屋根付き球場の必要性を説明した。

「本調査の究極の目的は20億乃至30億に上る相当多額の資金を動員して、設備、規模ともに日本一の新野球場を建設した場合、果してその収支相償う経営が可能であるか否かを検討せんとするもの」[88]とあるように、既存のプロ野球興行の精緻な実態分析が行われた。これはまさに、それまで立案されては消えていった野球場計画に欠けている部分だった。

報告書では、大阪との比較から東京のポテンシャルを数値的に示しながら、東京に野球場が必要であることが示された。それだけでなく、三鷹の武蔵野グリーンパーク野球場や駒沢球場の失敗を例に、都心の利便性の高い立地の必要性にも言及された。さらに、気温、天候が集客に与える影響を分析し、年間二割が雨天中止になっている現状を踏まえて、全天候型の屋根付き球場が経営の安定化に欠かせないと指摘している。丸山の次女、玲子は父親が屋根付き球場を計画していたとは知らなかったというが、子供の頃に丸山が「野球場に屋根があれば中止にしなくてもよいのに」と語っていたことを記憶している。[89]

この報告書でも紹介されているブルックリン・ドジャースのドーム球場計画に触発されたものだったが、雨の多い日本において、屋根付き球場の必要性はとりわけ高かった。このドジャースのドーム球場計画については後述する。

球場計画としては、収容人数の異なる二つの案が検討された。A案が「A野球スタヂアム」と同じ八万七〇〇〇人、B案が五万五〇〇〇人である。久米建築事務所の概算見積もりによると、前者が建設費二四億円（土地代等を含めて三二億円）、後者が建設費一八億二〇〇〇万円（同二七億円）、ともに屋根だけで五億円を要すると試算された。野口らの「新宿スタジアム設立計画」では土地買収費含めて計九億円と積算されていたが、その試算がいかに甘いものだったかがわかる。

いずれにせよ、三〇億円に及ぶ費用をプロ野球興行のみでまかなうことは難しい。経営を安定させるためには、付帯施設の整備と活用が欠かせなかった。その一つが、テレビ塔の観光化だ。

この時点で東京タワーはまだ存在していない。この報告書の翌月に東京タワーの建築主である日本電波塔株式会社が設立される。東京では、NHK、日本テレビ、ラジオ東京がそれぞれ鉄塔を立てて送信していた。日本テレビだけ塔に展望台を設置していたが無料だった。一方、名古屋テレビ塔（一九五四年）や通天閣（二代目、一九五六年）には有料の展望台があり、入場料収入、広告収入、売店収入等でかなりの収益を上げていた。また、西ドイツのシュツットガルトでは高さ二一三メートルのテレビ塔が一九五六年に完成したばかりで、一五四メートルの位置には美しい景色を望みながら食事を楽しめる展望台のレストランが設けられていた。

丸山は、タワーに展望台をつくって収益化を図るだけでなく、テレビ塔と屋根付き球場が、東京の新しいシンボル景観を生み出すとも記している。

もし東京にも遠くから眺望できる屋内野球場の半球型の輝くドーム屋根と真白にそびえ立つ円柱型の大展望台が近接して建設されるならば、立体幾何学的にも美しいコントラストとハーモニイをかもし出し、国際的文化都市としての東京の象徴ともいうべき一大偉観を添えることゝなる訳である。[90]

展望台以外の付帯施設としては、大衆ホテル、水族館、人工スキー場、スケート場等が列挙された。水族館を科学教育施設として位置付け、渋谷の五島プラネタリウムを引き合いに出しながら集客効果が見込めるとした。

丸山勝久と五島プラネタリウム

五島プラネタリウムは、渋谷駅前の東急文化会館の屋上につくられた日本最大級の大きさを誇る本格的なプラネタリウムである。先に見た「中間報告書」とほぼ同時期の一九五七（昭和三二）年四月一日に開業したばかりであった。

このプラネタリウムを企画した人物が、ほかでもない丸山勝久だった。

その三年前に完成した東急会館（のちの東急百貨店東横店西館）はデパートと劇場（東横ホール）がメインの施設だったのに対し、東急文化会館は収容人員一〇〇〇名を超える渋谷パンテオンをはじめ、大小四つの映画館を核とするビルだった。

だが、東急電鉄企画部長として建設に関わった山本忍によると、ビルの用途が決まるまでには時間を要したという[91]。何をもって「文化」とするか。これが山本と丸山に課されたテーマだった。しかし、東急が映画配給会社である東映を所有していたこともあり、映画館を主要施設とする流れが優勢となった。

当時、東急は映画館の拡大戦略をとっていた。新宿にも東急文化会館を建設するほか、池袋、上野、築地等でも映画館を増やそうとしていた。その背景にはアメリカの映画会社との契約問題があったとされる。アメリカの映画会社からフィルムを提供してもらうためには、上映する映画館の拡大が条件だったからだ。

だが、山本は映画で儲かるはずがないと反対した。一九五三（昭和二八）年にテレビ放送が開始され、映画産業は飽和状態にあった。結局、映画館ビルとしての基本計画を変えるまでには至らなかったが、丸山の発案でプラネタリウムが設けられることになった。五島慶太は「天文はいいな、大きいからいいな[92]」と乗り気だった。五島はクジラの泳ぐ水族館を提案したというが、これはさすがに実現しなかった。屋根付き球場の付帯施設に水族館が入っていたのは、五島のアイデアを反映したのだろう。なお、丸山は東急文化会館を吹き抜けにしてフーコーの振り子の設置も考えていたが、広い空間を要するため物理的に無理があった。

丸山は生前、プラネタリウムに込めた思いを家族に語っている。修学旅行で東京に来た生徒たちに、土産物ではなく体験を持ち帰ってほしかったのだという[93]。丸山は、宇宙の大きさと自身の小ささを知る体験がのちに日本を支える若者の成長につながると考えていた。また、仮に野球が雨で中止になっても、プラネタリウムなら見に来てもらえるとも話していた。プラネタリウムの建設中に検討が始まった屋根付き球場のことが念頭にあったのだろう。

五島プラネタリウムの企画段階から関わり、のちに館長を務めた天文学者の村山定男（当時国立科学博物館天文部主任）によると、ある日、丸山が上野の国立科学博物館を突然訪問し、プラネタリウムを作りたいので協力してほしいと依頼してきたという[94]。

これは天文関係者にとって願ってもない申し出だった。なぜなら、当時、国内のプラネタリウムは大阪市立電気科学館にあるものが唯一で、東京都内には存在しなかった。一九三八（昭和一三）年に有楽町の東京日日新聞（のち毎日新聞）の東日会館に東京初のプラネタリウム「東日天文館」がつくられたが、一九四五（昭和二〇）年五月二五日の東京大空襲で焼失。それ以来、東京ではプラネタリウム不在の状態が一〇年以上続いていた。なお、焼けた東日天文館を改修して、ラジオ東京のスタジオがつくられたことは前章で述べた。

五島プラネタリウムが設置された経緯の「公式見解」としては、東急文化会館建設の動きを知った天文学関係者が「東京プラネタリウム設立促進懇話会」（世話人代表：茅誠司日本学術会議会長、萩原雄祐東京大学教授・東京天文台長、岡田要国立科学博物館館長）を結成し、東急電鉄の五島昇社長にプラネタリウム設置の申し入れを行い、これを東急が受け入れたというものだ。しかし、実際の話は逆だった。プラネタリウムの設置を考えた東急の丸山が、天文学者に協力を依頼し、東京プラネタリウム設立促進懇話会から東急に宛てて要望書を提出してもらったのである。

ではなぜ、そのような面倒な手順を踏まなければならなかったのか。この経緯は、少なからず屋根付き球場ともかかわってくるので説明しておきたい。

当初、東急文化会館は、高さ制限の限度一杯の三一メートルで東京都に申請されていた。その後、プラネタリウムを追加するために設計変更することになったが、屋上にプラネタリウムを設置すると建物の高さが三一メートルを超過する。そのため、東京都建築審査会の同意と都知事の許可が必要となる。東急サイドは、高さ制限値を超過する理由が企業の利益ではなく、公共の利益に資することを示せば、許可が得られやすいと判断した。そこで、東京プラネタリウム設立促進懇話会からプラネタリウム設置の要望書を出してもらったのである。実際、東急から東京都に提出された許可申請理由書には、次のように記された。

> 東京に於けるプラネタリウムは戦災で焼失して以来、これが再建の要望は前記〔懇話会からの要望〕の通り斯界挙げての熱願でありますが資金難、立地条件その他の理由で具体化するものがなく実現がなかなか困難な状態にあります。然るに当社に於て文化会館建設の機会に、これが再建について種々検討の結果これを最上階に設置し尚本建物の建設と同時に施工するならば本建物の経済的犠牲を比較的僅少に止めて直ちに実現出来る自信を得ました。[95]

プラネタリウムを有する東急文化会館は、建築審査会の同意を得て、三一メートルを超える四三メートルでの建設が許可された。

屋根付き球場でも高さ制限を超えるためには、同様の許可の手続きが必要となる。東大久保の敷地は住居地域で高さは二〇メートルに制限されていた。高さ七一メートルの屋根付き球場をつくるには、技術面、資金面だけでなく、法律面もクリアしなければならなかった。それゆえ、丸山は東京都建築審査会会長の内田祥三にアプローチし、「A野球スタヂアム計画」の資料を渡し、説明していた。丸山は、東急文化会館の審査の段階で内田と面識を持っていたのだろう。

プラネタリウムと屋根付き球場の共通点は、高さ制限の許可が必要ということだけではなかった。プラネタリウムは当時の東京に存在しておらず、映画に代わる文化の発信拠点と丸山は捉えていた。一方、屋根付き球場は言うまでもなく完成すれば世界初の建築物だった。ともにこれまでにない挑戦的な試みと言えた。

丸山は、自身のことを「記憶型の人間ではなく、独想型・創造型の人間」と分析している。[96]「人のしたことを模倣するよりは、人のしなかったことを、人のしなかった方法で成就することに無上の喜びを感じてきた」という。人の真似をしたくない性質が、プラネタリウムと屋根付き球場に駆り立てたのだろう。

プラネタリウムが追加されたものの、映画館ビルという東急文化会館の性格は維持された。星野直樹は、テレビの隆盛の一方で、先細りとなる映画産業の行く末を憂えていた。雑誌「ダイヤモンド」（星野はダイヤモンド社の会長としても迎えられていた）で大映の永田雅一と対談した折、永田が映画興行の低迷に悩む様子を目の当たりにしていた。

永田さんは非常に苦しんでいるようだつた。映画製作業界の方は、テレビと取組んで、何とか命脈を保つて行く事が出来るかも知れないが、映画興行界の方は、今のところアメリカでも救い道がないようだね。

毎日々々どんどん映画館がつぶれて行くようだ。一つ真剣に、この問題を研究して、五島会長に進言したらい丶んじやないか。

今や完全に斜陽産業といわれる映画興行界に、東急が、この時期に、新に資本を投下して、入つて行く事は、得策ではない様に思うがね。[97]

星野に日本映画界が抱える問題を研究するよう勧められた丸山は、東急文化会館建設中の一九五六（昭和三一）年八月に『本邦映画産業とテレビ放送業の将来』と『米国におけるテレビの発達と日本のテレビの将来』の二つのレポートをまとめた。[98] アメリカの状況を踏まえながら、映画産業が斜陽になりつつある現状を示すものだった。実際、日本の映画界は一九五八（昭和三三）年に観客数が一一億二七〇〇万人でピークを迎え、以降衰退の途を辿る。一方、東急傘下の東映は日本教育テレビ（のちのテレビ朝日）の発足時に出資し、テレビと手を組むことになる。

また、これらのレポートは新テレビ局の申請を検討していた鮎川にも提出された。鮎川のテレビ局構想（日本カラーテレビ放送協会）において、テレビ局設置の意義を補強する材料に用いられた。

外資導入の失敗

東急文化会館（五島プラネタリウム）、日本カラーテレビ放送協会、屋根付き球場であるA野球スタヂアムは、映画からテレビへの転換、娯楽の多様化といった時代の変化を背景にしながら企画された。だが、屋根付き球場の建設には莫大な費用を要する。そこで中間報告書の作成段階から資金調達先の検討が進められた。

当初予定されていたパ・リーグ球団の出資が見込めなかったのだろう。一九五六（昭和三一）年末には、屋根付き球場の建設資金として米国の資金導入が試みられた。鮎川は、満洲時代にもアメリカの資金を引き込むことを画策したが、その時は政府や軍部の反対もあり実現しなかった。

鮎川は、外資導入の可能性を山一證券ニューヨーク支店の新井米男に依頼した。新井との実際のやり取りは丸山勝久が行っている。ちなみに新井は、ヒルトンの日本進出にあたって鮎川を紹介した人物としても知られる[99]。

だが、新井の返信は、外資導入の見通しは暗く「難しい」というものだった[100]。その理由として、（一）この計画は米国から余りかけ離れた場所で行われること、（二）この計画はまだ着手されておらず、過去の収入実績もはっきりしていないこと、（三）日本に対する投資は、政府投資ですら難しい状況にあること、（四）この計画は非常に投機的な要素を含んでいること（投機的な考え方をもっている人で、またリターンが大きい可能性がある場合にのみ出資は限られる）が指摘された。リスクが大きすぎるために外資は消極的だったようだ。

外資導入の途が閉ざされたことで、鮎川の屋根付き球場の実現可能性は限りなく小さくなった。

5 「正力ドーム」へ：一九五八年

鮎川から正力へ

鮎川の「日本カラーテレビ放送協会」は予備免許の取得が叶わず、屋根付き球場建設も資金調達の目途が立たなかった。この時点で既に四億五〇〇〇万円が屋根付き球場計画につぎ込まれていたが、当然ながら球場建設にはさらに資金を要する。しかも、当時鮎川は日本中小企業政治連盟（中政連、一九五六年設立）の活動資金を必要としていた。戦後日本の復興には中小企業の振興が欠かせないと考えた鮎川は中政連を設立、参議院議員として政治活動を続けていた。一九五七（昭和三二）年一一月までに個人として計六億五〇〇〇万円を中政連に寄付していたが、それでも不足していた。[101] 野球場を自ら手掛ける余裕は鮎川になかった。

鮎川は野球場のプロジェクトを別の者に託すことに決める。星野と丸山も東京ヒルトンホテルの開業に向けて多忙になったため、屋根付き球場のプロジェクトから離れることとなった。

鮎川は最初、東急の五島慶太か西武の堤康次郎を考えた。東急、西武、大映の合資でやることも念頭にあったようである。[102] だが、五島と堤は二人とも断った。鉄道・不動産業界で生き馬の目を抜くような商売をしてきた二人のことであるから、野球場経営が簡単なものではないと判断したのだろう。五島は東急傘下の東映フライヤーズのホームグラウンドとして駒沢球場をつくったが、思うほど集客できずにいた。また、東京ヒルトンホテルに意識が向いており、余裕がなかったのかもしれない。一方の堤は、かつて球場を計画した東久邇邸の土地が品川駅前の好立地だったこともあり、新宿の土地は不利であると考えたのではないか。堤は「正力でなければできない」と断ったとされる。[103]だが、堤も算盤が合うと分かれば自ら引き受けていたはずだ。

一九五八（昭和三三）年四月、土地を所有するレクリエーション・センター（帝石本社の土地活用のために設立された会社）の佐々木芳朗と鮎川は後楽園スタヂアムへの売り込みを考え、正力に橋渡しを依頼した。[104]その際に鮎川は、土地代金は六億円、支払いは一年後でも可能との条件に加えて、正力の政治資金として一億円を出すとの提案も付け加えた。

正力は後楽園スタヂアム社長の真鍋八千代と常務の都築俊三郎に話をつないだ。正力は後楽園スタヂアム誕生の立役者だった。そのため、前社長の田邊宗英は正力に恩義を感じていた。戦後、正力が巣鴨プリズンに収監された時、正力を気遣い、面倒を見たのは田邊だった。正力がテレビに進出した時も田邊は協力を惜しまなかった。個人名義で日本テレビに出資。さらに優先的に巨人に後楽園を使わせただけでなく、後楽園での興行をテレビ中継する権利を日本テレビに与えた。これが他球団の不満の要因となり、一連の新球場建設の動きにつながったことはこれまで見てきたとおりである。

後楽園サイドは、数回の役員会を開催したが、球場の建設費用の捻出が困難であるばかりでなく、採算性に懸念が示されたことから正力の要請に断りを入れた。前年の田邊の死去を受けて社長に就任した真鍋は小林一三のいとこの娘であり、かつて阪急の顧問弁護士を務めていたこともあった。堅実な経営方針を取っていた真鍋は、建設から二〇年しか経っていない球場を抱えながら、さらに莫大な費用をかけて球場をつくることはリスクが大きいと判断した。ライバルとなる球場をつくってもメリットはなく、つぶし合いになる恐れもあった。

当時の正力は国会議員として多忙を極めており、野球場には関心を持っていなかったが、五月の総選挙が終わり、大臣を退任したことで余裕が生まれていた。そこで、正力自らが会長を務める日本テレビで引き受けることを決める。

土地取得を決断した正力に、鮎川は次のように提案した。

> 土地に六、七億円の値打ちは十分あるから、六億円で買ってくれ。君が一億円を要らないのであれば、それを俺にくれ。中小企業連盟〔正しくは日本中小企業政治連盟〕の政治資金にしたい。[105]

正力は六億円で購入し、一億円を鮎川に渡すことに同意した。ただ、日本テレビ内部では反発もあった。特に、読売新聞専務の務台光雄が懸念を示した。日本テレビの経営が安定していたとはいえ、付帯事業である球場に手を出すべきではないと考えていた。そもそも六億もの資金の捻出方法も課題だった。

これを解決したのが、正力から相談を受けた野村證券社長の奥村綱雄だった。

まず、日本テレビとレクリエーション・センターが対等合併し、日本テレビの資本金を一〇億円から一二億円へと二億円分増資する（額面五〇〇円×四〇万株＝二億円）。増資分を野村證券が一株一五〇〇円で引き受け、一五〇〇円×四〇万株＝六億円が日本テレビの手許に入ることになる。そして日本テレビが六億円をレクリエーション・センターに支払い、うち一億円を鮎川の中政連へ寄付するという流れである。

当初の引き受け額は六億円ではなく五億五〇〇〇万円だった。屋根付き球場の発表後、それまで一六〇〇円弱だった日本テレビの株価が上昇し、一〇日後には一七〇〇〇円を超え、二〇日後に一八〇〇〇円となった。そこで五〇〇〇万円増額し、計六億円で引き受けることになった。なお、ラジオ東京の株価は一一〇〇円前後を横ばいに推移していた。

日本テレビの株は、その後も値上がりを続け、発表から一カ月後には二〇〇〇円を超えた。瞬く間に六億円の株が八億円となった。日本テレビは一円も払うことなく、増資の二億円で六億円ともいわれる土地を手に入れた。鮎川も目論見通り一億円を貰い、株式を引き受けた野村證券は二億円の含み益を得たわけである。三者がそれぞれ利益を得ることになったため、「正力会長の話の種の一つ」[106]になった。

しかし、正力が東大久保の土地と屋根付き球場案を引き受けた理由は何だったのか。

正力と鮎川とは、ともにA級戦犯として巣鴨プリズンで過ごした間柄だった。また、正力がテレビ事業に関心を持ったきっかけも鮎川の働きかけによるものだった。土地の処分に困っていた鮎川を助けるために引き受けたのだろうが、自らが野球場を手掛ける必要は特になかったはずである。同じく読売グループの巨人は後楽園球場を使っており、特に不都合はなかった。

正力が屋根付き球場に関心を持った背景には、東京タワーの存在があったのではないか。

鮎川から打診のあった一九五八（昭和三三）年五月、年末の完成に向けて東京タワーの工事が進み、東京の空に姿を見せつつあった。前章の最後で述べたように、正力は日本のテレビ放送のパイオニアであるという自負から、東京タワーへの移転を拒んだ。三〇〇メートルを超える東京タワーは、日本テレビの高さ一五四メートルの鉄塔の存在を霞ませるには十分な高さであった。自分が一番でなければ気がすまない正力には、これだけでも我慢ができなかったはずである。かといって、自分が東京タワーを凌ぐテレビ塔をつくるわけにもいかない。東京タワーなど存在しないかのように、自前の塔から発信し続けるしか方法はなかった。

そんな中、鮎川から屋根付き球場計画がもたらされた。屋根付き球場は世界にも存在していない。正力の虚栄心、良く言えばフロンティア精神をくすぐるには十分だった。

土地の履歴：前田家と正力

正力にとって、東大久保の帝石の土地には因縁もあった。この土地は長らく前田家が所有していた。前田家はいうまでもなく加賀藩の当主であり、正力の家系は加賀藩の支藩である富山藩の出だった。

前田家の本邸は、もともと現在の丸の内の濠端にあたる和田倉門の近くに位置していた。一六五七（明暦三）年に江戸市中を焼いた明暦の大火を契機に本郷へ移る。

明治に入り、東京帝国大学に敷地の一部を譲ったが、本郷に屋敷を構えていた。前田家が大久保の土地を購入したのは、本郷に本邸があった時代である。土地台帳によると、一八九五（明治二八）年から翌年にかけて加賀前田家第一五代当主、前田利嗣が購入している。

この東大久保の土地に、前田家の私塾である「敬義塾」が設けられた。これは、一九〇〇（明治三三）年の利嗣の死去に伴って家督を相続した利為（養嗣子）の教育を目的とした施設で、旧藩子弟の人材育成も兼ねていた。塾舎が完成した一九〇二（明治三五）年六月一七日に、当時一七歳の利為は次のように大久保の土地の感想を綴っている[107]。

一日一日ト延シ延セシ大久保ノ塾舎モ終ニ落成ヲ遂ゲ、六月十七日ノ日ヲ以テ此處ニ移ル。糸雨ハ晴レ雲ハ消エテ万界ニ緑、空気新鮮、塵埃ナク都會ノ喧噪ヲ流シ去ツテ緑風静カニ吾人ノ讀書ト談笑ト遊戯トニ適スル地ニシテ、夜ハ万籟ヲサマリ月冴エ蛙ナイテ沈黙ノ神来リ眠ル。
豊多摩郡大久保村大字西大久保南裏四百十四番地ノ地ナリ。

「万界ニ緑、空気新鮮、塵埃ナク都會ノ喧噪ヲ流シ去ツテ」とあるように、当時、大久保周辺は現在とは異なり、のどかな田園風景を残す郊外だったことがうかがえる。

その一七年後の一九一九（大正八）年、利為は本郷から移転する意向を示す。[108] 本郷周辺も騒がしくなり、さらに邸宅の建物が大きすぎることが理由だった。

相談役の早川千吉郎や学事顧問の織田小覚ら側近が移転計画を検討することになり、大久保の別邸は、利為の母、朗子の住居に充てられた。一九二三（大正一二）年の関東大震災をきっかけに、利為は大久保の別邸に居を移すことになる。地震発生から約四カ月後の一二月末、大久保での親子同居が始まった。

その後、一九二五（大正一四）年一二月二五日、前田家本邸を本郷から移転することが決定する。その際、移転先として駒場での新築案と大久保の別邸の改築案の二つが検討された。[109]

駒場に居を構える上では問題が山積していた。駒場は大久保よりも交通が不便だった。利為のみならず、来客にも不便をかける。さらに、駒場を本邸にした場合、土地の造成のみならず、庭園も整備しなければならない。近隣の「村人」との関係も新たに築く必要があった。

一方、大久保の周辺には加賀藩の旧藩人、藩士も多い。その他の人々とも良好な関係が構築されていた。この二年前の暮れに利為が移り住んだため、自動車車庫、倉庫、職員住宅なども建設されていた。庭園の眺めも良好で経済的にも負担が少ない。

大久保の前田邸周辺に住んでいた旧藩士の家系の中に作家の加賀乙彦がいる。加賀の祖父、小木貞正が前田家の財産管理を担当する加賀藩士で、「加賀」のペンネームも自らのルーツに由来する。貞正はもともと本郷の前田邸内に居を構えていたが、大久保の近くにも別荘を有し、隠居後は大久保を本邸にしていた。[110]加賀はこの家で幼少期を過ごしており、その時の周辺の様子を自伝的な大河小説『永遠の都』の中でも描いている。

最終的に、前田家の本邸は駒場への移転が決まり、大久保には朗子が引き続き暮らすこととなった。一九四五（昭和二〇）年の空襲で大久保の別邸の一部が焼けたが、朗子は金沢に疎開していたので無事だった。

終戦後、朗子は鎌倉の別邸（現鎌倉文学館）で暮らしていたため、大久保は空き家状態だった。そこで、近所に住む帝国石油の橋本圭三郎総裁が帝国石油本社用地としての提供を要請。この申し出を前田家が快諾した。[111]一九四六（昭和二一）年末、帝石は疎開先の新潟の柏崎から東大久保に本社を移転。翌年には、土地・建物を前田家から購入している。[112]新憲法施行の前日の一九四七（昭和二二）年五月二日に華族令は廃止され、華族の身分は剝奪された。さらに莫大な財産税を納めることを求められたことで、多くの旧華族が土地・建物を手放した。前田家も例外ではなかった。

大久保の別邸（通称「御殿」）が帝石の総裁室と役員室に充てられた。[113]新潟県長岡市にあった資材倉庫を解体、搬送し、木造事務所一棟と技術部門の別棟を建設した。足りない木材には、邸内の樹木が用いられた。かつての国策会社の本社とは思えない侘しい様子がうかがえる。それほど戦後の物不足は深刻だった。のちにＧＨＱからも資材統制が指示されるなど、建築や修復もままならなかった。ただ、敷地は広いため、社員の福利厚生の一環として野球場やテニスコートが整備された。

この東大久保の帝石本社を評論家の大宅壮一が訪問している。鮎川が正力に土地の売却を打診する数カ月前のことである。

新宿区東大久保にある帝石本社を訪ねて、私は驚いた。大名屋敷そのままのつくりで、玄関前の広場にはクマザサが茂り、庭は雑木林に近く、武蔵野の面影を残している。毎年、ここへコジュケイがやってくるそうで、近所ではこれを〝タヌキ御殿〟と呼んでいるそうだが、新宿の盛り場近くに、こんなものがあるとは気がつかなかった。加賀前田侯の隠居所として建てられたものを、帝石がオフィスにつかっているのだ。

玄関に立って、「頼もう！」といえば、老いぼれの三太夫があらわれてきそうな感じだ。すっかり荒れ果てて、戦後の帝石の運命を象徴しているようでもある。中に入ると、廊下や室にはジュウタンがしかれていて、クツのまま上がれるようになっているが、数年前までは畳敷で、女事務員が三つ指ついて、畳に頭をこすりつけたものだという。[114]

前田家別邸の建物が、そのままオフィスに転用されていたことがわかる。

その後、帝国石油は天然ガスの生産で復調を遂げ、本格的なオフィスを虎ノ門に構えることになる。必要なくなった前田家別邸の土地は、佐々木芳朗のレクリエーション・センターを通じて、正力の日本テレビに譲渡されたわけである。

もともと正力は前田家と縁があった。日本テレビ本社の土地は、前田家の相談役だった早川千吉郎の邸宅だった。また、新宿の土地を入手する七年前の一九五一（昭和二六）年、正力は前田利為の未亡人、菊子のもとを訪問している[115]。戦後、礼節やマナーが忘れられた社会を憂えた正力は、旧華族の菊子が欧米での生活を通じて身に着けた礼儀作法やマナーを新聞読者に伝えてほしいと依頼した。菊子は、同年七月の読売新聞朝刊から「エチケット集」というコラムを担当することになる。この連載は一〇年以上続き、菊子はマナーコンサルタントとして活躍することになる。こうしたつながりも、正力が旧前田邸の土地購入を前向きに考える要因になったのかもしれない。

日本テレビの屋根付き球場

鮎川の打診からわずか一カ月後の一九五八（昭和三三）年六月一〇日、日本テレビの清水與七郎社長が記者会見を開き、新宿に屋根付き球場を建設することを発表した。読売新聞をはじめ、一般、スポーツの各紙が屋根付き球場を報じた[116]。

収容人数八万人、建設費五〇億円の屋根付き球場を二年後の一九六〇（昭和三五）年春までに完成させるというものだった。当時世界最大規模の屋内施設であったニューヨークのマジソン・スクエア・ガーデン（一万八〇〇〇人）を大きく上回る。屋根の高さ七〇メートルは、ベーブ・ルースが出した最長飛距離の記録（五八七フィート）をもとに算出されたもので、打球が天井に当たることはないと強調された。この高さを「丸ビルの二倍」と表現する新聞もあった。高さ三一メートルの丸ノ内ビルヂングは、当時の巨大ビルの象徴的な存在だった。

屋根には薄い鉄板もしくはプラスチックを用いるとされ、屋根を架ける技術的な見通しが立ったと発表されたものの、実際はまだ十分に研究されていたわけではなかった。

建築主が日本テレビであるため、同じ読売グループの巨人の本拠地にすることも考えられたが、特定のチームのホームグラウンドにするわけではなく、セ・パ両リーグのチームが分け隔てなく利用できる球場にする方針が示された。また、野球以外にも、スタンドの下には日本テレビのカラーテレビスタジオと高さ一七〇メートルのテレビ塔を設けるほか、各種スポーツ、演劇、映画にも開放するとされた。グラウンドに一四、一五万人の観客を入れてスコアボードをスクリーンに変えて映画上映を行い、スケートリンク、スキージャンプ等のウィンター・スポーツにも使用するプランだった。

東京では六月一日までアジア競技大会が開催されており、東京オリンピック招致の機運も高まっていたことから、スポーツの殿堂というアイデアは時宜を得たものだった[117]。

以上の内容を見てもわかるように、日本テレビの会見で公表された案は、星野直樹—久米権九郎—丸山勝久の東京ヒルトンホテル人脈が作成した「A野球スタヂアム計画」がそのまま用いられた。鮎川からプランを引き受けて一カ月も経っていないのだから当然のことではあった。

テレビスタジオとテレビ塔も、もともと鮎川の「日本カラーテレビ放送協会」のために設計されたものだった。これをそのまま流用しても、施主が日本テレビであるため不自然には見えなかった。展望台付きの高さ一七〇メートルのテレビ塔も、建設中の東京タワーへの対抗と捉えることができた。全体の高さは約半分にとどまるが、展望台の位置は東京タワーよりも高かった。

もう一つの屋根付き球場：日本テレビ対ラジオ東京

この時、もう一つの屋根付き球場が計画されていた。

元毎日オリオンズ球団代表の黒崎貞治郎を中心に進められていた湯島の屋根付き球場である。黒崎は、日本テレビの屋根付き球場計画を知らなかった。発表直後、既知のスポーツ紙記者から、「正力さんが屋根付球場を造ると発表したが、それがあなたが見せてくれたものとそっくりなんだ。これはどういうわけか」[118]と知らされる。

黒崎のつくった屋根付き球場案を正力が流用したように聞こえるが、これはどういうことか。

繰り返すが、日本テレビが公表したプランは、星野直樹らの「A野球スタヂアム計画」「野球場建設計画中間報告書」をそのまま使ったものだった。その星野のグループに黒崎も関与していたことは先に触れたとおりである。だが、黒崎は新宿の土地は敷地が狭く野球場に適していないとして、早々に星野から離れ、独自に屋根付き球場の建設に向けて奔走していた。つまり、正力は黒崎の案を掠め取ったわけではなく、星野のつくった計画案を土地とともに鮎川から託されただけだった。

星野の案が正力のもとに渡っていたことを把握していなかったのだろう。日本テレビの屋根付き球場の計画に黒崎は動揺したが、「そう、それはよかった、正力さんなら建つだろう。誰であろうと一日も早く全天候球場ができることは、野球界にとって喜ぶべきである」[119]と冷静を装った。自らの計画については、「湯島の旧岩崎邸あとに計画している球場は既定方針通りに進むつもりだ」とコメントした[120]。新宿の旧帝石の土地は狭すぎるとして黒崎は撤退していたことから、正力の屋根付き球場がつくられるわけがないと見ていたのかもしれない。

黒崎が屋根付き球場を考えた場所は、本郷台地の突端に位置する湯島の旧岩崎邸の土地である。高台から不忍池を一望できる緑豊かな一万四四六〇坪の敷地で、明治一〇年代に三菱財閥の岩崎家が取得した。一八九六（明治二九）年にはジョサイア・コンドル設計の洋館がつくられ、三代目の岩崎久彌が自邸とした。隣接して建てられた数寄屋風書院造の和館は、棟梁大河喜十郎が手掛けた。同時期に完成した番町の早川千吉郎邸（のちの日本テレビ本社。前章参照）も喜十郎の手による。

戦後、洋館や隣接する和館といった建物が残されたままGHQに接収された。GHQ参謀第二部（G2）直轄の諜報機関である「キャノン機関」が置かれた。この名称はキャノン陸軍少佐に由来するが、あくまでもマスコミによる通称で、GHQ等の関係者からは本郷ハウスと呼ばれていた。一九四八（昭和二三）年に立教大学系の神父養成学校である聖公会神学院が接収中の状態で敷地全体を買い取った。接収解除後の一九五三（昭和二八）年に最高裁判所へ売却され、書記官研修所として使われていた。

一万坪を超える広大な土地が有効利用されていないことを知った黒崎らが球場の建設用地にできると踏んだ。黒崎は、一九五七（昭和三二）年三月に毎日オリオンズ球団代表を辞任し、球場建設のための会社設立に向けて奔走する。幹部には、実業界の大物を揃えていった。

社長には、ラジオ東京専務の鹿倉吉次を迎えた。鹿倉は、前章で触れたように、毎日新聞から一九五一（昭和二六）年にラジオ東京開局に参加、一九五五（昭和三〇）年四月に始まったテレビ放送実現の立役者だった。鹿倉と黒崎は、二人とも毎日新聞出身で、互いによく知る間柄であったのはもちろんのこと、ラジオ東京が野球中継の権利を日本テレビに独占されていることに不満を抱いていたことを知っていたためでもあった。

日本テレビはプロ野球とプロレス中継で人気を博していたが、ラジオ東京はこれらのコンテンツに頼れない事情があった。人気のある巨人戦は読売グループである日本テレビが手放さなかった。

一方、一九五三（昭和二八）年に発足した日本プロレスの興行は毎日新聞が後援していたことから、毎日と関係の深いラジオ東京が中継してもおかしくなかった。だが、この時はまだラジオ東京はテレビを持っていないため、主に日本テレビが中継していた。

一九五五（昭和三〇）年のラジオ東京テレビの開局後、毎日出身の鹿倉はプロレス興行を担当していた毎日の瀬戸川実に指示し、八欧電機（のちのゼネラル）をスポンサーに据えて、本格的にプロレス中継に乗り出した[121]。ところが、一九五七（昭和三二）年、力道山対ルー・テーズのＮＷＡ世界ヘビー級選手権試合の放映を巡って問題が生じる。日本プロレスの社長でもあった力道山は、ラジオ東京で放送する約束で八欧電機から三〇〇万円の手付金をもらっていた。それにもかかわらず日本テレビでの放送を選択したのである。これが鹿倉の怒りを買った。スポンサーの八欧電機との信頼関係を損なうばかりでなく、日本プロレスという一団体のレスラーが事前の相談もなく勝手に決めたことで、力道山、ひいてはプロレス界への不信感を強めるきっかけとなった。実直で誠実さを重んじる経営者として知られていた鹿倉にとって、力道山の行為は許せるものではなかった。ラジオ東京はプロレスから撤退することを決める。

以上のような経緯から、ラジオ東京は、「プロ野球」「プロレス」の日本テレビと差別化を図らざるを得なかった。その手段が今道潤三の確立した「ドラマ」「報道」路線だったのである。

黒崎から野球場計画を相談された鹿倉は、その場で計画に同意。ラジオ東京発足時から関係の深い電通社長の吉田秀雄を引き込んだ。その他にも青木均一（東京電力社長）、橋口正幸（京成電鉄取締役）、清水康雄（清水建設社長）等の錚々たる財界人が取締役に名を連ねた。清水建設の片田宣道が青木との間を取り持った。片田は不忍池の球場計画時にサトウハチローと市岡忠男の仲介役を果たした人物である。清水建設は、市岡の国際球場に当時の金額で五〇〇万円を投じていたが、全て無駄金となっていた[122]。社長の清水康雄としては、何とか湯島の球場を実現させたかったのだろう。

　こうして、一九五八（昭和三三）年四月二一日に「東都起業」が設立された。これより早く、黒崎らは旧岩崎邸の敷地取得に向けて動いていた。東都起業の前身、東京フィールズが最高裁に対し、土地払い下げの請願を出している。そして、東都起業を設立し、本格的に湯島での球場建設に向けた体制が整った矢先に、日本テレビが屋根付き球場の計画を発表したのである。

　湯島の屋根付き球場は、おおむね以下のようなものだった。

敷地の低地部分（湯島の切通し側）に屋根付き球場、北側の台地に体育館やアイススケート場等のスポーツ施設、修学旅行者用・留学生用の宿泊施設を配置することが想定されていた。総費用は三四億円。球場の収容人数四万五〇〇〇人で、日本テレビの屋根付き球場の半分ほどだった。これについて黒崎は、「スタンドは大きいばかりが能じゃない。いつも満員になるわけではないし満員になったときは、はいれない人もあったほうがファンの足がこちらへむいてくる[123]」と説明している。また、屋根の高さ四〇メートルは、日本テレビ案の七〇メートルと比べて著しく低い。これについて、東京中日新聞の取材を受けた武藤清東京大学教授は、「天井に当ったらルールでホームランにするというぐあいにしたほうが面白いような気がします[124]」と独自のアイデアを披露している。実際、このルールは東京ドームが完成した際に適用されることになる。

　その後、黒崎は、「プロ球場をもう一つ東京に作りたい僕の気持はいまも変りないが、東都企業〔起業の誤り〕はアマチュア・スポーツの育成と修学旅行用の宿舎など社会性を加味した用途が目的で野球場を作ることが主体ではない[125]」と、あくまでも多目的なスポーツ施設や宿泊施設をメインとした施設であることを強調していくことになる。国有地の払い下げを受けるためには、公益性の高い利用が求められた。野球場＝プロ野球興行を前面に打ち出すことは得策ではないと踏んだのだろう。もちろん、正力の屋根付き球場との差別化を図る意味合いもあったに違いない。

こうした黒崎らの準備が功を奏したのか、同年一二月八日、東都起業と最高裁は、土地取得に関する覚書を交わした。その内容は、東都起業が司法研修所などを別の土地に建設し、それと旧岩崎邸の土地・建物を交換するというものだった[126]。交換のための土地として東都起業は世田谷区廻沢町の一万五〇〇〇坪を購入し、覚書を交わした約二〇日後の一二月二七日には仮登記を済ませている[127]。

翌一九五九（昭和三四）年一月七日には、最高裁の事務総局経理局長の栗本一夫が、大蔵省管財局長に対し、東都起業との土地・建物交換の意思を通知し、土地評価を依頼した。

ところが、この手続きが法律違反であるとして参議院予算委員会で問題となる。大蔵省に報告する前に最高裁が覚書を交わしたことが問題視された。また、国有財産法第二十七条第三項では、会計検査院に対して、事前に通知することが義務づけられていたにもかかわらず、これが行われていなかった点も追及された。さらに、東都起業の会社としての目的にも疑惑の目が向けられた。不動産の管理運用、貸しビル、貸しアパート経営や、これらに関連する業務を行うことが定款に記載されており、払い下げられた土地が、野球場ではなく不動産運用に使われる恐れが指摘されたのである。

いずれにせよ、この交換は法的に問題があるとして、大蔵省は認可しなかった。東都起業は、最高裁と交わした覚書が有効であるとして国を提訴したものの、結局取得することはできなかった。東都起業は、世田谷区廻沢町の土地を青山学院大学に売却し、一九六五（昭和四〇）年、廻沢キャンパス（のち世田谷キャンパス）が誕生する。その後、青山学院は、キャンパス再編で厚木と世田谷の土地を手放し、世田谷キャンパス跡には二〇〇六（平成一八）年に巨大なマンションが建設されることになる。

最高裁からの土地取得の見込みがなくなり、湯島の球場計画は水泡に帰した。

黒崎が球場建設を夢見た旧岩崎邸はその後、敷地の南側が中央労働福祉センターに売却され、一九六九（昭和四四）年に地上一六階建ての「湯島ハイタウン」が建設された。民間高層マンションのはしりとなる建物だ。また、旧岩崎邸の一部が取り壊されて司法研修所が建設されたが、ジョサイア・コンドル設計の洋館などは重要文化財として保存されることになった。一九九九（平成一一）年に敷地全体が重要文化財に指定され、二〇〇一（平成一三）年に都立旧岩崎邸庭園として開園することになる。

「新宿コロシアム」構想：顧問会議とゼネコンによる研究

黒崎の屋根付き球場計画が自然消滅した一方、日本テレビの屋根付き球場は「新宿コロシアム」の仮称がつけられ、具体化していくことになる。

六月に発表されたものは星野直樹の「A野球スタヂアム計画」の内容そのままだった。ラフなスケッチに過ぎず、技術的な検討がなされたものではなかった。そこで、日本テレビは、大成建設・久米建築事務所、清水建設、鹿島建設の三グループに設計提案を依頼し、競わせた。収容人数は六万五〇〇〇人との条件が出された。星野案では八万七〇〇〇人と五万五〇〇〇人の二パターンが想定されていたことから、その間の数字が取られたことになる。

久米建築事務所は、大成建設と共同で設計提案することになった。久米権九郎の父、民之助はかつて大成建設の前身となる大倉組にいたことがある。また、清水建設は、社長の清水康雄が黒崎の湯島屋根付き球場を企画した東都起業の取締役になっていたものの、日本テレビの球場にも関与していた。海のものとも山のものともつかぬドーム球場に大手ゼネコンが協力した背景には、正力が大臣として関与していた原発関連施設の入札に有利になることを目論んでいたのだろう。

また、ゼネコン各社への依頼に加えて、有識者による顧問会議も設置された。八月四日に、内田祥三東大名誉教授（元東大総長）、内藤多仲早稲田大学名誉教授、武藤清東大教授、平山嵩東大教授、石井桂参議院議員（元東京都建築局長）の計五名を顧問として委嘱し、顧問会議による研究も進められることになった。建築分野の権威で構成された豪華な顧問会議だったが、単に名のある権威を集めたわけではなく、日本テレビ側の意図が感じられる人選だった。

まず、巨大な屋根を架けるためには技術的な問題をクリアする必要があった。そこで建築構造の第一人者である内藤と武藤が選ばれた。当時建設中だった東京タワーの構造設計は内藤多仲が担当していた。また、六万人もの群衆が集まる屋内空間の換気、空調も重要な課題であった。しかも芝生の生長、管理も考慮しなければならない。人工芝はまだ開発されていなかった。そこで建築の衛生環境が専門の平山に白羽の矢が立った。さらに、法律上の問題も解決する必要があった。高さ七〇メートルものドーム建築をつくるには、東京都建築審査会の同意と都の許可を得なければならなかった。内田と内藤は東京都建築審査会の委員を務めており、石井も議員になる前にはこの委員を務めていた。この例外許可を得るためには、委員の理解を得る必要があった。六月の球場計画発表の後、内田が「許可を得るのは難しいのではないか」[128]と新聞にコメントしていたこともあり、日本

新宿コロシアム・鹿島建設案［A案］（1958年）

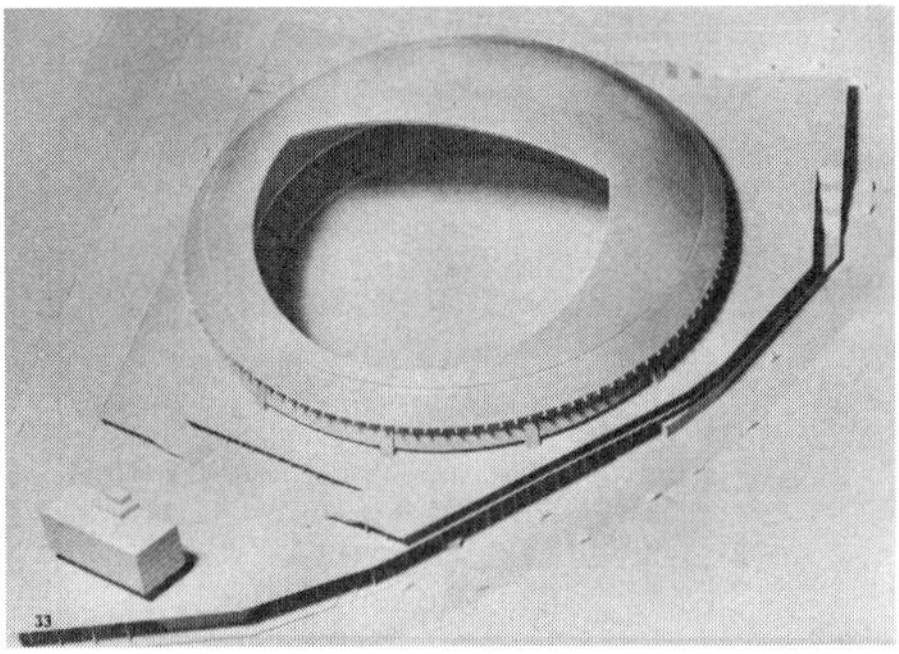

新宿コロシアム・鹿島建設案［B案］（1958年）

テレビは建築審査会対策が必須と判断したのだろう。

一九五八（昭和三三）年八月一三日に第一回顧問会議が開催された。大成建設・久米建築事務所、清水建設、鹿島建設の三グループの設計案について検討が行われた。まず各社の提案を簡単に紹介したい。[129]

鹿島建設はA案とB案の二つを提示した。ともに地上八階、地下三階であるが、特徴は大きく異なる。A案は最高高さが七〇メートルで、これは「A野球スタヂアム」とほぼ同じだ。いわゆるドーム型ではなく、折板工法の屋根である。屋根が開閉しない分、建設コストは削減できる。屋根の頂部に広さ約三〇〇坪の展望台を置くことが想定された。一方、B案は最高高さ八〇メートルで球形の屋根でかつ開閉式である。屋根が開くため、芝生が生育可能というメリットがあった。

清水建設は、「ドリームスタヂアム」という独自の名称をつけて提案した。地上四階の躯体に球形の屋根を載せたもので、最高高さは五五・二メートルである。グラウンドのレベルを地下三階レ

新宿コロシアム・清水建設案（1958年）

新宿コロシアム・大成建設・久米建築事務所案（1958年）

ベルに置くことで、グラウンドから天井までの高さを六五メートル確保している。六五メートルはベーブ・ルースの打球の高さ、飛距離等が参考にされた。客席は二層であるが、スタンド下の空間を有効利用するために、一階より二階スタンドが広くとられている。また、屋根は開閉可能としており、中心から直径一〇〇メートル部分のみが開閉する構造を想定していた（模型写真のドームの頂部が開閉する部分）。

大成建設と久米建築事務所の共同案は、地上三階、地下五階、最高高さ四三メートルで、清水案と同様にグラウンドを掘り込むことで地上高さを抑えているが、グラウンドから天井まで五八メートル

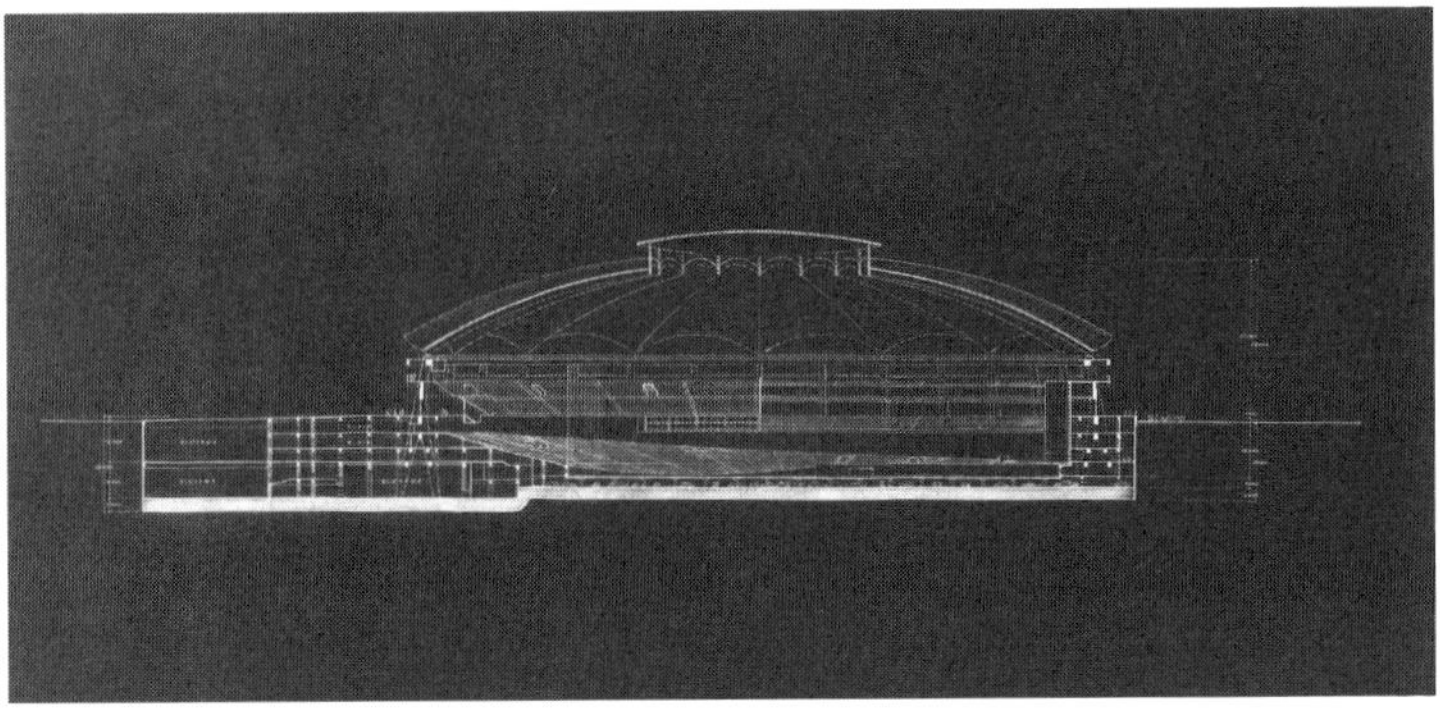

新宿コロシアム・大成建設・久米建築事務所案　断面図（1958年）

を確保している。波打つような曲面の鉄骨トラスの屋根が、三グループの中で最も特徴的な形を表現しており、二重の屋根にすることで熱と音を外に逃がす対策が取られた。

顧問会議に参加していた巨人軍顧問の鈴木惣太郎によると、大成建設と久米のグループが最も時間をかけて、特に土地条件について入念に説明していたと日記に記している。[130] 建築のプロではない鈴木にとっては、清水建設の説明が最もわかりやすく、鹿島建設は専門的で理解しにくかったと述べている。一方、顧問の専門家たちは身を乗り出すように鹿島建設の説明を聞いていたという。

顧問会議では、各社の提案内容の是非はともかく、この土地が屋根付き球場の敷地として適切ではないのではないかと議論になった。その理由は建築物の高さ制限と敷地の大きさである。

内田祥三は、まず建築物の高さ制限の問題を指摘した。建築物の高さは建築基準法によって住居地域は二〇メートル、それ以外の地域（商業地域、工業地域、準工業地域）は三一メートルに制限されていた。帝石跡地は新宿の繁華街に近接していたとはいえ、住居地域に位置していた。したがって、原則

新宿コロシアム・大成建設・久米建築事務所案　レストランから見たグラウンド（1958年）

高さ二〇メートル以下のものしか建てられない。ただし、周辺に空地等の広場があると認められ、第三者機関である建築審査会の同意を得て、都知事が許可すれば規制を緩和することもできた。しかし、許可を受ける見通しは暗いものだった。

東急文化会館の箇所で述べたが、内田は例外許可の運用に対しては慎重な態度を取っており、実際に審査会が同意した案件は、商業地域ではわずかに東京駅八重洲口の鉄道会館（大丸東京店が入店した駅ビル）、渋谷の東急会館、東急文化会館の三つのみだった。渋谷の二棟は駅前広場の整備を前提に許可されたが、鉄道会館については駅前広場の整備の見通しがついた段階で許可すべきとして、半分の高さの六階で建設が止まっていた。[131] 東急会館と東急文化会館がいずれも四三メートルで、この年に大阪の中之島で完成した新朝日ビルも高さ四五メートル。せいぜい一・五倍の緩和が上限で、日本テレビの球場案のように五〇メートルも緩和するものは一つもなかった。こうした事情もあり、大成建設・久米グループと清水建設は地下レベルにグラウンドを置いて、できるだけ地上高さを低くする案を提示したのだろう。大成・久米案の四三メートルは高さ制限の例外許可を受けるための現実的な数字でもあった。というのも、この敷地は住居地域であるため高さ二〇メートルに制限されるが、商業地域に指定替えをすれば高さ制限は三一メートルになる。繰り返すが、都内では既に東急会館、東急文化会館が四三メートルで許可されていた。「四三メートル」は、新宿コロシアム顧問かつ例外許可の審査を担う東京都建築審査会会長である内田祥三に向けてアピールするための数字だった。

　仮に商業地域に変更できたとしても、例外許可を得るには周辺に広い空間を取らなければならない。この敷地は九〇〇〇坪で、球場を配置すると十分な広場を取ることができなかった。六万人もの人々が一斉に出入りすると当然交通量も多くなる。交通混雑を解消することが難しい。土地を広げることが一番だが、周辺の土地を買収するにも時間と費用がかかるため現実的ではなかった。また、許可権限を持つ東京都の大河原春雄建築局指導部長も、「現行法では許可は到底出来ないと思う。例え法律を改正したとしても、常識では計画通りの球場が出来るような法律に変るはずがない。七〇メートルは日本の道路状態などからみて困難[132]」との認識を示した。

　九月三日に開かれた第二回顧問会議では、敷地の問題に加えて、建築技術が論点となった。特に、①直径二〇〇メートルの屋根が風に耐えられるのか、②六万人の大観衆に冷暖房がいきわたるのか。その装置による騒音を防止する方法、③敷地周辺は異なる地層が混ざっており、地震の揺れに耐えられるのか、④耐火、消火設備が十分か、といった点について更なる研究を要することが確認された[133]。前代未聞の巨大ドーム球場という誰も正解を知らない問いに、顧問会議のメンバーは挑むことになったのである。

　その後、一〇月には大成建設と久米建築事務所のグループで進めることが決定する。

建設用地の変更：帝石跡から淀橋浄水場跡地へ

技術的な課題が明らかになる中、屋根付き球場の敷地が早々に変更されることになる。

第一回顧問会議から一週間もたたずに、正力は淀橋浄水場跡地に変更する意向を社長の清水に伝えた。[134] 当時、浄水場の移転と跡地の活用の議論はまだ始まったばかりだった。だが、先手を打つべきと判断した正力は、安井誠一郎都知事に直談判する。安井の反応は悪くはなかった。正力は「うまくいけば来年の春土地が手にはいるかもしれない」と語り、淀橋浄水場跡地の取得に自信を見せた。[135]

もともと帝石跡の土地を仕方なく引き受けた正力であったが、敷地を変えてまでもドーム球場を実現させる気になっていたことが興味深い。

顧問会議の石井桂は、正力が「屋根付き球場は本当に世界に存在しないのか」としきりに念を押していたと回想している。[136]「世界初のドーム球場」が、正力を本気にさせたのかもしれない。ドーム球場を巡る一連の動きを直接見る立場にあった鈴木惣太郎によると、清水社長には定見がなく、正力の意思に沿って行動するのみと日記に記していた。[137]

「新宿コロシアム」は、完全に正力主導の「正力ドーム」プロジェクトとなっていた。実際、顧問会議には毎回正力も参加し、最初に会議室にやって来て待っていることもあった。世界初の屋根付き球場は、プロ野球、テレビ、原子力に続く、正力の情熱の源泉となっていた。

正力が払い下げを求めた場所は、現在、新宿中央公園のある街区だった。だが、内田祥三は「公園をつぶすことはもってのほか」と反対した。[138] 浄水場跡地一帯が高層建築で埋め尽くされるのであれば、ある程度のまとまった緑は必要であると内田は考えていた。都市計画的視点からの真っ当な意見だった。日本テレビは一万五〇〇〇坪を都に求めようとしていたが、内田は六万人を超える人が参集する施設なのだから、もっと広い敷地にしなければ交通上支障が生じるとも述べた。

淀橋浄水場の土地取得に向けた動きは一九五九（昭和三四）年夏に本格化する。八月五日、日本テレビが東京都知事に対して淀橋浄水場跡地一万二〇〇〇坪の払い下げを申請した。社長の清水與七郎ではなく、正力会長名で作成されたところに、正力の意思が読み取れる。

都知事はこの年の四月に安井から東龍太郎に代わっていた。正力と東は既に面識を持っていた。前年七月、正力は灘尾弘吉文部大臣に屋根付き球場の構想を説明しているが、その場に日本体育協会会長だった東も同席していたのである。[139] スポーツに理解のある東が都知事になったことは、正力にとって有利に働くかもしれなかった。東はかつて不忍池を埋め立てて野球場が計画された際、「由緒ある所とはいへ現在の荒廃はお話にならぬ。金をかけて美しい池にすることがむづかしければ現実的に可能な球場をつくれ」[140] と賛成意見を述べていたことから、都有地での屋根付き球場の建設にも理解を示してくれる可能性があった。

申請書には、次のような事業計画が記された。

> 日本テレビ放送網株式会社では、かねてより風雨に流され勝ちな我が国スポーツ、文化界の要望に応え、直径二〇〇米に及ぶ世界最大の無柱ドームに蔽われた、リクリエーション・センター設立の準備を進めてきております。スタンドは六万四〇〇〇人の収容能力を持ち、野球、陸上競技、馬術、拳斗、レスリング、テニス、蹴球を初め各種スポーツはもとより、音楽、舞踊、演劇、映画等、明るい健康的なあらゆる大衆的催物の殿堂、国民的集会の場となる許りでなく、そのまゝ

来るべきオリンピック東京大会に於ける、各種競技場、集会場、練習場として最適の条件を完備します。従つてオリンピックの為にも出来る限り速かに、副都心計画の一環として、本事業達成の為、同浄水場周辺土地の使用認可を得たく、茲に御願い申上げる次第であります。[141]

六万四〇〇〇名が収容可能なスタンドに、直径二〇〇メートル、高さ四〇メートルの鉄骨の屋根を架ける世界最大の無柱開閉式屋根付き競技場が考えられていた。

申請書には、「野球場」の文字はなく、「リクリエーション・センター」と書かれている。あくまでも各種スポーツ、イベントのための多目的ホールとしており、野球はそのうちの一つという位置付けだった。これは、湯島の屋根付き球場計画で、最高裁の土地の払い下げを受けるために野球場を前面に押し出さなかったことと同じ理由といえよう。都有地を取得するにはプロ野球だけでなく、公共性を有する施設であることを示す必要があった。

また、東京オリンピックでの活用を提案している点も大きな特徴であった。この申請の約二カ月前、五月二六日にミュンヘンで開かれていたＩＯＣ総会で東京オリンピックの開催が決まったばかりだった。五年後の東京オリンピックに向けて、「百数十種に及ぶオリンピツク競技種目中、できるだけ多くの種目に使用しうるよう計画」し、「ドーム屋根は、開閉式になつているから、晴天の日は当然、一般競技場と同じく、青空のもとで競技が行える」とアピールしている。

一九六〇（昭和三五）年一月に首都圏整備委員会が「新宿副都心計画」を決定したことで、淀橋浄水場を東村山に、小西六写真工業株式会社工場を八王子日野市街地開発区域に移転し、その跡地及び新宿西口広場付近一帯の区域約二五万坪が開発されることになった。球場設置が難しい街区割だったことに加えて、業務、商業、行政の利用が想定されていたことから、日本テレビへの払い下げが実現する可能性はほとんどなかった。

6 バックミンスター・フラーと屋根付き球場

ウォルター・オマリーへの協力依頼

敷地が決まらないまま、球場の技術的な検討は進められていった。ただ、問題は山積していた。柱なしに直径二〇〇メートルの屋根を架けること、屋根の頂部に開けた換気の穴から雨が入り込まないようにすること、屋根があっても芝生を生育させることといった要請に対し、思うような解決策が見いだせないまま二年が経過していた。苛立ちを募らせた正力は、顧問会議で担当者を怒鳴りつけ、場が静まり返ることもあった。鈴木惣太郎がその場の緊張感漂う様子を日記に書き残している。

> 正力さんは大変緊張していて、日本側（大成建設）の設計書が悪いというのでわれ〳〵におこって大成建設をしかりつける始末で、私の左手に並んだ平山博士以下四名フルエあがった。[142]

この頃から、ブルックリン・ドジャースのウォルター・オマリー会長との間で手紙によるやり取りが開始されていた。オマリーには、かつて屋根付き球場を検討した経験があったことから、技術的な助言を求めたのである。

ドジャースと日本球界は既に良好な関係を築いていた。ドジャースは日米野球のために一九五六（昭和三一）年秋に来日していた。その関係をつくった人物が鈴木惣太郎だった。鈴木は、メジャー・リーグに通じた正力の野球面のブレーンの一人で、一九三一（昭和六）年の日米野球を実現させ、その三年後の日米野球でベーブ・ルースを日本に連れてきたことでも知られる。この時の全日本メンバーを中心として結成された大日本東京野球倶楽部が読売巨人軍の前身であり、一九三六（昭和一一）年の日本職業野球連盟の発足につながった。ドジャースを招聘した日米野球でも鈴木が日米の橋渡しとなり、オマリーの信頼を獲得していた。

まず、柴田秀利が正力の命で渡米し、オマリーに設計案を示しながら意見聴取を行った[143]。アメリカでも五万人以上入ることは年数回しかないことや建設費用は七〇〇万ドルに抑えなければ採算が取れないといったアドバイスに加え、日本の設計案について、最後尾の席が遠すぎること、通路が狭く売り子に不便であること、天井の高さが低いこと、冷房は不要で自然換気で十分であることといった具体的な問題点が指摘された。

その後、正力が正式にオマリーに宛てて協力を要請する。オマリーはアメリカに来てもらえれば、かつて屋根付き球場を検討した建築家エミール・プレーガーとバックミンスター・フラー[144]を紹介すると約束し、さらにフラーに対しては、関連する資料を正力に送るよう依頼した[145]。

ブルックリン・ドジャースのドーム球場計画

ドジャースの屋根付き球場計画は一九五五年に発表されたが、計画自体はその八年前に遡る。一九四七年頃に建築家ノーマン・ベル・ゲデスが構想したものが最初とされる。この頃、メジャー・リーグは過去最高の入場者数を記録し、一大野球ブームを創り出していた。鈴木惣太郎によると、ベーブ・ルースが牽引した一九二〇年代の野球ブームが、七万人収容、三階建てのヤンキー・スタジアムの建設に大きな影響を与えたという。[146] 一九二三年の完成時はあまりに巨大なスタジアムに対し批判もあったが、その後、同様の大スタジアムは各地につくられた。つまり、野球ブームが革新的なアイデアを育み、さらに戦後の野球ブームの刺激がドーム球場の土壌になったと鈴木は指摘する。

一九五〇年一〇月、ウォルター・オマリーがブルックリン・ドジャースの株式の過半を取得し、社長兼オーナーに就任すると、新球場の建設に乗り出す。オマリーは以前から、同じニューヨークをホームとするヤンキースに負けない人気球団にするためには、球場のリニューアルが必要と考えていた。

ホームスタジアムのエベッツ・フィールドは一九一三年に建設され、既に四〇年近く経過していた。老朽化だけでなく、客席が少ないこともネックだった。収容人数は三万二〇〇〇人で、入場者数は年間一〇〇万人にとどまっていた。一九五三年にボストンからミルウォーキーに移転したブレーブスは、ドジャースの倍の年間二〇〇万人を超える観客を集めていた（一九六六年にアトランタへ移転）。また、エベッツ・フィールドにはわずか七〇〇台の駐車スペースしかなかった。ニューヨーク郊外へ引っ越していったファンに来てもらうためには、駐車場の拡充が必須だった。

しかしオマリーは、エベッツ・フィールドの改修や建て替えを選択せず、別の場所に新たに球場を建設することを決断する。建設予定地には、ブルックリンのアトランティック・アベニューとフラットブッシュ・アベニューの交差点の角地を考えた。地下鉄ターミナル駅を含む土地で、市内の地下鉄各路線につながる利便性の高い場所だった。敷地も広く、球場だけでなく大規模な駐車場の整備も可能だった。

オマリーは、ノーマン・ベル・ゲデスとエミール・プレーガーの二人の建築家とともに、屋根付き球場（domed park）を検討することになる。[147] 一九五二年秋には四万人収容のプラスチックで覆われた球場案が策定された。しかし、当時は空調管理の技術が未熟で、芝生の湿気が内部にこもるなどの問題から頓挫した。そこで、白羽の矢が立ったのが、ドーム理論の第一人者であるフラーであった。

一九五五年、ドジャースは球団史上はじめてワールドシリーズ優勝を遂げることになるが、その年の五月末にオマリーがバックミンスター・フラーに屋根付き球場の設計を依頼する手紙を送る。オマリーは「私は単なる野球場をつくるつもりはありません」[148]と綴り、球場に屋根を架けることで野球以外の利用も可能となる新しい時代の野球場をつくる意志を伝えた。

フラーは正統の建築家ではない。発明家、哲学者、物理学者など、様々な顔を持つ多才、異才の人であった。一九五一（昭和二六）年に「宇宙船地球号」の概念を提唱した人物でもある。その名を知らしめることになった業績の一つが、ジオデシック・ドーム、通称「フラー・ドーム」の発明だろう。独自の理論に基づくドーム状の構築物であり、軽量、安価で、柱なしの大空間を実現するドームであった。フォード工場のロトンダ・ドーム（一九五三年）など、フラー・ドームでつくられる建築物も増えつつあった。しかし、本格的な屋根付き球場の設計はこれが初めてだった。

オマリーは、野球は青空のもとで行われるべきとの信念を持っていた。[149] とはいえ、雨天中止による毎試合二〇万ドルもの経済的損失も無視できない。[150] そこで生まれたアイデアが、雨風を防ぐだけではなく、日の光を透過する屋根付き球場だった。屋根を架けることで天候に左右されないだけでなく、野球以外の用途にも使える。見本市・展示会、ボクシングのタイトルマッチ、サーカス等の付帯イベントによる収入も期待できた。こうしたアイデアが、前述の星野直樹の屋根付き球場計画に影響を与えることになる。

当時、フラーはプリンストン大学の教授を務めており、設計にあたっては教え子の大学院生、ウィリアム・クラインサッサーと共同で行った。オマリーからの依頼の手紙を受け取った半年後には早くもドーム球場案ができあがった。ドジャースのワールドシリーズ優勝の直後である。

この案は直径七〇〇フィート（約二一三メートル）、高さ三〇〇フィート（約九一メートル）に及ぶものだった。[151]オマリーは、「ローマのサン・ピエトロ大聖堂をすっぽり覆うほどの大きさで、世界の七不思議の一つになるだろう」と語った。[152]屋根にはアルミニウムのトラス（骨組み）に透過性のあるプラスチックが用いられた。適度な日焼けができるほどの光を通す材料で、芝生の生育にも支障がない。また、通常の大空間であれば天井を支えるための柱が必要となり、柱が観戦を邪魔することも考えられたが、この案ではグラウンドや客席に柱がないため、その心配がなかった。フラーは柱のないクリアスパンの構造物としては世界最大になると豪語した。

球場を屋根で覆う際に問題になるのは換気と温度調節である。フラーのドームでは自然換気で空気を循環させることが想定された。また、フラーは一〇万人でも収容できるとオマリーに語ったが、現実性を考慮すると五万二〇〇〇人が限度だろうとオマリーは応じた。[153]

この段階では、収容人数も決まっていないほどラフな設計案であったが、翌年には全天候型、年間を通じたスポーツの殿堂として詳細な計画がつくられ、「メカニックスイラストレイテッド」誌一九五六年七月号で紹介された。[154]透過性のある巨大な屋根で覆われた野球場で、その大きさは高さ二五〇フィート（約七六メートル）、直径五五〇フィート（約一六七メートル）だった。収容人数は五万五〇〇〇人で、エベッツ・フィールドより二万三〇〇〇人多い。

鉄道駅に隣接しているとはいえ、モータリゼーションの進んだアメリカでは多くの駐車場を必要とした。四方を囲む道路からは、スタンドの下に設けられた地下の駐車場への三レーンのエントランスが設けられた。駐車場はイベントとは関係なく二四時間、駐車可能となっていた。また、屋根の頂部には観光用のトラムウェイを設けるなど、娯楽性を強めた施設でもあった。

一九五六年、ドジャースを日本に招く交渉のため渡米した鈴木惣太郎は、オマリーの執務室で、おそらくこの案のものと思われるドーム球場の模型を目にしている[155]。スタンドの下にはテレビのスタジオ、映画館、レストラン、カフェテリア、食品マーケット、男女服装品店等のほか、銀行、郵便、電報局もあった。これらの収益を球場の維持費に充当することが想定されていた。

屋根付き球場の模型を囲む
フラー（左）とオマリー（1955年）

オマリーが考えていたのは、球場の敷地内だけではなかった。球場建設をきっかけに周辺地域の改善もできると見込んでいた。それには多額の費用がかかるため、補助金が投入できる「一九四九年住宅法タイトルⅠ」の適用を考えた[156]。この制度はスラム化した不良住宅エリアを再開発し、公共住宅の整備とともに周辺の環境を改善することを意図したもので、一九五〇年代にアメリカ全土でスラムクリアランスの手法として活用されていた。

ところが、ニューヨーク市当局はオマリーの計画に対して消極的だった。ニューヨーク市の都市計画に絶大な権力を持っていたロバート・モーゼスが反対していたためである。モーゼスは、ニューヨーク市の高速道路網整備や国連本部ビル開発等、再開発やインフラ整備を次々と実現させていた。その剛腕ぶりには賛否あったが、モーゼスを敵に回すと再開発にも影響が生じるほどだった。

一九四九年住宅法タイトルⅠの適用を受けるにはモーゼスを説得する必要があった。しかしモーゼスは、一民間企業の野球場建設のために補助金を投入すべきではないと考えていた[157]。当時、ニューヨークで進められていたのは、モータリゼーションに対応した都市整備だった。つまり、高速道路や橋の整備である。郊外に移住した人びとの主要な交通手段を自家用車と位置づけ、自動車交通の円滑化を目的とした都市整備を推進しようとしていたのである。一方、オマリーの球場計画には、ロングアイランド鉄道等の公共交通網の再生も意図されていた[158]。

ロングアイランド鉄道の敷地周辺の再開発によって、公共交通網の利便性が高まることで、進めていた高速道路や橋の必要性が薄れてしまうことをモーゼスは恐れた。

結局、オマリーはニューヨークでの球場建設を断念し、ロサンゼルスへホームを移すことを決める。一九五七年にナショナル・リーグのオーナー会議で了承を得て、翌年に移転した。ロサンゼルスはほとんど雨も降らず、屋根も必要なかった。新球場の設計はエミール・プレーガーに依頼し、一九六二年に完成することになる。これが現在のドジャー・スタジアムである。

鈴木惣太郎の渡米

オマリーとの間で何度か手紙のやり取りを重ねたのち、正力は鈴木惣太郎をアメリカに派遣し、プレーガー、フラーに直接助言を求めることを決める。鈴木は建築の専門家ではなかったが、あらかじめ書類、図面、質問事項を準備しアメリカに渡った。この渡航は、屋根付き球場の研究が第一の目的だったが、鈴木にはもう一つの使命が与えられていた。それが、巨人軍のキャンプをフロリダのベロビーチで行う手筈を整えることである。ベロビーチはドジャースのキャンプ地として知られていた。メジャー式の練習環境、練習方法を学ぶために巨人の全選手を派遣する、大掛かりなプロジェクトだった。なお、このキャンプは一九六一年二月に実施される。

一九六〇（昭和三五）年九月から約一カ月の渡米中、鈴木は五通の手紙を正力に宛てて送っている[159]。オマリー、プレーガー、フラーとの面会結果と進捗状況を知らせる報告書だ。その詳細な記録には、鈴木の真面目で几帳面な性格が表れている。

ロサンゼルスで面会したプレーガーは、日本テレビの計画案に否定的な見解を示した。その理由は、設計図に科学的データの裏付けがなかったためである。特に、換気のために開けられた屋根の頂部の穴があまりに大きすぎて、空気の循環を促す煙突効果が得られないと指摘した。ところが、鈴木が詳しくアドバイスを求めると、プレーガーは言葉を濁した。アドバイスを求めるのであればそれなりの顧問料が必要であるというのが理由だった。そのため鈴木は、日本の顧問や建設会社から託された質問をすることもできなかった。プレーガーは当時のアメリカでは野球場建設の第一人者で、多くの設計を引き受けていた。相応の対価を要求するのは当然ではあった。だが、日本テレビに高額なコンサルタント料を支払う意思はなかった[160]。

プレーガーは、屋根付き球場に関する自身の考え方については話してくれた。屋根付き球場は膨大なコストがかかることから「無理な計画と無駄をしてはいけない」と強調した。「慎重の考慮と研究」が求められ、安易に考えるべきではないと指摘した。プレーガーは、屋根付き球場の実現に「断固とした確信」を持っているとしながらも、「率直にいって……出来るならば、誰か最初に作ってくれればよい……と思う」とも吐露している。数多の球場建設の経験があり、屋根付き球場の研究も進めてきたプレーガーであっても、やはり確信が持てない不安要素があったのだろう。いずれにせよ、プレーガーと面会した鈴木は、日本側の屋根付き球場の取り扱いが安易に過ぎ、科学的な根拠に基づく資料や研究に乏しいことを痛感することになる。

その後、鈴木はニューヨークへ向かい、フラーと面会した。フラーから指定された場所はニューヨーク近代美術館（ＭｏＭＡ）であった。[161]

フラーは丁重に鈴木を迎えた。会見の冒頭に、正力が屋根付き球場を思い立った理由や鈴木をアメリカに送った理由を説明すると、フラーは正力の人柄に感服した様子を示したという。鈴木が日本に来てほしいと誘ったところ、一度は忙しいから駄目だとフラーは断ったものの、最終的には年明けの一月から二月上旬なら行ってもよいと来日を約束した。無報酬でよいから、会見にも同席していた助手の日系アメリカ人二世のショージ・サダオ（貞尾昭二）の分も含めて旅費と滞在費だけ負担してくれればよいとの条件が示された。

こうして、バックミンスター・フラーが来日し、正力ドームの設計に関わることになる。

フラー来日

一九六一（昭和三六）年二月三日、フラーが来日を果たした。

訪日の目的は、屋根付き球場のアドバイスだけではなかった。読売新聞は朝刊一面に社告を出し、フラーが全国で講演会を開催する旨を告知、大々的にフラーの来日が宣伝された[162]。講演会は、有楽町の読売ホール（現よみうりホール）を皮切りに、札幌、仙台、高岡、大阪の計五都市で催された。東京での講演は日本テレビで中継もされた。大都市が並ぶ中、正力の故郷である富山県高岡市も含まれた。

来日直前の読売新聞紙上では、六回にわたりフラーの特集記事が連載された。さらに、「週刊読売」でフラーの紹介記事が掲載されるとともに[163]、フラーの著書『宇宙時代の新住宅：フーラー原理の秘密』も読売新聞社から出版された[164]。正力と柴田秀利は、フラーの名前を日本中に広めることをあらかじめ約束していたこともあり、読売新聞と日本テレビを使って、フラーの宣伝を大々的に行ったのである。

以上のようなフラーに対する厚遇ぶりを見ても、正力らは屋根付き球場の実現はフラーの手にかかっていると考えていたことがうかがえる。

フラー自身も日本には良い印象を抱いていたようである。そのきっかけの一つが、先に述べた東急文化会館の五島プラネタリウムだった。建物の設計は坂倉準三建築研究所だが、プラネタリウムのドームの構造はフラー・ドームが用いられた。東急はフラー・ドームの使用許可を事前に得ようとしたが、日本では特許申請がされていなかったため、本来自由に使用可能だった。それにもかかわらず連絡してきた誠実さに感銘を受けたとフラーは語っている[165]。

フラー・ドームを用いた五島プラネタリウムを企画した丸山勝久が、星野直樹のもとで屋根付き球場を計画し、それが正力に引き継がれて、フラーを招聘することになったわけである。偶然とは言え、ドームがつなぐ不思議な縁であった。

来日中は、顧問会議にもフラーに出席してもらい、計画案について意見交換を重ねた。柴田秀利とヘリコプターで淀橋浄水場跡の上空を飛び、建設用地を視察した。

だが結局フラーをもってしても屋根付き球場の技術的課題は解決しなかった。

その理由についてフラーの助手だったショージ・サダオは、日本の建設会社が独自の工法に捕われ、フラーの「天才的創意」に敬意を払いつつも、決して受け入れようとはしなかったと不満を漏らしている[166]。柴田秀利がフラーとゼネコンとの間を仲介し、フラーの提案を実現させようと努力したが奏功しなかった。

一方、顧問の石井桂の見方はやや異なる。

とにかく日本で最も秀いでた構造学者の武藤、内藤両先生とフーラー博士の質疑応答ははなはだ私にはにがてでわからない。しかしヒイキ眼かも知らぬがフーラー博士の答えはいささか自信がないようなきもする。日本の学者が、数万人も収容する屋内野球場には、自然換気のほかに機械換気も必要だというに反し、フーラー博士は自然換気で十分だと主張する。

私は前の座談会で、フーラードームは果して都市の建築として適当かどうか、日本は木造家屋が多いのでフーラードームでは防火上不備だと思うがとの問いに対しては全く答えがなく、仮設収容所等の目的に合うという別の返事を得たくらいで何か彼は建築家でないような気がする。日本の建築学者はどうもフーラー博士からは何も別に得るところがなかったのではないかとも思う[167]。

フラーとともに屋根付き球場の構造を検討した大成建設の鈴木悦郎は、「今考えると、Dr. Fuller

の理論は宇宙的な力学」であるのに対し「我々のは地球上の力学」で両者がかみ合わなかったと述懐している。[168]フラーは重力のない宇宙空間を前提としていたのではないかとの指摘である。フラーから一目置かれ、正力の信頼も得ていた鈴木は、のちに正力タワーにも関わることになる。[169]

この時点でフラーが設計した最大のドームは一九五八年にルイジアナ州バトンルージュにつくられた直径三八四フィート（約一一七メートル）のユニオン・タンク・カー・ドームで、日本テレビの屋根付き球場はその倍の大きさだった。フラーの理論を正確に理解し、重力の存在する現実に落とし込むには、まだまだ研究が不足していたということだろう。

正力ドーム計画の消滅

一九六一（昭和三六）年六月一〇日、大映の永田雅一社長が記者会見を開き、南千住の千住製絨所跡に「東京スタジアム」を建設することを発表した。[170]南千住に決まる直前、永田は西武の堤清二から、かつて市岡忠男らが狙った芝公園三号地の西武所有地（現東京プリンスホテル）での球場建設の打診を受けていた。球場の地下に商店街、周辺にホテルを建設するというものだった。だが、西武主導の運営になることを懸念した永田は、これを断っていた。[171]東京スタジアムは翌年に竣工、東京における球場不足問題は解決し、日本テレビの屋根付き球場計画は自然消滅することになる。[172]

世界初の屋根付き球場をつくることはできなかったが、別の形でフラーのドームは実現した。それが、一九六四（昭和三九）年四月一九日に完成した東京読売カントリークラブのクラブハウス、「読売スター・ドーム」である。正力とフラーの関係は継続し、富士山の高さを超える読売タワー計画へとつながっていく。

第3章　正力タワーとNHKタワー

1　フラーの四〇〇〇メートルタワー計画

富士山を超えるタワー

一九六六（昭和四一）年、正力がバックミンスター・フラーに四〇〇〇メートル級のタワーの設計を依頼した。[1] 建設場所は読売スター・ドームのある多摩丘陵のよみうりランド周辺だ。[2]

フラーは高さ三七〇〇メートルと説明しているが、[3] 日本テレビの資料『550ｍテレビ塔設計に関する考察』[4]（一九六八年六月）では四〇〇〇メートルとあるので、ここでは四〇〇〇メートルと表記する。いずれにせよ富士山と同程度の人工構造物を立ち上げるプランだ。大風呂敷を広げるのは正力の常であったが、本人は至って本気だった。

フラーと共同で計画を担った日系二世のアメリカ人、ジョージ・サダオによると、正力はタワーの名前を「世界平和祈念塔（World Peace Prayer Tower）」にするつもりだった。[5] 正力は敬虔な仏教徒で、一九六四（昭和三九）年に開園したよみうりランドにもパゴダ（仏塔）や仏像などが点在する「聖地公園」をつくらせていた。しかし、フラーはこの名前に難色を示す。塔をつくっても祈りの役には立たないとフラーは考えていた。科学者であるフラーは、自らの設計した建物に宗教的な意味が付与されることを嫌ったのかもしれない。名称変更を条件に設計を引き受けたフラーは「ワールド・

ブルドーザーに乗って富士山を登る
バックミンスター・フラー（右）と柴田秀利（中）

マン・タワー（Tower of World Man）」とすることを求めた。この年、フラーは、講演をもとにした書籍「World Man」を著している。この講演でフラーは、「どこに住んでいるのかと聞かれたら、私は『地球という小さな宇宙船で暮らしている』と答える」と語った。[6] 世界が抱える人口問題、環境問題、資源問題を解決するには地球規模で考え、グローバルな視野を持たなければならないと主張した。つまり、タワーを単なるシンボルとするだけでなく、実際に諸問題を解決する手段として構想しようとした。だが、「世界平和祈念塔」にせよ「ワールド・マン・タワー」にせよ、浮世離れした名前であることには変わりなかった。結局、この塔は一般的には「読売タワー（Yomiuri Tower）」と呼ばれることになる。

正力の依頼を引き受けたフラーは、一九六六（昭和四一）年八月に富士山に登っている。[7] これは四〇〇〇メートル級タワーの設計を念頭に置いた「現地視察」だった。

当時フラーは七一歳。日本最高峰に登頂するには体力が懸念されたが、同行した正力の側近、柴田秀利とともに山頂まで登りきった。正確に言えば、自らの足で登ったわけではない。ブルドーザーが二人を頂上まで連れて行った。[8] 富士山では、物資を頂上へ運ぶ方法としてブルドーザーが用いられている。前面に取り付けられた大きなシャベルの中に分厚い毛布を敷いたソファを置き、二人はそこに座ったまま富士を登った。音はうるさかったが、煙草をくゆらせながらののんびりした登山だったと柴田は振り返る。

富士登山を終えて東京に戻ったフラーに正力が尋ねた。「どうです、四千メートルの塔ができますか」。フラーは、「設計上の問題はありません。ただし耐震対策、風圧計算等、或る程度の実験をする必要はありますよ」と実現に自信を見せた。[9]

四〇〇〇メートルタワーの中身

富士登山を終えるとフラーとサダオは四〇〇〇メートルタワーの研究を本格化させた。その年の一二月に一万語に及ぶ報告書を完成させる。「富士山ほどの高さであっても、その当時使われている技術で対処できないものは何もないことが判明した」と四〇〇〇メートルタワーが技術的に可能であると結論付けた。

では四〇〇〇メートルタワーの具体的な中身を見てみよう。[10]

タワーは三本脚の鉄塔で、テンセグリティ・マストによって構成されたものだった。テンセグリティ（tensegrity）とは、tension（張力）と integrity（総合）をつなげたフラーの造語である。柱同士をつなげることなく、張力を用いて一体化する構造で、少ない材料で強い建物がつくれるという特徴を持つ。

中央に四〇〇〇メートルの塔が据えられ、その塔は六本の支持ケーブルでつながれた三つの四面

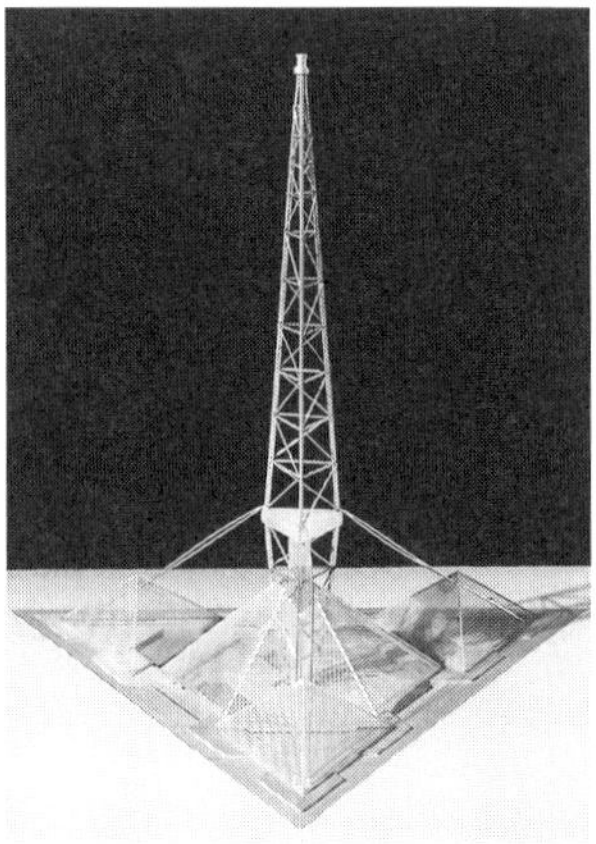
読売タワーの模型

体（三角錐）で支えられている。この四面体は中央の塔と比べて低く見えるが、その高さはエッフェル塔と同程度の三〇〇メートル超に及び、集合住宅として使われることが想定された。中央の塔の約六〇〇メートル以下の部分にはオフィスが入るほか、商業施設やスタジアムの整備も想定されていた。

　中央の塔の主な目的は電波塔だが、展望塔としての機能も有し、頂上には日本列島を一望できる展望台が設計された。展望台へ向かうエレベーターは、一度に四〇〇人から五〇〇人を運べる五階建てで、「縦に移動する鉄道」と言ってもよい大きさだった。速度は分速六〇〇メートル。最高部の展望台まで約七分で到達する計算だ。なお、一九六八（昭和四三）年完成の霞が関ビルのエレベーターが分速三〇〇メートルであるから、その二倍に及ぶ。

　ちなみに、読売タワーの検討から遡ること一〇年前、建築家のフランク・ロイド・ライトが、高さ一マイル（約一・六キロ）のジ・イリノイ（マイル・ハイ・イリノイ）を公表している。そのビル内には分速一マイル（約一六〇〇メートル）の原子力エレベーターが想定されていた[11]。四〇〇〇メートルタワーの二・七倍の速度であったが、ライトの提案自体、実現可能性が検討されていたわけではなく、あくまでもアイデアレベルにとどまっていた。一方、読売タワーでは高速化に伴う問題が考慮された。四〇〇〇メートルもの高さを急激に移動すると、気圧の変化で身体に影響が出てくる。そこで、エレベーターの気密性を高めることが考えられた。なお、気圧を制御するエレベーターは、のちに台北101（二〇〇四年完成、高さ五〇九メートル）で実現することになる。また、高速エレベーターが故障した場合には、最上部からヘリコプターで救助する方法も検討されていた。

四〇〇〇メートルタワーの建設費用

問題は建設費用だ。正力から依頼された建築構造学者の内藤多仲が、タワーの建設費を試算している[12]。フラーとは、ともに屋根付き球場の検討にあたった間柄である。

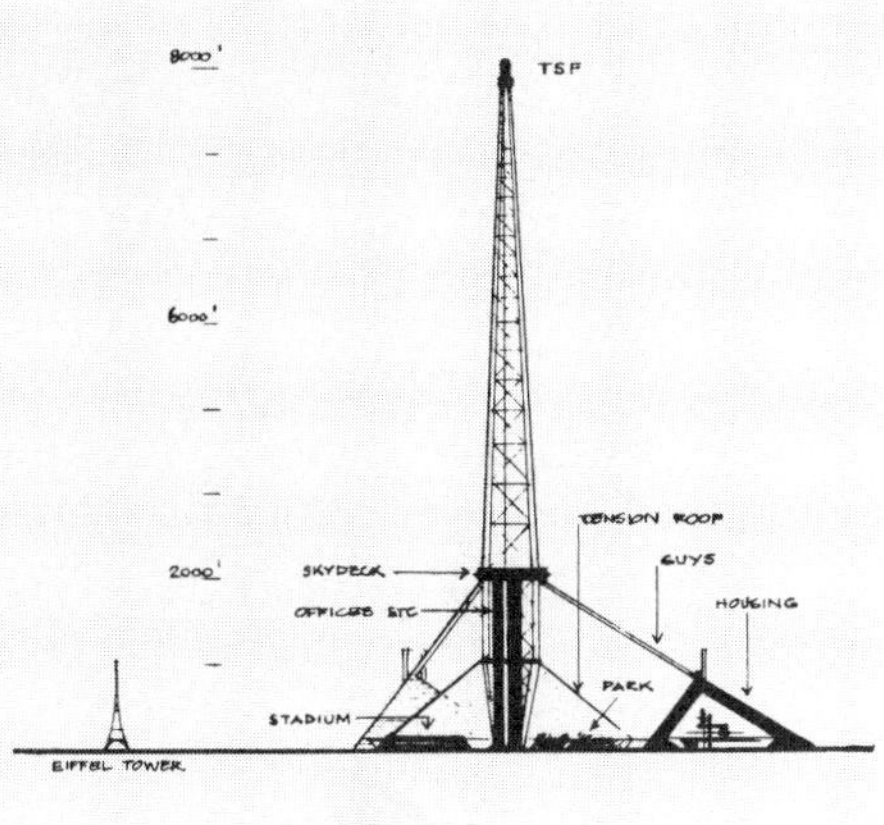

読売タワーの立面（左の塔はエッフェル塔）

内藤の試算を見てみよう。高さは、内藤が設計した東京タワーの約一二倍。鉄量は高さの自乗に比例すると考えれば、およそ一五〇倍の鉄量を要することになる。東京タワーの鉄が三六〇〇トンであるため、その一五〇倍で五四万トン。一トン当たりの鉄の価格を四〇万円（当時）と仮定すると計二一六〇億円かかる。

内藤は、「いずれにしても大き過ぎ、我々の経験をはるかに超越しているので工費の推算は困難である」と、この計算があくまでも概算にすぎないことを強調している。

正確な見積もりではないとしても、予算内に到底収まりそうもなかった。読売側が提示した予算限度額は三億ドル（一ドル三六〇円として一〇八〇億円）だった。

内藤の概算はその二倍である。フラーは高さを二四〇〇メートルに抑えれば三億ドルの予算内で建設可能としたが、二四〇〇メートルと仮定しても東京タワーの高さの七倍以上。途方もない高さであることに変わりはなかった。

日・米・ソの親善のシンボル

四〇〇〇メートルタワーが計画されていた当時、世界は冷戦の只中にあった。内藤多仲によると、正力はこのタワーをアメリカ、日本、ソ連の三カ国の建築家に設計させて、親善のシンボルにする意向を持っていた[13]。正力が当初「世界平和祈念塔」と名付けようとしていたように、冷戦時代の平和の象徴にしたかったのかもしれない。

三カ国の建築家とは、アメリカがバックミンスター・フラー、日本が内藤多仲、そしてソ連の建築家がニコライ・ニキーチンである。

ニキーチンは、モスクワ近郊で建設されたテレビ電波の送信塔、オスタンキノ・タワーの設計者である。このタワーは、一九六七年に十月革命五〇周年を記念して建設された。完成時の高さは五三七メートルで、自立式電波塔としては東京タワーを抜いて世界一となっていた。

内藤は、ニキーチンに四〇〇〇メートルタワー建設について助言を求めた[14]。だが、ニキーチンの返事は芳しいものではなかった。理論上は実現可能だが、データが不足しているので難しいと見ていた。内藤も同様の見解を持っていたようだ。富士山を超える高さであるために、通常のビルとは異なる過酷な自然環境を想定して設計しなければならなかった。

タワーの表面を覆う厚さ三〇センチの氷、氷が落下するエリアの安全対策、時速四〇〇キロの風に耐える構造等、克服すべき技術的課題はあまりにも多かった。

四面体タワーによる一〇〇万人都市

検討の途中で正力は、一〇〇万人が生活できる空間に再編することを要求した。[15] もともと読売タワーを支える三つの建物にも住宅を設ける想定だったが、これを拡張し一〇〇万人が居住できる案へ変更されることになる。その結果、一辺二マイル（三・二キロメートル）の四面体（三角錐）の建築物として再考された。フラーはこれを四面体都市（Tetrahedron City）と名付けた。[16]

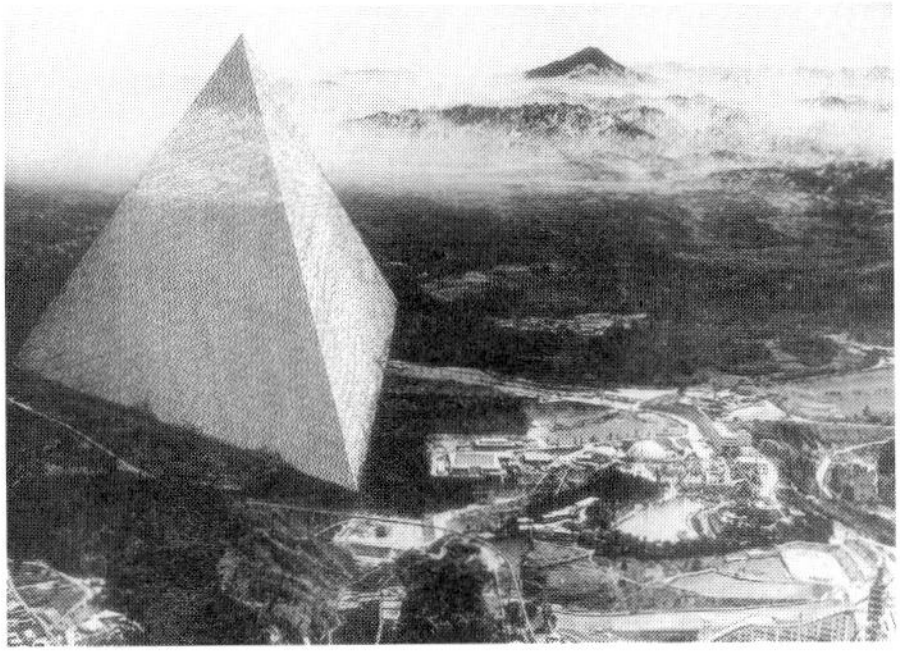

よみうりランド周辺で計画されたフラーの四面体都市(Tetrahedron City)。中央奥に富士山が見える

二〇〇階建ての巨大な四面体の斜面に沿って段々畑のように住宅を配置するもので、世帯当たり二〇〇平方メートルの住宅を三〇万世帯分、合計一〇〇万人が暮らせる計算だった。住居の半分はガーデニングやレクリエーションが楽しめるスペースで、五〇階おきに広い空中公園が設けられる計画だった。

正力が一〇〇万人の垂直都市への変更を求めた背景には、首都圏の人口増加と住宅不足があった。当時、多摩丘陵では大規模な住宅団地「多摩ニュータウン」の開発が始まろうとしていた。多摩ニュータウンは、東京都心で働くサラリーマンのベッドタウンとして、一九六六（昭和四一）年一二月に事業決定がされた。多摩ニュータウンは面積三〇〇〇ヘクタールで計画人口三四万人。これに対して、四面体都市は、一〇〇万人をわずか四四〇ヘクタールの土地に収めることができる超高密都市だった。高騰する地価、増え続ける人口といった都市問題を解決する手段として四面体都市が位置付けられたわけである。都心との間を「超高速道路」で結び、大量の人を運ぶことが構想された。超高速道路を一〇〇万人都市から都心へ通う通勤者の足にする一方、東京から四面体都市を訪れる観光客の交通手段にする算段だった[17]。

その後この案は、東京湾に一〇〇万人居住の四面体都市を浮かべるプランに発展していった[18]。海上にあればすぐに移動できるし、原子炉の熱で海水を淡水化し、廃棄物をリサイクルしながら、気軽に地球を一周することができるといった壮大なアイデアだった。

結局、これらの一連の計画は最終的に頓挫する。前述のとおり、建設費用が当初の想定以上にかかることに加えて、技術的にも困難を極めたことがその理由だった。

内藤は、フラーの計画を「夢以上と思わるる奇想天外の案」と評した。その奇想天外の案を支えたのは正力だった。屋根付き球場計画以来、フラーと正力を傍で見ていた内藤は、「フラー博士の哲学的超世間的な点が正力さんとピタッとあい、大分共鳴したのであった[19]」と述べている。フラーと正力の荒唐無稽さにあきれながらも、その規格外の発想に没頭する無邪気さに、ある種の羨ましさを感じていたのかもしれない。

屋根付き球場に続いて、フラーの四〇〇〇メートルタワーも挫折した。しかし、それで諦める正力ではなかった。

2　日本テレビの五五〇メートルテレビ塔

五五〇メートルタワーの発表

一九六八（昭和四三）年五月一〇日、千代田区二番町の日本テレビ本社会長室で正力が会見を開き、高さ五五〇メートルの電波塔の建設を発表した。[20] いわゆる「正力タワー」だ。ただし、この段階では「正力タワー」の名称はついていない。

建設場所は、新宿区東大久保の社有地。ちょうど一〇年前に日本テレビが屋根付き球場のために購入した土地だ。秋に着工し、二年後の一九七〇（昭和四五）年六月頃に完成予定と発表された。完成すれば、五五〇メートルの高さは自立式の建物として世界一となる。フラーの四〇〇〇メートルタワーよりは現実味のあるプロジェクトだった。

しかも、総工費一五〇億円は、読売タワーの予算の七分の一以下。とはいえ、当時の一五〇億円が巨額であることに変わりはない。純粋なテレビ塔だけでは採算が取れないことから、付帯施設の収入で回収することが考えられた。三五〇メートルの位置に一〇〇〇人収容の展望台を設けて入場料を得るとともに、タワーの下部には二〇階から二五階建ての住宅やオフィスビル（延床面積六万六〇〇〇平方メートル）をつくることで賃料収入を見込んだ。

当時、国内に二〇階以上の住宅は存在していない。[21] オフィスとの複合ビルとはいえ、完成すれば国内初の超高層マンションだった。住宅を併設することについて正力は、「東京の都市計画、住宅問題を緩和するためにも役立てたいと思う[22]」と語った。フフーに依頼した一〇〇万人の垂直都市計画は消滅したが、その時の問題意識が五五〇メートルタワーに引き継がれたわけである。

また、正力は「他局から利用したいとの希望があれば、こころよく受け入れる」[23]と、電波塔を開放し、東京タワーに代わる共同の電波塔とする意向も示した。

この土地は球場計画が消滅した後、日本テレビの別館、中継基地、読売交響楽団の練習場として暫定利用されていた。

一九五八（昭和三三）年の購入時は六億円だったが、一〇年を経て土地評価額は約四〇億円に跳ね上がっていた。この一〇年間は、まさに高度成長期が本格化した時期にあたる。一九五八（昭和三三）年から一九六八（昭和四三）年までの実質経済成長率は平均で九・九パーセント、五五〇メートルタワーが発表されたこの年は一二・四パーセントを記録していた。日本のGNPが西ドイツを抜いて世界二位に躍り出た年でもあった。

敷地は約一万坪の広さがあったものの、大通りである環状五号（明治通り）や放射一五号（職安通り）に直接面した部分が少なかった。それゆえ、五五〇メートルもの巨大な塔と二〇階以上の高層ビルをつくるにはさらに土地を広げ、幹線道路に接道する部分を増やし、まとまった敷地にする必要があった。屋根付き球場計画の時にも周辺の土地が買い進められたが、それでも不足していた。

用地買収を担当した日本テレビの佐伯昭行によると、正力は買収を命じた翌日には佐伯を呼び出し「買ったか」と急き立てた。[24]その後も、気の短い正力から、朝、昼、晩と日に三度は催促され、「全く気の休まる時はなかった」と佐伯は振り返っている。結局、全体の面積の約一割にあたる約一〇〇〇坪を三億円余りで取得したが、十分ではなかった。

ゼネコン三社の案

日本テレビは、計画の公表に先立ち、清水建設、大成建設、鹿島建設のゼネコン三社に設計案を検討させていた。各社を競わせる方法は、屋根付き球場の時の方法を踏襲したものだった。

各社の案は五月の記者会見の際にパネルで示された。いずれも全高五五〇メートルだが、デザイン、構造、施工方法等はそれぞれ異なる。[25]

各社の提案を簡単に見てみよう。

清水建設案は、展望台の高さまでは鉄筋コンクリート造で、そこから鉄骨を組み上げる構造が特徴となっている。これによりコンクリートの節約が図れるメリットがあった。総工費は一一二億円。

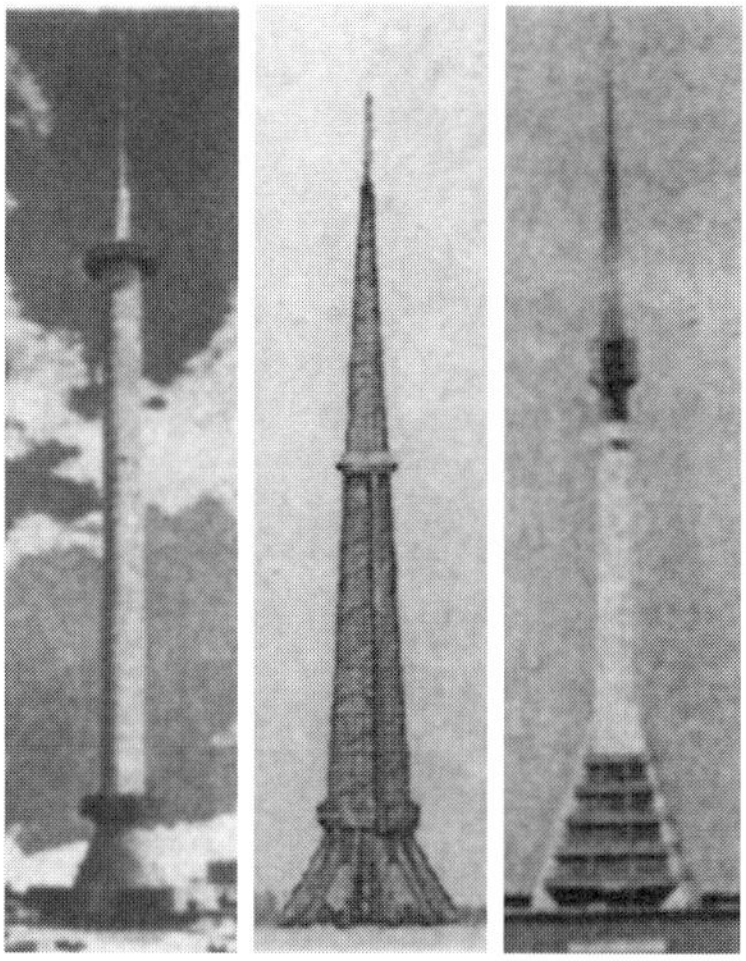

ゼネコン3社による550メートルタワー案
（左から鹿島建設、大成建設、清水建設）

なお、発表記者会見翌日の読売新聞一九六八（昭和四三）年五月一一日付朝刊に掲載された五五〇メートルタワーのイメージ図は清水建設の案であることがわかる。

鹿島建設案と大成建設案は、ともにプレキャスト工法を想定していた。プレキャストとは、部材をあらかじめ工場で製造し、現場で組み立てる方法である。そのため、工期と建設費用の圧縮が期待できる。ただし、それぞれ構造は異なり、鹿島は鉄筋コンクリート造、大成は鉄骨造だった。

鹿島建設案は、円錐状の基壇部の上に細長い鉄筋コンクリートの円柱の塔身がまっすぐ伸びる形状となっており、総工費は九七億円。なお、展望台の位置は他二社より高い場所に置かれている。おそらく四〇〇メートル程度と思われる。

一方、大成建設案は、下部から上部にかけて徐々に細くなる形状となっている。網目状の鉄の部材を籠のように組み立てるものだった。プレキャストの鉄骨造で足場も不要な方法を採用しているためか総工費は三三億円で最も安く、清水建設案の三分の一以下に抑えられている。ただ、デザイン的には単調なところが欠点だった。

東京タワーや名古屋テレビ塔など、日本の電波塔は鉄骨造が一般的だったが、ヨーロッパに目を向けると、シュツットガルトのテレビ塔をはじめ、鉄筋コンクリート造（RC造）が主流となっていた。清水案がRC造と鉄骨造のハイブリッド、鹿島がRC造、大成が鉄骨といったように、構造が各社で異なっていたのは、当時の時代状況を反映していた。

ただ、これらはあくまでも基本構想にすぎない。記者会見の三日後の五月一三日には、プランを提出した鹿島建設、清水建設、大成建設の三社の社長、正力松太郎、日本テレビ幹部が参加する第一回建設準備委員会が開催された[26]。この時に、八月末までの三カ月半で各社が具体的な建設計画を策定し、各案を比較検討のうえ最終的に一社に絞り込むことが決まった。

なぜ「五五〇メートル」も必要なのか？

当時、既に東京タワーは存在していたにもかかわらず、なぜ日本テレビは新しい電波塔の建設に踏み切ったのだろうか。もちろん正力の巨大な建造物への執着も理由の一つだったことは間違いない。だが、日本テレビにはもっと切実な動機があった。

テレビの難視聴問題が深刻化していたのである。

在京テレビ局のうち、NHK(総合および教育)、TBS、フジテレビ、NET(のちのテレビ朝日)、東京12チャンネル(のちのテレビ東京)は、東京タワーに送信所を置いていた。ところが、日本テレビは東京タワー完成後も、自社の塔から送信を続けていた。

日本テレビの鉄塔の高さ一五四メートルは、東京タワーの半分にも満たない。ただでさえ電波の送信状況は、東京タワーを利用する他局に劣る。加えて、都心では高層ビルが増加し、電波障害が発生していた。とりわけ中央線沿線や三多摩地域からの苦情が多かった。このタワーの発表の前月には、高さ一四七メートル(最高部一五六メートル)の霞が関ビルが竣工していた。日本で初めて一〇〇メートルを超える高層ビルだった。既に東京の環状六号線内では、三一メートルの高さ制限は撤廃されていた[27]。本格的な超高層の時代が到来しつつある中で、電波の届きにくい難視聴区域の拡大が予想された。日本テレビにとって、難視聴対策は企業経営上、避けられないものだった。

日本テレビが東京タワーに移れば解決する問題だが、東京タワーへの移設に猛反対していた正力が容認するはずもなかった。正力は「自分の家があるのに長屋住まいをすることはない」と啖呵を切り、東京タワーへの移設を頑なに拒んだことは既に述べた。

五五〇メートルのタワーができれば、受信状況の大幅な改善が見込める。

ところが正力は、日本テレビの受信状況が悪いことを知らなかった。正力の自宅は都心から約五〇キロ離れた逗子で映りが悪かった。だが、日本テレビの幹部が正力邸のために特別のアンテナを設置させ、技術者を頻繁に派遣し映像のカラー調整を行っていた[28]。後に、このカラクリを知った正力は激怒した。当時、日本テレビの視聴率は低迷し、収益が悪化していたこともあり、正力は経営陣の刷新を決める。一九六七（昭和四二）年七月、社長に福井近夫、専務には長年正力の右腕として陰で支えた柴田秀利を据えた。福井は営業畑出身で、経営改善を期待されての人事だった。そして柴田は、受信状況の改善のために巨大タワー計画に着手した。

電波障害を改善するために、高い塔が必要だったことは理解できる。しかし、なぜ「五五〇メートル」もの高さを必要としたのだろうか。

五五〇メートルタワー計画で中心的な役割を果たす日本テレビ技術局の南日恒夫は、五五〇メートルの理由を次のように説明する。

少くともNHKがサービスしている範囲に、他の民放が全部、きれいなテレビ番組を放送しなければならない。それは新しい塔がどうしても必要です。必要な、高さは五百五十メートルと計算されました。[29]

これはどういうことか。順を追って説明したい。まずは、東京タワーの送信環境を理解する必要がある。

東京タワーは、高さ二五三メートルの塔身に八〇メートルのアンテナを加えて全高が三三三メートルだ。NHKの送信アンテナは、東京タワーの最も高い場所に位置していた。

つまり、日本テレビが東京タワーに送信所を移しても、NHKと比べて送信条件が不利であることは変わらない。そこで自前のタワーを考えたのである。NHK中心主義の電波行政に異を唱える意味もあった。

しかし、NHKと同等のサービスエリアを確保するのであれば五五〇メートルも必要ない。仮に在京局すべてのアンテナを東京タワーの最上部より高い位置に設けるにしても、三三〇メートルに八〇メートルを加えた四一〇メートル程度で十分である。

実はこの数年前、日本テレビは高さ三四〇メートルのテレビ塔を検討していた。一九六四(昭和三九)年、日本テレビ総務局管理部の佐伯昭行がテレビ塔について鹿島建設に相談を持ちかけている。佐伯は、正力タワーの建設用地を増やすために周辺土地の買収を命じられた人物として先に紹介した。「東京タワーに匹敵する高さのRC造タワーの可能性」を追求するために、鹿島建設の武藤研究室によって構造計算が行われることになった。その成果が、『NTVタワービルディングの静動的計算の研究』としてまとめられる[30]。

武藤は、日本テレビの屋根付き球場の顧問会議に入っていたこともあり、かねてより日本テレビとつながりはあった。

この研究成果は論文にまとめられ、日本建築学会で発表された[31]。ただ、論文には「日本テレビ」や「テレビ塔」の文字はなく、「多目的タワー」とのみ記されている。

当時、国内での鉄筋コンクリート造の塔は煙突が大半で、電波塔としては戦前の原町無線塔くらいしか存在していなかった。日本テレビは、鉄筋コンクリート造の電波塔とすることで、東京タワーとの差別化を図ろうとしたのかもしれない。

しかも、高さは三四〇メートル。東京タワーをわずかに上回る高さに日本テレビ側の意思が読み取れる。一九六六(昭和四一)年、フラーに四〇〇〇メートルタワーの設計を依頼することになるが、三四〇メートルタワーは現実的な難視聴問題への対応として練られたものだった。

以上の経緯からわかるように、東京タワーと同程度のものが検討されていたはずが、五五〇メートルへと上積みされたことになる。五五〇メートルという高さには、技術的な要請だけではない別の理由が込められていたと考えた方が自然である。

別の理由とは「世界一の高さ」だ。

当時、モスクワでは、自立式電波塔として世界一の五三七メートルのオスタンキノ・タワーが完成していた。南日も五五〇メートルであれば「世界一ということも狙えるので、これに決定しました」[32]と率直に述べている。

五五〇メートルタワーへの反応

日本テレビ開局一五周年を記念する日本テレビの広報誌に田中角栄が祝辞を寄せており、そこで五五〇メートルタワーに触れている。

私自身は五百五十メートルのタワーには驚きません。都市の大改造を考えていけば、いまから十年もたてば、当りまえのことになると思う。[33]

「都市の大改造」は、当時、田中が会長を務めていた自民党都市政策調査会がまとめた「都市政策大綱」で謳われたものだった。正力が五五〇メートルタワーの会見を行った約二週間後の五月二六日に公表されている。大綱では、大都市過密と地方の過疎の二極化、地価高騰による住宅不足、交通難、公害問題等の様々な都市問題の解決を目的として、国土改造・都市改造の基本的な方向性が示された。のちに田中の代名詞となる『日本列島改造論』（一九七二年）は、この大綱をベースに発展させたものだ。大都市地域における高層化・立体化、特に高層住宅の供給にも言及しており、五五〇メートルタワーの下部に建設される二五階建てのオフィス・住宅は、大綱の趣旨に沿ったプロジェクトとみなすことができた。

田中が五五〇メートルタワーを好意的に受け止めた一方で、マスコミの反応はどうだったのだろうか。

五月一〇日の正力による記者会見の様子を、一人の新聞記者が書き残している。のちにノンフィクション作家として活躍する本田靖春だ。本田は、読売新聞の社会部記者として会見を取材していた。

行ってみると、スタジオの一つを潰して会見場がしつらえられている。目立つ場所に、大きなパネルに描いた予想図が三つ並んでいた。
場内を見回して、これはおかしい、と気付く。運び込まれた二十脚ほどの折り畳み式椅子が、ほとんど埋められており、その後方にはスタジオ用と移動用を含めて五、六台のテレビカメラが控えていたからである。
まだ海のものとも山のものともつかない、しかも「他社」のテレビ塔を、完成予想図発表の段階で、これだけ多くのメディアが取材しようとするであろうか。
だれが考えても、そんなことはあり得ない。私は、正力の腰巾着どもが仕組んだ「やらせ」であろう、と判断した。局内に号令をかけて、手の空いている者を動員し、「会見」を仕立て上げたに違いない、と。

定刻に現れた正力も、怪しいと感づいたようであった。所定の席に着くなり挨拶も抜きで、いきなりこういった。

「おい、朝日、……朝日、来てるか」

場内を睨め回していた正力の顔色が、少し離れていた私にもわかるほど赤くなった。当然のことながら、返事がなかったからである。

正力は怒気を含んだ声で点呼を続ける。

「毎日！」

でも、点呼はこれでおしまいであった。毎日も来ていないとわかって、正力は会見も早々に、席を立ってしまったのであった。[34]

当然ながら読売新聞は五五〇メートルタワー計画を大きく報じたものの、毎日新聞、日本経済新聞、東京新聞の扱いは小さく、朝日は報じてもいない。五五〇メートルタワー計画に対し、マスコミの反応は総じて冷ややかだった。

実は、日本テレビの電波塔建設は、前年の一九六七（昭和四二）年七月頃から噂が囁かれていた。その一端が明らかになったのは、同年九月二二日付けの朝日新聞である。

高さは地上五、六百メートル。来春早々の着工をめざして、いま同社技術局が具体的検討にはいっている。第一次の案（清水建設設計）では高さ五百メートルの設計図ができたが、将来を見越して六百メートルにすべきだという意見もあり、最終案はまだかたまっていない。[35]

この報道を受けて、同月二九日には日本テレビが新宿の社有地に六〇〇メートルの電波塔建設を発表するが、具体性を持った内容ではなく、特に反響を呼んだわけではなかった。郵政省の反応も芳しいものではなく、「必要ない」とにべもない返事を突きつけていた。[36]仮に塔が建設できても、電波行政を司る郵政省が電波の送信を許可しなければ電波塔の機能を果たすことはできない。

五五〇メートルタワーに対する他局の反応はどうだったか。ＴＢＳの森本太真夫専務は、「日本テレビさんは、以前も新宿の土地利用法として、屋根付き球場の建設計画を発表したが、実現しなかった。こんども実現はむずかしいんじゃないかな[37]」と懐疑的な見方を示した。

確かに、わざわざ新たな塔をつくるまでもなく、東京タワーを使えば済むのであるから当然の反応だった。

五五〇メートルタワーで受信状況は改善するのか？

既に述べたように、日本テレビにとって、五五〇メートルタワーを建設する一番の目的は難視聴の改善だった。ところが、仮にこのタワーが完成したとしても、電波受信状況が必ずしも改善するとは限らないとの指摘もあった。

一九六八（昭和四三）年時点で、日本テレビは自社で所有する二番町の鉄塔から電波を送信し、他局の送信アンテナは芝の東京タワーに設置されていた。テレビを受信する視聴者から見ると、異なる二つの方向から電波が飛んで来ることになる。

テレビの電波は指向性が強いため、電波がやって来る方向に受信アンテナを向けなければ正しく受信できない。日本テレビとそれ以外の局の電波を受信するには、それぞれの送信所に向けたアンテナを一つずつ設置するか、受信する局にあわせてその都度アンテナの方向を変える必要があった。テレビ放送黎明期に、NHK、日本テレビ、ラジオ東京（TBS）がそれぞれ独自の塔を建設したことで批判を招いたが、その理由も上記のような問題が起きたことによる。その結果、集約電波塔である東京タワーができたのは第1章で見たとおりである。[38]

したがって、日本テレビが新しいテレビ塔をつくったとしても、他局が東京タワーから送信を続ける限り、「二方向からの送信」という構図は変わらない。塔の高さが高くなることで、日本テレビの電波が受信しやすくなる可能性はあるが、異なる方向から飛んで来る電波受信の問題は全く解決しないのである。

電波法の省令においても、ある地域に複数の放送局がある場合、それぞれの送信アンテナは近い場所に設置しなければならないと規定されていた。二番町の日本テレビの鉄塔と芝公園の東京タワーとの間には約三キロの距離があるものの、郵政省は近接範囲内として認めてきた経緯があった。日本テレビの送信所が二番町から新宿に移ってしまうと、東京タワーからの距離が六キロメートル強に離れるため、受信する側（視聴者）にとっては、前よりも受信条件は悪化する。これが電波法の省令に抵触するのではないかと郵政省は考えた。

無論、全局が日本テレビの新テレビ塔に移れば、視聴者に不便は生じない。正力は、早い時期から五五〇メートルタワーを各局に開放する意向を示し、五月の発表会見時にも他局から利用希望があれば受け入れると語っていた。高さは東京タワーより約二〇〇メートルも高い。より遠くへ電波を届けることができるのであれば、東京タワーから移転する局があっても不思議はなかった。

しかし、郵政省が懸念する問題は他にもあった。

五五〇メートルタワーから送信される電波がサービスエリアを超えて、関東以外の地域に届いてしまう恐れがあったのである。そうなると電波の混信が生じるため、出力を落とさなければならない。ところが、出力を制限してしまっては、東京タワーから発信するのとたいして変わらなくなってしまう。

郵政省の浅野賢澄事務次官（のちフジテレビ社長）は「テレビ塔建設は郵政省が許可する、しないの問題ではない。他局のテレビ電波事情を十分考慮して、建設されれば別に心配はいらない」[39]と述べていたものの、以上のような問題が生じる場合、郵政省側も塔からの送信を許可しないことが予想された。

東京タワーの反応

仮に各局が五五〇メートルタワーに移転してしまった場合に困るのが東京タワー（日本電波塔株式会社）である。

五月一〇日の正式発表の前から、日本テレビのタワー計画の様子が断片的に伝わっていたことは先に述べた。日本電波塔社長の前田久吉の耳にも入ったのだろう。一九六八（昭和四三）年の正月、日本電波塔株式会社が主催する東京タワー賀詞交換会の場で、前田がNHKの末永富康に尋ねている[40]。「NTVのUHFタワー用地をご覧になりましたか。あそこで六〇〇メートルのタワーは建設出来ますかね」。末永は「どうでしょうか。良く分かりませんが」と言葉を濁したそうだが、前田が新テレビ塔の動向をかなり気にしていた様子がうかがえる。

だが、東京タワーのライバルは、日本テレビのタワーだけではなかった。

五五〇メートルタワーが発表された前月の四月一八日には日本初の本格的な超高層ビル「霞が関ビル」が開業した。その最上階の三六階には「展望回廊」と銘打たれた展望スペースが設けられていた。当時、東京タワーの展望台の高さは地上一二五メートルで、霞が関ビルの展望回廊に及ばない。そこで、日本電波塔は、一九六七（昭和四二）年に二二三メートルの高さにあった作業台を特別展望台として整備したのである。

東京タワーは完成から一〇年も経たずして、電波塔としても展望塔としても岐路に立たされようとしていた。

3　幻の大阪万博三五〇メートルタワー

三菱グループのバックアップ

五五〇メートルタワーへの冷ややかな反応をよそに、日本テレビは建設準備委員会を設置し、タワーの実現に向けて着々と準備を進めていった。

日本テレビのタワー計画が本気であることを対外的に示すことになったのが、七月一六日の会見だった。正力松太郎が関義長三菱電機会長とともに記者会見を行い、三菱グループがタワー建設に全面協力することを発表したのである。

調印したんだよ、キミ。鉄塔はできるんだよ。三階までがデパートで、それから上は大衆宿舎にするんだ。いま調印したばかりなんだ。[41]

会見の冒頭で正力はまくしたてるように話した。ただ、調印といっても正式な契約ではなく、あくまでも覚書だった。

三菱地所がタワーの設計、三菱重工業が鉄骨、三菱電機がエレベーター、三菱銀行が資金面、三菱商事が契約関係やグループ内の窓口と、三菱の各社が役割分担し、オール三菱でタワー建設を支えるというものだった。[42] 関が自ら各社の首脳に電話で同意を取り付けていた。

正力と関の関係は古い。一九五三（昭和二八）年に日本テレビがつくった鉄塔には展望台直通のエレベーターが設置されたが、これを三菱電機が担った。正力は、その費用を払わず、日本テレビでCMをタダで放送することで相殺してもらっていた。それだけではない。一九五七（昭和三二）年に完成した有楽町駅前の読売会館（有楽町そごう）の建設でも三菱電機の力を借りている。日本テレビの局舎が二番町に決まる前、正力の発案で読売興業のビル（読売新聞別館）の屋上に鉄塔を設けようとしたことは第1章で述べた。これが村野藤吾設計の読売会館として建て替えられた。地上九階建ての読売会館は、そごう東京店をはじめとするテナントに貸し出され、大ホール、日本テレビのテレビスタジオが併設された。このビルの設備全般を三菱電機が担った。この時、読売新聞はその費用を捻出できなかった。正力は関と交渉し、賃料収入から三菱電機に後払いする形が取られた。

関に恩義を感じた正力は、西銀座の読売新聞本社ビルの設備も三菱電機に任せていた[43]。こうした経緯から五五〇メートルタワーも三菱の手を借りることになったわけである。

会見で正力は、「わしはいつ死ぬか知らん。一日も早く建てて下さいよ、せめて二年くらいで建たないかね[44]」と関に頼んだ。二年での建設は難しいと返した関だったが、タワーの建設自体には自信を示した。

実はね。万国博の最初の計画の時、三五〇メートルの塔を建てる話がウチにあってね。そのさい、高い塔については、すべて検討しているから大丈夫ですよ[45]。

関の言う「三五〇メートルの塔」とは、大阪万博の会場で三菱グループが計画した三五〇メートルのシンボルタワーのことである。

大阪万博のシンボルタワー

大阪万博は、一九七〇（昭和四五）年に大阪府吹田市で開催された日本初の万国博覧会である。三月から九月の約半年の会期中、延べ六四二一万人が訪れた。数字上で見れば、当時の日本人口の半数以上が参加したことになる。大阪万博は、東京オリンピックと並び高度成長期の日本を代表する国民的イベントだった。

その大阪万博のシンボルといえば、岡本太郎デザインの「太陽の塔」を思い浮かべる人が多いだろう。だが、太陽の塔は、大阪万博のモニュメントとしてつくられたわけではない。あくまでもテーマ館の一つとして、会場の中心的施設である「お祭り広場」の中央に設けられたものであった。

本来の万博のシンボルタワーは、建築家の菊竹清訓が設計した「エキスポタワー」だった。高さ一二七メートルのこのタワーは、万博会場のメインゲートを挟んで太陽の塔と向かい合うように設置された。会場の中で最も標高が高い丘の上に建設されたため、見かけとしてはもっと高く見えたに違いない。

会場内外からの目印となったエキスポタワーの上部には展望台が設置され、そこから会場全体を見渡すことができた。

タワーは鋼管を組み合わせたスペース・フレームで構成された。支柱に取り付けられた大小九つの多面体のキャビンが、展望室や展示室、各種機械室等として使われた。また、屋外には展望デッキも設けられた。キャビンを追加し組み合わせれば、空中で生活可能な環境ができるとの意図が込められていた。これは、設計者の菊竹清訓をはじめ、黒川紀章、大高正人、槇文彦などの建築家たちが一九六〇年に提唱した「メタボリズム」理論に基づくアイデアであった。メタボリズムとは「新陳代謝」を意味し、生物のように新陳代謝を繰り返しながら、変化・成長していく有機体のような建築・都市のあり方を提案したものである。つまり、エキスポタワーは、メタボリズムの理論を具体化したものであると同時に、「人類の進歩と調和」をテーマとした万博にふさわしいモニュメントとして位置付けられていた。

しかし、このタワーは当初、もっと高さのある塔として計画されていた。それが、関義長の語る三五〇メートルタワーである。このタワーのアイデアが生まれるまでには紆余曲折があった。

具体的なタワー計画が表面化するのは、一九六六（昭和四一）年九月に会場計画の最終案が公表された翌月だった。万博開会までの長期的なスケジュールが示された中で、一九六七（昭和四二）年度から記念塔「ランドマーク」の建設に着手することが明らかとなった。

この計画は、会場内の最も標高が高い場所に、高さ一三〇メートルから一八〇メートルに及ぶ回転展望台付きのタワー「ランドマーク」を建設するというものであった。文字通り、会場の目印、シンボルとなるタワーだ。この塔は会場内を結ぶロープウェイの支柱としても用いられ、タワー上部にはロープウェイの乗降駅を設置することも考えられていた。[46] 万博開会の二年前には完成させて、開催に向けてムードを盛り上げるための広告塔の意味合いも含んでいたようだ。

丹下健三らの四〇〇メートルタワー

一九六七（昭和四二）年三月一五日に万博会場の起工式が執り行われ、記念塔「ランドマーク」の建設も秋には始まる予定だった。

ところが、「ランドマーク」の規模を大幅に変更する案が浮上する。四月一四日、会場の基幹施設の計画・設計を担当していた建築家の丹下健三をはじめとする一二名の設計グループが計画案を日本万国博覧会協会に提出した。[47] その中に、タワーを四〇〇メートルに拡大する案が含まれていたのである。

高さは従前案の二倍以上、東京タワーやエッフェル塔を上回り、塔頂部からは四国まで見渡すことができるというものだった。建設費二八億円は、当初予算の四倍近くに及ぶ。万博協会の菅野義丸副会長が「設計グループの意欲的なアイデアは立派なものだが、問題は費用がかかりすぎるということだ」[48] と懸念を示したのも当然だった。

しかし、なぜここに来てタワーを巨大化しようとしたのだろうか。しかも予算を大きく上回る計画変更である。

大阪万博の中心はシンボルゾーンのお祭り広場だった。スペース・フレームで組み上げられた大屋根から突き出す太陽の塔が印象的だが、そもそもお祭り広場には大屋根以外のものを「建てない」ことがコンセプトだった。そうすることで、ロンドン万博の水晶宮（クリスタルパレス）やパリ万博のエッフェル塔のような巨大モニュメントに頼った万博が過去の遺物であることを示そうとしたのである。シンボルゾーンの軸線上に位置する「ランドマーク」は、あくまでもお祭り広場を引き立てるための存在で、タワー単独で強く自己主張するようなものは想定していなかった。

そこに四〇〇メートル案が突然表面化したのである。丹下が四月二一日の第一七回常任理事会で四〇〇メートル案の理由を説明している。

もし展望として上げるのであればどのくらいまで上げたら非常に会場全体を見下ろせるかということを検討してみますと、約三〇〇メートルくらい、二五〇から三〇〇メートルくらい上げると大体よく見えるということになるわけでございます。三〇〇メートルといいますと、東京タワーが大体三三〇メートルでありますけれども、そこまでやるのであれば、どうせ日本一の高さのものがいいのではないかという希望が出てまいりまして、どこか施設参加か何かのご助力でもあれば、三〇〇メートルを越えて四〇〇メートルくらいのものでも建てるとおもしろいのではないかという考え方が出ているわけでございまして、どうしてもそれがなければならないという性質のものではございません。[49]

会場の全体を見渡すためには三〇〇メートル以上が必要であり、日本一の高さを目指して四〇〇メートルで計画されたわけである。

三菱グループの三五〇メートルタワー

前述のように、高さ四〇〇メートルのタワーを実現するには二八億円を要する。だが、協会の建設予算の上限は七億五〇〇〇万円。しかも予算執行のためには早急に着工しなければならなかった。常任理事会での評判も芳しくなかった。万博協会会長の石坂泰三は、「四〇〇メートルのタワーなんてぼくは要らないと思いますね」と疑問を呈し、副会長の芦原義重も「タワーはパリにもあるし、東京にもあるし、各所にあるが、いまさらタワーの四〇〇メートルをつくっても新しい時代の博覧会のシンボルにならぬのじゃないか」と否定的だった。[50]

ただ、現行の一八〇メートル案は低すぎるとの意見も出されていた。菅野副会長は「一八〇メーターでは少し少ないのです。実際に模型をつくってみますと、バランスの上からいっても、それから眺望も確かに少ないので、せいぜい二五〇ぐらいは必要だと思います[51]」との見解を示した。

結局、常任理事会としては、五月までに建設費を負担してくれる民間の申し入れがない限り、従前案通り一八〇メートルで進めることとなった。

四〇〇メートルタワーの実現は困難とみられたが、思わぬところから救いの手が差し伸べられる。三菱グループがタワー建設に名乗りを上げたのである。[52]

三菱グループは、前年の一九六六（昭和四一）年八月に関係企業三五社で構成される三菱万国博綜合委員会（委員長は寺尾一郎三菱商事副社長）を設置。翌一九六七（昭和四二）年四月には三菱のパビリオン「三菱特設館」の出展を万博協会に申し込んでいた。まさに丹下らの四〇〇メートル案が公表された時期にあたる。

展示内容を検討する中で、四〇〇メートルタワー案に興味を持ったのだろう。五月には非公式に建設の意向を協会側に示す。そして六月一〇日、寺尾一郎三菱万国博綜合委員会委員長が万博協会に対し、「三百五十メートル以上の回転式展望台つき大型タワーを建設して施設に参加したい」と正式に申し入れを行った。[53]

協会側としては願ってもない申し出だった。塔の建設費用を三菱が負担してくれるのであれば、既に用意していた七億五〇〇〇万円を別の予算に振り分けることができる。提案した丹下グループの面目も保てる。しかも、万博開催中は無償でタワーを協会に貸与するとの提案も含まれていたのである。協会は、もともと予定していた特設館の出展を取り消さないこと等を条件に三菱の申し出を受け入れることとなった。

三菱グループが明らかにしたタワー計画は、高さ三五〇メートルから三八〇メートルのシンボルタワーで、地上高さ一五〇メートルと二五〇メートルの位置に回転式の展望台を設ける案だった。[54] なお、回転する展望室は古くからあるが、高層建築やタワーでは、ドルトムントにあるテレビ塔（一九五九年完成）の回転レストランが最初期のものとして知られる。[55]

建設費用は三二億円。万博終了後は三菱グループが運営することで、建設費用を回収することが想定された。

しかし、四〇〇メートル級のタワーを実現するためには、資金調達に加えて、建設技術の裏付けが必要である。三菱側は、四〇〇メートルでも技術的に可能との認識を示していた。どこまで可能だったかはわからないが、社内では技術的な研究が進められていた。

三菱グループの万博展示の内容は、三菱万国博綜合委員会事務局特設館部が検討しており、その部長を横山悌次三菱地所建築技術研究室長（初代室長。のちに同社専務）が務めていた。建築技術研究室は、先進的な建築技術の研究開発を担う部署で、当時の新しい研究課題の一つが「超高層ビル」だった。横山自身も一九六六（昭和四一）年に完成した富士銀行本店（高さ六六メートル）の構造設計を担当していた。六六メートルは低く思えるかもしれないが、富士銀行本店は、丸の内エリアで初めて六〇メートルを超えるビルで、都内ではホテルニューオータニに続く超高層ビルだった。

また、地上二五〇メートルの展望台に人を運ぶために、高速エレベーターも欠かせない。三菱電機は、一九六六（昭和四一）年に高さ六五メートルのエレベーター試験塔を愛知県稲沢市に完成させ、試験が積み重ねられていた。

当時、三菱グループ内では、超高層化の技術開発がある程度進みつつある状況にあった。

運輸省・大阪府の反対、計画消滅

三菱の申し入れによって、巨大タワーの実現に目途が立ったと思った矢先、思わぬ所から横槍が入る。

一九六七（昭和四二）年七月一三日の参議院運輸委員会で、三菱のタワー計画が問題視された。巨大なタワーが、伊丹空港（大阪国際空港）を使用する航空機の離着陸に支障をきたす恐れがあり、運輸省が許可に難色を示したのである。[56]

万博のお膝元である大阪府もタワーに反対の意思を示した。同月一八日には、左藤義詮大阪府知事が「展望塔を公共的な施設に利用するならともかく、企業の広告塔に利用する場合にはあとに残すことはむずかしい」として、万博終了後に撤去すべきとの府の考えを明らかにした。[57]万博協会の常任理事会に入っていた左藤は、丹下らの四〇〇メートルタワー案が審議された時も、万博終了後の維持管理にお金がかかることを理由に反対していた。会場の敷地は大阪府が所有する土地である。府が承認しなければ塔の建設は叶わない。地元大阪の住友が反対したとの噂も立った。[58]ライバルの三菱が大阪のシンボルタワーを建設することをよしとしなかったのかもしれない。

タワーの実現は難しい情勢に傾きつつあった。

以上の動きを受けて、二〇日、菅野義丸万博協会副会長が寺尾一郎三菱万国博綜合委員会委員長と会見し、タワー建設の中止を申し入れた。これを了承した三菱グループが翌二一日にタワーの建設取りやめを発表。巨大タワー計画は水泡に帰することとなった。

タワーをつくる三菱グループにしてみれば、展望塔として収益を上げることができなければ三二億円もの多額の投資を回収できない。万博後もモニュメントとして残ることが前提で手を挙げたのだから、建設中止は当然の判断だった。

その後、万博のシンボルタワーは、協会によって高さ一二七メートルのエキスポタワーとして建設されることとなった。

そして三菱は、一年後に正力タワー計画に合流する。構造エンジニアの横山悌次にとっては、三五〇メートルタワーの夢を正力タワーで叶える可能性が生まれたわけである。

4　命名「正力タワー」

起工式と披露宴

三菱グループとの提携の発表から三カ月後の一〇月二四日、五五〇メートルタワーの起工式が大々的に執り行われた[59]。小雨が煙る中、朝一〇時半から東大久保の建設予定地で始まった。政界、財界、文化界などから約三〇〇〇名の来賓が出席した。出席者には、来賓挨拶を行った川島正次郎自民党副総裁をはじめ、日本テレビ、TBSの今道潤三社長、大映の永田雅一社長、白洲次郎、大宅壮一らも列席した。なお、日本テレビは郵政大臣にも招待状を送ったが出席を断られている[60]。

正力が鎌を振るった後、三菱グループの代表として関義長が鍬を入れ、施工者の代表として本間嘉平大成建設社長が鋤を入れた。続いて、正力、小林與三次読売新聞副社長、正力亨報知新聞社長、来賓代表の中島慶次王子製紙会長らが玉串を捧げた。正力の孫がくす玉を割ると、数十発の花火、数百個の風船が空に向けて飛び交う中、いくつものブルドーザーが一斉に動き始め、起工式が終了した。

その後、場所をホテルニューオータニに移して、出席者二五〇〇人に及ぶ起工披露宴が催された。挨拶に立った正力は、タワー建設の意気込みを次のように語った。

日本では八十才を過ぎると仕事をしなくなるが、私は八十三歳になるがまだまだ大衆のためにいい仕事をしたい。聞くところによると、都心に次々高層ビルが建つようになって視聴障害がおこり、一部の視聴者が困っているという。あと十年もしたらきれいな映像でみることは難しくなるかもしれない。そこで私は世界一高い理想的なテレビ塔を建てる決心をしたのです。[61]

一九五三（昭和二八）年の日本テレビ開局時、正力は「ワシは歳をとったとは思わない。常に仕事をし頭を使っていれば、人間の歳はとらないものだ」[62]と話していたが、体力が衰えたとはいえ、仕事への情熱は一五年経っても全く変わっていないことがわかる。

さらに、「これは広く大衆のためになることだし、高いところにのぼりたいというのは人間の本能だから採算は十分とれる」[63]と、プロジェクトの成功に自信を見せた。

正力タワーの全貌

披露宴会場には、タワーの百分の一の模型も設置され、塔の名前が「正力タワー」と発表された。

新宿伊勢丹前から見た
正力タワーの完成予想図

この名称は暫定的につけられたものだった。起工式にあたって「名前がなけりゃ困る」ことから「それじゃとりあえず正力タワーに」として決まった。[64]これまで正力が関わったプロジェクトを見ると、新宿コロシアム（屋根付き球場）、よみうりランド、フラーの読売タワー等、正力の名前がつけられたものはなかった。日本テレビの電波塔であるにもかかわらず、正力の名前が冠されたあたりに、正力に対する周囲の忖度と、正力ありきの

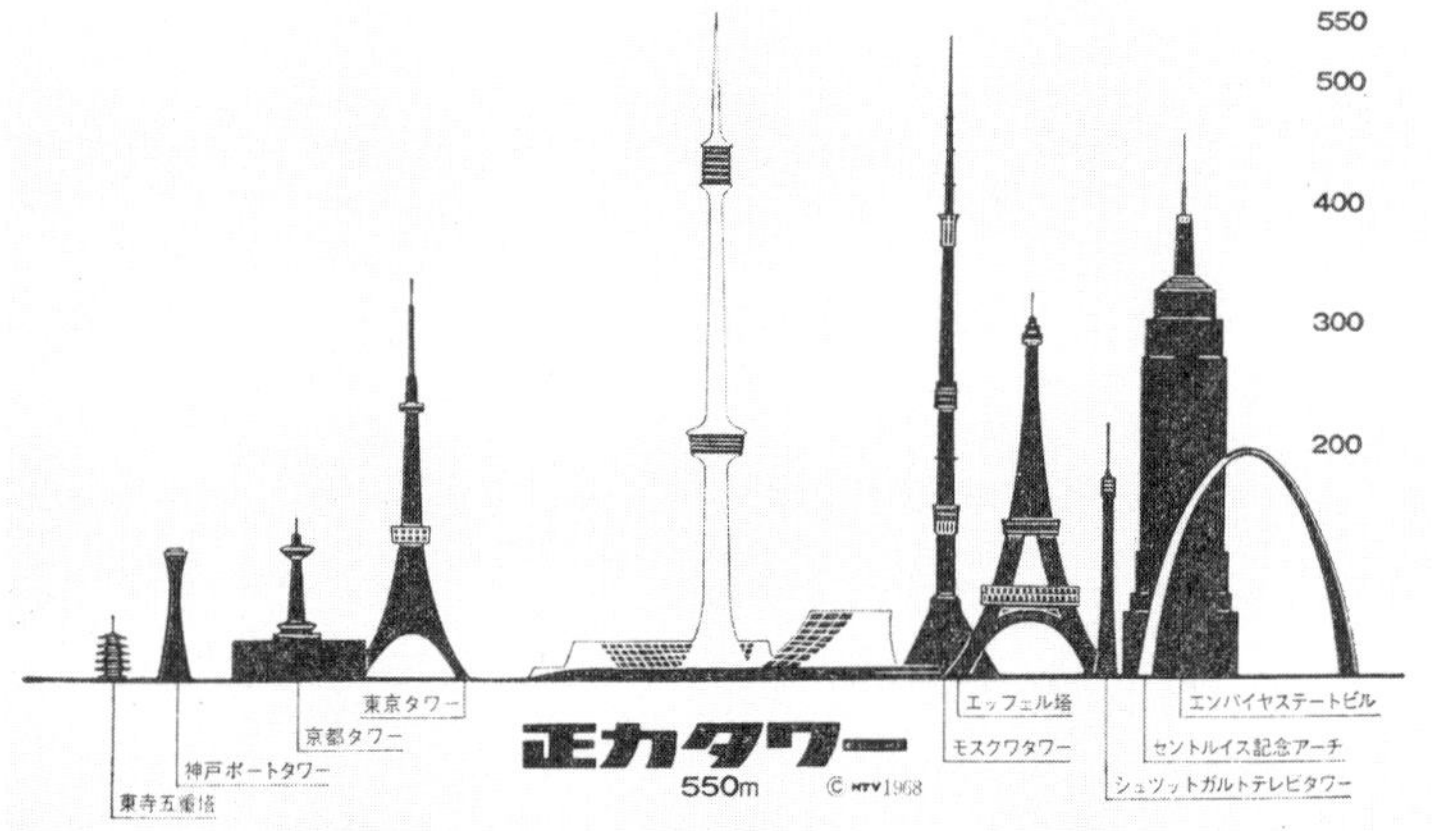

正力タワーと世界の塔との高さ比較

プロジェクトだったことをうかがわせた。なお、「正力タワー」は翌年に商標登録される。[65]

五月の発表時には不明な点が多かったタワーの全貌も明らかとなった。

高さは五五〇メートルで変わらないが、スレンダーで若干裾の広がった白亜の塔としてデザインされた。意匠設計は三菱地所が担い、主に若手の清水重男（のち同社専務、三菱地所設計副社長）が手掛けた。

タワーの構造は鉄筋コンクリート造で検討されていたものの、結局は鉄骨造となった。コンクリートの場合、地震に対する不安がぬぐえないことが理由であった。モスクワのオスタンキノ・タワーが想定していた風圧の五倍の力に耐えうる構造とし、「ハリケーンが上陸するマイアミビーチに建ててもビクともしない設計[66]」とされた。ただし、この段階で設計が詰められていたわけではない。構造設計のチーフとして携わった三菱地所の小室紘和は、地震や風の揺れに対する研究が不十分だったため、室戸岬にタワーを建てて風の観測を行う計画があったと語る。[67]

展望台は、高さ三五〇メートルに一カ所設ける計画から、二〇〇メートルと四〇〇メートルの二カ所に変更された。高さ二〇〇メートルの方は四層、延面積五〇〇〇平方メートル、収容人員一三五〇名、高さ四〇〇メートルの方は五層、延面積三六〇〇平方メートル、収容人員一〇〇〇名。全面ガラス張りの展望台から、一度に二三五〇人が東京を一望できることになる（東京タワーの展望台面積の五・三倍）。

エレベーターは、四〇〇メートルの展望台まで乗り換えなしに上れる直通のものが二基、二〇〇メートルの展望台へ通じるエレベーターも四基、二つの展望台の間を結ぶエレベーターが二基計画された。大量輸送を可能とするために、二階建てないし三階建てのものが予定されていた。スピードは分速五五〇メートル。地上から展望台まで一分もかからない。フラーの読売タワーが分速六〇〇メートルを想定していたから、それと同程度となる。地上四〇〇メートルからの眺めは、東京タワーの特別展望台のおよそ二倍に及ぶ。その眺めについて南日恒夫が説明する。

地上三百米位の処に、温度の逆転層というものが出来て、それがフタになっている。ところが展望台は四百米、普通のスモッグからは完全に首を出します。澄みきった空気を通して、江戸時代、葛飾北斎の画いた富士が、私達にまた戻って来るのです。[68]

高度成長期は公害の時代でもあった。大気汚染が深刻化し、工場からの煤煙や自動車の排気ガスによって、頻繁にスモッグ注意報が発令されていた。一九六八（昭和四三）年六月には「大気汚染防止法」が成立し、工場や自動車から排出される亜硫酸ガスや一酸化炭素等の排出基準が定められた。一方、かつて江戸の町から見えた富士山への眺めは、スモッグだけでなく、建物の高層化によってほぼ遮られていた。

正力タワーの展望台が、下界の汚れた空気から解放される安らぎの場になるばかりでなく、北斎の「冨嶽三十六景江戸日本橋」や広重の「するがてふ（駿河町）」で描かれたように、江戸時代に庶民が享受していた眺めを取り戻すことになると南日は考えた。東京タワーの展望台ではスモッグで富士山が見えないが、四〇〇メートルの展望台の正力タワーならば確実にその姿を望むことができる。

また、タワーの目的にも変更が見られる。眺めの提供や難視聴対策だけでなく、新宿における「第三の核」として地域の発展に貢献することが追加された。第一の核が新宿駅周辺、第二の核が歌舞伎町の広場や新宿コマ劇場周辺、そして正力タワーが第三の核というわけである。日本テレビの電波送信だけでは、巨大電波塔をつくる大義名分として不十分だった。東京タワーを使えば事足りる。そこで都市計画上の拠点として位置付けることでタワーの公共性を強調できると考えたのだろう。

だが、タワーの展望台だけでは拠点としての求心力は弱い。そこでタワーの足元にアミューズメントセンター等が入る延面積一六万平方メートルに及ぶビルを設けて集客を図ることが計画された。五月時点では住宅、オフィスと発表されていたが、大衆ホテルやアミューズメントセンター、レクリエーションセンター、ショッピングセンター等の複合的な娯楽機能を盛り込むものに変更された。タワーの施工は屋根付き球場計画でも中心的な役割を担った大成建設が選ばれていたが、塔の下部の一連の付帯施設については竹中工務店が施工することになった。[69]

大衆ホテルは、主に修学旅行生を対象としたものだった。これは屋根付き球場の時のアイデアをそのまま流用したと思われる。都内では、東京オリンピックにあわせて、ホテルオークラ、ホテルニューオータニ、東京ヒルトンホテル等のハイクラスのホテルが相次いで開業したが、正力は高級路線には目もくれなかった。あくまでも「大衆」に向けた姿勢は一貫していた。無論、そもそも高級路線が成立しない立地だったことは間違いない。

東大久保は新宿駅周辺や歌舞伎町と比べて利便性が悪い。現在は都営大江戸線と東京メトロ副都心線の東新宿駅が目の前にあるが、当時は建設の見通しすらまだ立っていない状況だった。だが南日は、道路や公共交通の整備によって利便性は解消されると説明している。

都電の跡を利用しての新宿の地下道は、駐車場を一緒に作りながら、塔に向って掘り進められ、将来一帯に地下道のネットワークが出来ます。地下と反対に考えられているのが、商店街の二階を結ぶ、プロムナードデッキの案があります。これが出来ると丁度、車道だけが吹き抜けの地下に降りたのと同様になり、人々は完全に自動車の危険と騒音から離れて、青空の下を新宿駅から途中のショッピングを楽しみながら、正力タワーのあるリクリエーション・センターまで歩くことが出来る様になります。歩くのが面倒

新宿中央公園から見た
正力タワーのモンタージュ写真

な人は、モノレールに乗って下さい。環状モノレールの計画によると、偶然にもタワー前に駅が予定されていました。[70]

新宿駅と正力タワーを結ぶ地下道と二階レベルのデッキの整備を考えていたことがわかる。

高度成長期はモータリゼーションによる交通戦争も社会問題となっていた。全国の交通事故の死者数は右肩上がりで上昇を続けていた。一九五九（昭和三四）年から一〇年連続で死者数は一万人を超え、一九六八（昭和四三）年には一万四二五六人に達することになる。[71]「歩行者」と「自動車」の動線の分離は都市計画上の課題であり、地下道やデッキは「歩車分離」の有効な手段になり得た。

また、ここで注目したいのが、正力タワーの目の前に駅が設置される予定のモノレールである。南日が言及する「環状モノレール」とは、一九六〇年代末から東京都が計画した「モノレール計画」のことである。[72]東京の都心から郊外にかけて、環状一号線（内堀通り）から環状八号線まで、環状道路が整備されていたが、このうち環状五号から環状八号の上にモノレールが計画された（さらに江東区内を循環する江東モノレールを含めて計五路線）。交通需要の大きい放射方向は地下鉄で対応し、需要の小さい環状方向をモノレールで補完することで、都心の交通を分散させ、混雑緩和を図ることが狙いだった。

道路の上を使えば土地買収も必要なく、比較的容易に建設できる。東京オリンピックにあわせて道路や河川の上に首都高速道路を整備した時と同じ発想だ。

モノレールの整備計画図を見ると、正力タワー予定地の目の前に「環5モノレール」の「西大久保駅」が見える。伊勢丹前に「新宿駅」があることから、国鉄新宿駅から地下道ないしデッキで伊勢丹まで歩き、そこからモノレールに乗れば三分で正力タワーに辿り着けることになる。

これらの交通整備に、どこまで実現可能性があったのかはわからないが、日本テレビも交通利便性の悪さを認識し、対策を練っていたことがうかがえる。

明治通りと職安通りに囲われた街区として整備し、タワーの敷地内にモノレールの駅を設置するプランだったが、建設用地が幹線道路に直接面する部分は少なかった。段階的に用地を買収するスケジュールが立てられていたものの、買収は思うように進まなかった。

そのため、タワー用地を変更するとの噂も流れた。[73] 変更先は、南千住の東京スタジアムである。日本テレビの屋根付き球場が消滅したきっかけの一つが永田雅一による東京スタジアム建設だったことは前章で述べた。だが、巨人が独り勝ち状態の東京地区でオリオンズの集客は伸び悩んでいた。当時正力は、横浜市の飛鳥田一雄市長から横浜に建設する野球場のフランチャイズ球団の誘致について相談を受けていた。仲介役は横浜在住の鈴木惣太郎である。正力は、横浜で新設する球場をオリオンズの本拠地にして、東京スタジアムを正力タワー用地にすることを考えた。ところが、永田雅一は「おれの魂だから、売るわけにはいかん」と断ったとされる。[74]

南日恒夫と正力タワー

一〇月二四日の起工式の後、一一月二二日から現場でボーリング調査が始まり、[75] 一一月二九日には「正力タワー建設本部」が発足する。本部長には正力松太郎の長男亨が就任した。亨は、報知新聞社長を退任し、日本テレビ副社長兼タワー建設本部長を務めることになった。「大正力」は、自身の最後の夢であるタワー建設を息子に託したわけである。

年が明け一九六九（昭和四四）年一月二日には、日本テレビで正力タワーの特別番組「世界一の正力タワー」が早朝八時半から放送された。内藤多仲がゲスト出演している。歌手のペギー葉山が聞き手となり、タワーの意義や特徴を内藤が語る趣向だった。この番組で内藤とともにタワー計画を解説した一人が、正力タワー建設本部技術担当部長の南日恒夫だった。

南日は正力タワーだけでなく、屋根付き球場、フラーの四〇〇〇メートル読売タワーといった正力直属の大プロジェクトに関与していた。南日の親戚で、工業技術院院長や人事院人事官等を歴任した石坂誠一曰く、「正力さんの夢を支えていた人間であった」[76]。

正力と南日は日本テレビの会長と社員の関係だが、二人の故郷はともに富山だった。

南日恒夫は一九二九（昭和四）年生まれ。南日家は富山の旧家であった。父、南日実は富山大学工学部教授（仙台高等工業学校〔のち東北大〕教授、台北帝国大教授を歴任）、兄の朗は東北大学工学部教授、弟の康夫は日本電気研究所を経て筑波大学の教授を務めた。恒夫自身は、旧制富山高校卒業後、雪の研究で知られる中谷宇吉郎に憧れて北海道大学理学部で物理を学び、一九五三（昭和二八）年、日本テレビ開局と同時に技術者として入社する。

理科系一家の南日家であったが、恒夫の祖父、南日恒太郎は英語学者だった。『英文解釈法』『英文和訳法』『和文英訳法』等の英語参考書の著者として知られ、これらは英語を学ぶ学生のバイブルとして重宝された。恒太郎は学習院の教授として二〇年ほど英語教育に携わった後、故郷・富山に戻り、旧制富山高等学校の初代校長として迎え入れられた。異例なことに、校長自らが英語の授業を担当した。恒太郎は、恒夫が生まれる前年に亡くなっているが、「緻密で几帳面、用意周到、真面目」[77]とされる恒太郎の性格は、恒夫にも受け継がれることになる。

恒太郎の弟、田部隆次は金沢の第四高等学校の教授だった（のち女子学習院教授）。四高に着任した時、最初に教えた学生の一人に正力がいた。正力は、恩師の田部が亡くなるまで、正月には必ず挨拶に訪れた。律儀な正力らしいエピソードといえよう。

田部の孫で、女優の村松英子が恒夫の妻である。恒夫は田部の兄・恒太郎の孫であるため、恒夫と英子は、祖父同士が兄弟、つまり「またいとこ」にあたる。

二人は一九六〇（昭和三五）年に結婚。帝国ホテルで催された披露宴で、日本テレビ社長の清水與七郎が仲人を務めた。清水と正力は第四高等学校時代の同級生だった。田部の薫陶を受けた二人は、師の孫である英子を小さい頃からかわいがっていたという。披露宴で正力は「英子ちゃん、幸せになりますよ」[78]と笑顔で話しかけてくれたと村松は振り返る。

日本テレビで技術畑を歩む南日の同期に井原高忠がいた。井原は、のちに「11PM」「巨泉・前武ゲバゲバ90分！」など数々のヒット番組を生み出す名物プロデューサーとして名を成す。

井原は、テレビ屋には音楽的才能が必要との持論を持っていた。[79] テレビは、カメラ割りのタイミング、音楽を出すタイミングが重要となる。それゆえ、スイッチャーにはとりわけ音楽的な素養が求められた。音楽の勘に優れたスイッチャーは、カメラ割りを伝え、「何小節目の何拍目でカットしてください」と指定すると、それをスコアに書き込み、本番ではディレクターの指示がなくても、その通りにやってくれたという。その井原の信頼するスイッチャーの一人が南日だった。学生時代からチェロを嗜んでいた南日は、技術者でもあり、音楽家でもあった。なお、南日と井原の二人は、一九五九（昭和三四）年に柴田秀利の勧めで渡米し、アメリカのカラーテレビ事情を視察している。[80]

南日と音楽の関係についてはこんな話もある。

南日恒夫・英子夫妻の友人の一人に、日本文学研究者でコロンビア大学教授のエドワード・サイデンステッカーがいた。サイデンステッカーは、源氏物語をはじめ、谷崎潤一郎、三島由紀夫、川端康成等の作品の英訳を通じ、日本文学を世界に伝えたことで知られる。サイデンステッカーの翻訳なしには川端のノーベル文学賞受賞はあり得なかったとされ、川端は賞金の半分をサイデンステッカーに渡したとの逸話も残る。サイデンステッカーは、三島を通じて評論家で筑波大学教授の村松剛とその妹の英子と知り合った。なお、英子を女優として育てたのは三島である。

一年の半分を日本で過ごしていたサイデンステッカーは、毎年二月に来日すると、「ただいま帰りました」と電話をかけ、南日の自宅で小宴を開くことが常となっていた。食事が終わるときまって、南日とサイデンステッカーとの間ではバッハ・モーツァルト論争が繰り広げられた。南日はバッハの信奉者で、サイデンステッカーはモーツァルトを好んだ。

―何といっても、モオツァルトですよ。

―いや、バッハです。

義兄の村松剛は、「二人ともたのしそうで、毎年恒例のこの論争をきかないと春が来ないような気分に、こちらはなっていた」と回想する。[81]

サイデンステッカー自身にとってもこの「論争」は印象的な思い出だったようである。

彼には特技があって、チェロがうまく、バッハの無伴奏チェロ組曲さえ、十分にこなした。ある晩、私は言ったのである。モーツァルトを弾く時より、バッハを弾く時の方が、腕前のボロが隠しやすい、というのも、モーツァルトでは、一切が一点の曇りもなく表に現れているけれども、バッハではそれ程ではないから、ごまかしが利きやすいと。今から思えば、まったく馬鹿なことを言ったものだが、南日さんは、いきなりチェロを取りあげると、無伴奏組曲から一節を弾き、それから、私に向かってチェロを突きつけて言ったのだ。「これ、どうやったらごまかしが利くか、やってみてください」。私としては、当然のことながら、黙って引きさがるほかはなかった。[82]

入社六年目の一九五八（昭和三三）年、南日は日本テレビの屋根付き球場の計画を担当する。大成建設の鈴木悦郎によると、フラーの理論に基づいてつくったドームの模型を囲んでホテルのカーペットに腹ばいになりながら、フラー、南日、鈴木の三人で激論を交わしたという。[83]建築の専門家ではなかったが、物理学の目線で世界初のドーム球場を実現させようと試行錯誤した。

そこで出会ったフラーの影響を受け、その後、家族ぐるみの付き合いを持つようになる。フラーによる屋根付き球場案、四〇〇〇メートルの読売タワーの実現性は薄いものだったが、その発想の大きさや哲学に響くものがあったのではないか。村松剛は、南日がバッハを好んだ理由を「バッハの曲のもついわば数学的な、緻密な構成によるのだろう」と分析している。[84]南日は、数学や物理学を駆使しながら独自の建築を構想したフラーに、バッハを重ねていたのかもしれない。

フラーが正力タワーに関わることはなかったが、南日は最初から検討メンバーに加わり、大成建設や三菱地所とともに研究にあたった。日本テレビの広報誌「日本テレビ」において『世界一のテレビ塔建設』『未来をつくる「正力タワー」』を執筆するなど、タワー計画の意義や特徴を広報するスポークスマンの役割も担っていた。先の日本テレビの特別番組もその一環だった。

この番組が放送される数日前から、南日は欧米諸都市のタワー視察調査に出発していた[85]。一九六八（昭和四三）年一二月末から翌年二月にかけて、一カ月余にわたり欧米、ソ連のテレビ塔に関する情報を収集するために視察団が組織されたのである。正力タワー建設本部の南日恒夫（技術担当部長）、佐伯真（日本テレビ技術局部長）ら計七名で構成され、三菱地所からは大阪万博の幻の三五〇メートルタワーも担当していた横山悌次（建築技術研究室長）も参加した。

南日らはまず北米へ向かった。デトロイト、ニューヨーク、カムデン。その後、ヨーロッパへ渡り、パリ、モスクワ、ウィーン、ミュンヘン、シュツットガルト、ハンブルク、ブリュッセル、ロンドン。再度、アメリカへ戻りシカゴ。最後にハワイで極寒の地の調査で冷えた身体を癒して帰国の途についた。悠々自適な旅のようにも見えるが、当時は海外へ持ち出せる外貨の制限が厳しく、贅沢はできなかった。

調査団がモスクワで見たのはもちろんオスタンキノ・タワーである。オスタンキノ・タワーは高さ五三七メートル（完成時）の自立式構造物で、正力タワーはこれを上回る五五〇メートルで計画されていた。モスクワの地で、南日と佐伯以外のメンバーも合流している。零下二五度の極寒地で、アストラカン帽をかぶっての視察だった。

ソ連側は「何でも質問してくれ、知っていることは何でも教えるから、その知識をつかって素晴らしいものを建ててくれ」と視察団一行を歓待した。説明は微に入り細を穿つもので、昼食も取らずに熱心にレクチャーが続けられた。ソ連の技術者達が正力タワーの計画を知ると、「もう少し高くしとくんだった」と冗談を口にするほど、和気藹々とした雰囲気でやり取りが行われた。当時は冷戦の只中ではあったが、民間人である技術者に政治的な軋轢は無縁だった。

調査団のメンバー間でも技術的な議論が熱心に交わされた。

三菱地所の横山は、南日と「旅先でも何度も将来の科学技術の夢を語り合った」と回想する。[86] 前年七月に三菱グループがバックアップすることが決まり、打ち合わせで頻繁に顔を合わせるようになった二人は意気投合した。打ち合わせが終わった後も「南日さんと二人で喫茶店の片隅で一時間以上も議論するような日もあった」という。

正力タワー計画の背後には、NHKや民放各局、日本電波塔、さらには郵政省やそれに絡む政治家など、政治的な思惑や駆け引きがうごめいていたが、エンジニアにとっては関心外だった。前代未聞の巨大建造物の実現に向けて取り組むべき技術的課題は山積していた。世間からは冷ややかに見られていた正力タワーではあったが、南日にとっては心を躍らせる一大事業だった。屋根付き球場や四〇〇〇メートルタワー、正力タワーを通じて、正力の夢にとどまらず、日本の科学技術の夢、ひいては世界に科学技術がどのように貢献できるのかを見据えていたのかもしれない。

フラーが四〇〇〇メートルの読売タワーを〝Tower of World Man〟と名付けようとしたのは、世界を包括的かつ総合的に捉える視点を持たなければ、地球上で起きている様々な問題は解決できないとの考えに基づくものだった。彼の提唱した「宇宙船地球号」の延長線上に生まれた概念だった。内藤多仲が「フラー博士の哲学的超世間的な点が正力さんとピタッとあい、大分共鳴したのであった」[87] と評したことは先に述べたが、南日もその二人と共鳴したのである。

南日ら調査団は、一九六九（昭和四四）年二月八日に帰国する。設計も本格化しようとしていた矢先、何でも世界一でなければ気がすまない正力松太郎に冷や水を浴びせる計画が明らかとなる。ＮＨＫが正力タワーの高さを上回る電波塔の建設を発表したのである。

5　ＮＨＫの六〇〇メートルテレビ塔

六〇〇メートル級タワー構想

一九六九（昭和四四）年二月二一日、河本敏夫郵政相が閣議後の記者会見で、ＮＨＫが高さ六五〇メートル級の電波塔を計画していることを明らかにした。[88] 塔の建設場所は代々木の放送センター敷地内、二四階建ての局舎の上に塔を載せるもので、高さは全体で六〇〇メートルから六五〇メートルと幅がある。着工は一九七〇（昭和四五）年度を予定し、まずは一九六九（昭和四四）年度予算に調査研究費を計上するというものだった。

河本会見から四日後の二月二五日、参議院逓信委員会でもタワーが議論の俎上にのぼった。当然というべきか、質問内容は正力タワーとの関係に及んだ。答弁で河本は「根本的には賛成であるから、前向きの形でいろいろもう少し具体的に調べてみられたらどうか」とＮＨＫのプランを支持した。

一方、正力タワーについては「私は非公式には聞いております。しかし別にそういう書類が郵政省に出ているわけではございませんが、間接に聞きましたところによりますと、まだ調査の段階を出ない、こういうことでもございます」と、具体性に乏しい計画との認識を持っていた。その上で、

「民放のほうで計画があるならば、これはもう二重投資を防ぐ意味からも、できるだけNHKの計画に合流」し、「一本に調整」することが望ましいとの考えを示した。

　この河本発言に先立ち、NHKは周到に根回しを済ませていた。

　河本郵政大臣がNHKを訪問した際、前田義徳NHK会長からタワー建設の意向を説明された河本は賛意を示していた。[89] ただ、河本にはその是非を判断する材料がなかったことから、早急に具体案をつくるよう指示した。[90] その結果、出て来たものが二四階建てビルの上に鉄塔を建てる約六〇〇メートルタワーの案だった。その後、二月一九日の自民党通信部会の場でも、昭和四四年度のNHK予算を説明した際にタワー計画が説明された。

NHK600メートル級タワーのイラスト

　この二日後、計画は煮詰まったものではなかったにもかかわらず、NHKが自ら公表するのを待たずに郵政大臣の口から公となった。NHKにとっては想定外のことではあったが、国会の答弁でも大臣はNHK案を支持し、対外的には国のお墨付きを得ているような印象を与えた。正力タワーを牽制する効果を与えたに違いない。
　三月五日になってようやくNHKが正式発表を行う。河本の記者会見から約二週間が経過していた。定例会見で前田会長は、タワー計画について次のように語った。[91]
　代々木の放送センターの敷地内に、二四階建ての高層ビルの局舎を建て、上に鉄塔を載せる。全体の高さは約六〇〇メートル、建設費一五〇億円、一九七〇（昭和四五）年度に着工し、一九七二（昭和四七）年度の完成を目指すというもので、河本郵政相の発言とほぼ変わらない。

しかし、建設費一五〇億円には、タワーだけでなく、社屋や四〇〇〇人から五〇〇〇人収容のNHKホールの新築分も含まれていた。建設費を調達するために、受信料を値上げするのではないかと勘ぐる向きもあった。こうした批判をかわす狙いがあったのだろう。前田会長は、内幸町の放送会館をはじめ、紀尾井町、赤坂、霞が関などに点在していた土地や施設の売却益で建設費を賄うため、受信料の値上げはしないことを強調した。[92]

この構想は、前田の意向が色濃く反映されたものだった。NHKホールの新築も前田の発案だった。内幸町の放送会館に隣接してNHKホールが存在していたが、座席数が六六〇と手狭だった。前田は五〇〇〇人規模にしたかったようだが、[93]最終的には四〇〇〇人に縮小される。[94]代々木の放送センター建設は、前田が副会長の頃から主導的に進めてきたプロジェクトだった。前田の存在なしには放送センターの整備はできなかったともいわれる。

前田義徳は、一九〇六（明治三九）年に北海道旭川市に生まれた。当時六三歳。東京外国語学校（現東京外国語大学）卒業後、ローマ大に留学し政治学を専攻、一九三六（昭和一一）年に朝日新聞入社。ローマ支局で海外特派員として、日独伊三国同盟をスクープしたほか、第二次イタリア・エチオピア戦争にも従軍した。ムッソリーニとも面会している。戦後、外報部長を務め、一九四七（昭和二二）年に退職、その後出版社を興すも倒産し、多額の借金を抱えた。

NHKとの関わりは一九五〇（昭和二五）年に当時の会長古垣鉄郎の要請でNHK解説委員とな

ったことにはじまる。古垣も朝日新聞出身だった。サンフランシスコ講和条約の取材時、前田がソ連のグロムイコ全権から引き出した「ノー・コメント」は流行語になった。

以後、報道局長、編成局長を経て、一九五七（昭和三二）年に理事となり、専務理事、副会長を歴任、一九六四（昭和三九）年に急逝した阿部眞之助会長の後を受けて会長に就任した。

東京オリンピックのテレビ宇宙中継のための人工衛星シンコム三号打ち上げの実現、コンピューター導入による番組制作・送出のシステム化なども前田の成果だった。また、NHK局内で重視されてこなかった報道局の拡充を進め、「報道のNHK」の礎を築いたことでも知られる。

風格ある大きな体軀、英語、イタリア語、フランス語に通じ、海外特派員時代に培われた世界的な視野の広さ、朝日新聞とNHKでの経験から人心掌握にも長けていたとされる。

「前田天皇」と陰で呼ばれるほど、NHKでは圧倒的な権力者となっていた。政界とのつながりも深く、放送センター用地となる国有地（ワシントン・ハイツ跡地）の取得に大きな役割を果たすが、この経緯については次章で詳しく触れることになる。

代々木の放送センターは、東京オリンピックの放送や世界各国の放送局の受け入れに必要な施設を整備するために一九六三（昭和三八）年春から工事が始まり、オリンピック翌年の一九六五（昭和四〇）年八月三〇日に完成した。面積は一万九五〇〇坪。これが第一期工事である。

第二期工事では放送センター全体の完成を目指していたものの、「当時はテレビの状況が日進月歩[95]」で、将来的な見通しが立ちにくかったために計画が縮小される。予定していた高層棟の建設がなくなり、主としてテレビスタジオだけが整備された。一九六八（昭和四三）年六月一七日に第二期工事が完了し、一期と二期では合計三万四〇〇〇坪の建物が整備された。しかし、内幸町の機能を代々木に移転できるほどのキャパシティはなかった。テレビの拠点を代々木、ラジオや営業機能は内幸町という二拠点での運営が続くことになる。

だが、前田らＮＨＫの首脳陣は、早い時期から第三期のタイミングを見計らっていた。放送センター建設本部副本部長の蓮池正によると、前田は第二期工事が完了し、その後の見通しがつかない時期から「もうすぐ三期をやるからな、手を抜くなよ」と職員に告げていた。[96] この前田らが温めていた第三期の計画が、先に述べた六〇〇メートル級タワー、二四階建て高層ビル、ＮＨＫホールの三本柱のプロジェクトだった。

第三期工事の端緒について蓮池は、「これが大変でして、全然関係のない話から出ている……。というのも前田会長の誠に見事なきっかけの掴み方だった」と振り返る。

この「全然関係のない話」こそが、三本柱の一つ、六〇〇メートルのタワー計画だった。

ＮＨＫタワー計画の背景

なぜＮＨＫは六〇〇メートルもの高さを持つタワーを計画したのだろうか。

第一の理由は、国の方針に対応するためだった。

一九六八（昭和四三）年九月、小林武治郵政相がテレビの使用する電波をＶＨＦ（Very High Frequency）からＵＨＦ（Ultra High Frequency）に移行する方針を明らかにした。俗に「Ｕターン」と呼ばれるこの方針は、大臣の談話の形で言及され、翌一九六九（昭和四四）年一月に郵政省が一〇年以内にＵＨＦに完全移行する考えを正式に示した。

「ＵＨＦへの移行」と「六〇〇メートル級タワー」がどう結びつくのかについて説明する前に、なぜテレビ電波をＶＨＦ帯からＵＨＦ帯に移行させるのか。まずはそこに触れる必要がある。

一言で説明すれば、移動無線需要の拡大である。ＶＨＦ帯を用いた無線は、小型の無線機でも相当遠距離まで届くことから、自動車、電車、汽車、船舶等で用いられていた[97]。日本全国の無線局の数は、一九五〇（昭和二五）年に約四〇〇〇局だったものが、約二〇年を経て五〇万局近くに増加していた[98]。さらに移動無線需要が急増するなかで、ＶＨＦ帯が不足することが懸念されていた。

一方、テレビは一局あたり六メガの周波数帯を使用していたが、これを一般の無線通信に割り当てた場合、三〇〇の無線局が利用できるとされた。テレビがＶＨＦからＵＨＦに移れば、空いた七〇メガ分を拡大する無線需要に割り振ることが可能となる[99]。

ＶＨＦからＵＨＦへの移行が必要であることが理解できたとして、なぜＵＨＦの電波になると六〇〇メートル級のタワーが必要になるのか。

これはＵＨＦの電波特性が関係している。ＵＨＦはＶＨＦに比べて直進性が強い。一方、ＶＨＦは障害物があっても回り込むことができるという特徴があった。つまり、ＵＨＦとＶＨＦの電波を同じ高さから送信すると、ＵＨＦの電波の到達範囲はＶＨＦより狭くなる。したがって、ＵＨＦの特性上、電波塔をより高くすることが望ましいと考えられていた。

ＮＨＫ技術部門のトップである野村達治ＮＨＫ技師長兼専務理事は、三月三一日の参議院逓信委員会でタワーの高さの根拠を説明している。ＵＨＦに移行した場合の技術的に必要な高さは六〇〇メートルで、東京タワーでは不十分と答弁している[100]。試算によると、紀尾井町の鉄塔では、ＵＨＦ電波は従来の六八パーセントの範囲にしか届かず、東京タワーでは八〇パーセント弱しかカバーできないが、六〇〇メートルのタワーであれば、既存のＶＨＦ帯の九〇から九五パーセントが確保可能との推計結果が出ていた。タワーに取り付ける各局のアンテナが一つあたり一〇メートルから一五メートル程度の高さが必要になるため、全体の高さは六〇〇から六五〇メートルになるという計算だった。

ＵＨＦの電波を従来通りの範囲に送信するためには、六〇〇メートル級のテレビ塔が必要とされていた。つまり、ＮＨＫが六〇〇メートルの電波塔を建設する理由は、あくまでも「国の方針」に対応するためだった。その大義名分を前面に押し出しながら、第二期で縮小された放送センターの計画を完成させ、そればかりか四〇〇〇人規模のＮＨＫホールの構想も盛り込んだ。建設費用は、内幸町や紀尾井町のＮＨＫ所有の不動産売却益で賄い、受信料の値上げはしない。前田はこうした青写真を描いた。「そのタイミングの摑み方というのは前田会長の勘の良さです[101]」と蓮池が語ったように、前田は国の動きをうまく利用した。

ところが、東京タワーを用いてもＵＨＦの電波は十分送信可能との見方もあった。もし高さが東京タワーで足りるのであれば、六〇〇メートル級タワーは必要なくなる。単にアンテナをＵＨＦに取り替えれば済む。

だが、東京タワーのアンテナ交換は容易ではなかった。

ＶＨＦからＵＨＦに移行するにしても、ある程度の期間、同じ内容の放送をＶＨＦとＵＨＦで並行して放送するサイマル放送が必要となる[102]。その両方の装置を設置するスペースが東京タワーにはなかった。東京タワーのアンテナ部分は既存のＶＨＦ送信機器で埋まっているため、送信機器全体をＵＨＦのものに取り替えるには、長期間テレビの送信を止めなければならなかった[103]。

東京タワーの大家である日本電波塔としても、店子の放送局に出て行かれてしまっては経営に行き詰まる。そこで練られた対応策の一つが、キャンデラブラ方式による新たなアンテナの設置だった（左図）。従来のVHFのアンテナ部の上に燭台のような形をしたアンテナを新設する方法だ。各局のアンテナの位置を高くすると同時に、VHFとUHFの同時放送（サイマル放送）も可能となる。だが、燭台型の部分に複数のアンテナが同じ高さで設置されるため、互いのアンテナが電波を妨害してしまうというデメリットもあった。

UHFへの移行が決まれば、公共放送であるNHKとしても従わざるを得ない。東京タワーがUHF化に対応できないのであれば、NHK自らが新タワーをつくらなければならない。これがNHK側の理屈だった。

しかし、NHKが六〇〇メートル級タワーを計画した理由はもう一つあった。

NHKはかねてより自前の電波塔を望んでいたのである。NHKが利用する東京タワーは、日本電波塔株式会社が所有し、運営している。つまり、民間企業の持ち物に公共放送であるNHKが間借りしていた。NHKは、公共放送が民間のタワーを高い費用で借りていることをよしとせず、公共放送として責任ある放送をするためには自前のタワーを持つべきと考えていた。

キャンデラブラ方式のアンテナを
設置した東京タワーの予想図

その必要性を強く認識させた出来事が、一九六八（昭和四三）年五月三一日（これは電波の日の前日）午後九時一二分に発生した停波事故だ。[104]

東京タワーで火災が発生し、その一分後に停電、さらに一分後に自家発電装置による送電が開始され、民放は復旧した。ところが、なぜかNHKには送電されずNHKの総合と教育の電波送信が約一六分間ストップした。[105] 非常用の予備放送機のあった紀尾井町の千代田放送所への切り替えができなかったことも災いした。野村達治NHK技師長は「やはり送信所というものは、かなり十分な管理下に、自分のもとに置きませんとむずかしい」[106]と述べ、この事故がタワー所有の大きな動機付けになったことをうかがわせた。

しかし、日本テレビの正力タワーができてしまえば自前の塔が建設できなくなる。同じようなものをつくることは受信料の無駄遣いと批判を浴びることは自明だった。NHKとしては、正力タワーをつくらせたくない。だが、単に公共放送として自前のタワーを持ちたいとの理由では説得力に欠ける。国のUHF移行方針は、タワーの必要性を訴える上でまたとない根拠となった。そこで、郵政省に周到な根回しをしてNHKタワー建設の方針を既成事実化しようとしたわけである。

激怒する正力：一二〇〇メートルタワー

NHKの発表に対する日本テレビの反応はどうだったのか。

日本テレビの磯田勇常務は「正力タワーの建設については予定どおりに進んでおります。すでに欧米にも技術者を派遣して近く設計にはいる予定です。NHKの計画については具体的な話をきかない限りなんとも申上げられない」[107]と大勢に影響ないことを強調した。一見、冷静な対応に見える。

だが、正力タワー建設本部の南日恒夫は、「いきなりヤミ討ちにあったような気持ち」と驚きを隠さなかった。[108]「河本郵政相の発言はいかにも政治的で、六百五十メートルの数字も、私どもの五百五十にただ百を足しただけで経済面の検討などもできていないのではないか」と疑問を呈した。

日本テレビにとっては、唐突な発表だったことがうかがえる。しかし、前年夏の時点でNHKのテレビ塔建設の動きを認識していた節もある。

一九六八（昭和四三）年七月、正力と関義長三菱電機会長による記者会見の前日、日本テレビの福井社長が小林郵政相を訪問している。福井が、三菱との調印を含むタワー建設の進捗状況を報告すると、小林は「趣旨はまことに結構なことだ。しかしテレビ塔建設については、日本テレビ以外にも計画があると聞いているので、この点放送事業者同士で話し合ってもらいたい」[109]と自主的な調整を求めた。その場でNHKと明言されたわけではなかったが、NHK以外に建設する者がいないのは明らかだった。だが、この時はNHKの検討状況もわからず、それ以上の話には発展しなかった。やはり日本テレビにとって、NHKの発表は想定外のものだったのだろう。

そこで気になるのは正力の反応である。

「ほっておけ、既定方針通りすすめればいい」[110]の一言だったという。冷や水を浴びせられた形の正力ではあったが、意外にも落ち着いた対応だった。

ところが、正力はかなり激怒していたとの証言がある。大成建設の可児長英は、テレビでNHKタワーの計画を知った。[111]「これはえらいことになった」と直感した。突然の発表に同僚らも動揺を隠せなかった。すぐに正力の意向が大成建設の鈴木悦郎に伝えられた。

「二〇〇〇メートルでやれ。NHKの倍でやれ。」

正力は苛立ちを隠せなかったに違いない。

かつてテレビ放送の予備免許を先に取得したにもかかわらず、放送開始はＮＨＫに先を越された。一五四メートルのテレビ塔もすぐにＮＨＫの一七八メートルの鉄塔に抜かれた。そして、五五〇メートルの正力タワーに対抗するように、六〇〇メートルの大タワーを発表したのである。常に自らの後追いをしてきたＮＨＫに対して、今度ばかりは後塵を拝するわけにはいかなかった。「一二〇〇メートル」には正力の執念が込められていた。

可児らは一二〇〇メートルの構造設計を命じられたが、一二〇〇メートルの塔を建てるには敷地が狭すぎた。さすがに無理があるのではと相談した可児に鈴木は答えた。「電信柱の基礎を見ろ。電信柱でいこう」。電信柱は、細く、面積を必要としない。その要領でタワーをつくればよいとの発想だ。だが、電信柱は全長一二メートルの場合、基礎が二メートルほど地下に埋まっている。つまり、全長の六分の一を掘る必要がある。高さ一二〇〇メートルであれば二〇〇メートル以上。可児が建築部に相談すると、「そんなに掘れない。一〇〇メートル掘るのだって大変だ」と反対された。

実際に構造解析をすると、タワーの頂部は常時一〇メートルくらい揺れることがわかった。展望台を設けると、自分が揺れているのか、雲が動いているのかまったく分からないような状態になる。そのような状態でエレベーターを動かすことができるのか、一気に昇れず時間がかかるため、乗客に精神的な不安を与える恐れもあった。

一時的な激情に駆られた正力の一二〇〇メートルタワー案だったが、正力自身が忘れた後も、五五〇メートル案と並行して大成建設内部で検討が進められることになる。

そんな中、正力が政界引退を発表した。ＮＨＫがタワー計画を発表してから一カ月も経たない三月二九日のことだった。

正力は一九五五（昭和三〇）年に初当選して以来、一四年間、衆議院議員を務めていた。体調を崩しがちだった正力は、熱海の病院で静養する時間が増えていた。衆議院の解散が近い時期だったが、次期衆院選に出馬しない意向を固め、あらかじめ正力の女婿である小林與三次や支持団体の代表に伝えていた。正力は次のような談話を出した。

> 八十三歳だが、きわめて元気でそのうちに自らの手で大テレビ塔などの事業を完成させることが国家社会の発展に寄与することだと思う。郷土には人材が多く後進に道をゆずることが最善だと考えている。[112]

政界については後進に道を譲る一方、今後は正力タワーの実現に注力する意思を表明したのである。正力自身の人生の集大成として正力タワーの実現を見据えていたのであろう。河本郵政相はＮＨＫタワーへの一本化を望んでいたが、正力は一歩も退くつもりはなかった。

これでＮＨＫ対日本テレビの対立構図が鮮明となった。

タワー競争への批判

しかし、同じようなタワーを新たに二本も建設することは無駄ではないかとの批判の声もあがった。実際に国会でも二つのタワー計画に批判的な質問が投げかけられた。

衆参両院の逓信委員会では、東京タワーがある中で、同じような塔をさらに二本もつくることは不経済であること、各世帯で立てるアンテナの方向が異なるため視聴者に不利益を及ぼすこと等が指摘された。テレビ放送黎明期のテレビ塔乱立の再来となることが懸念された。それゆえ、郵政省が積極的に情報を収集して、NHKと日本テレビの調整を図るべきではないかとの意見が出された。ところが、河本郵政相は、両者の調整について次のような見解を示した。


できるならば自主的な話し合いによって一本化していただきたい、かように考えておりますが、そのあとにおきまして、自主的に一本化できないということであれば、その段階におきまして、あっせんをするということもまた考えていきたい[113]

郵政省には積極的に調停に乗り出す意思はなく、あくまでもNHKと日本テレビの間で調整すべきと認識していた。とはいえ、NHKタワーの発表は河本郵政相の会見で初めて公にされ、数日後の二月二五日の参議院逓信委員会でもNHK中心に調整すると述べていた。

NHKの前田会長は三月六日の衆議院逓信委員会で、「正力さんの御構想と競争する意味でのものではない。したがいまして、正力さんとの関係においても、もしお互いに調整する部分が必要であれば、私としては当然話し合いをすべきであるという考え方を持っております[114]」と調整に向けて話し合う用意があることを示唆した。その後前田は、三月二〇日の参議院逓信委員会で、東京タワーを所有する日本電波塔株式会社とは非公式に話し合いがついていると答弁している[115]。話し合いの内容は不明だが、ＮＨＫタワーに各局の送信機能を集約させることについて、東京タワーの同意を得たということなのだろう。

また、民放各局の希望があればタワーを開放する考えがあるとも述べていたが、民放の反応はどうだったのか。

ＴＢＳの森本太真夫専務は、「将来テレビがＵＨＦ、ＶＨＦの混在時代にはいれば現在の東京タワーだけではムリだろう。ＴＢＳとしては、もしＮＨＫからお話があれば前向きの姿勢で検討する」[116]と好意的に受け止めている。

一方、日本教育テレビ（のちテレビ朝日）の森本重武常務は、「東京に何本もテレビ塔を立てることはむだな話。東京タワーのようにみんなでやっていくようにしないとうまくないだろう。いずれ郵政省で調整するだろうが、ＮＨＫが独自でやるというなら民放にはめいわくな話だし、お金のむだ使いだ」[117]と懐疑的だった。

そもそも六〇〇メートル級タワーが必要な理由として、難視聴対策とＵＨＦ化への対応が挙げられていたが、そのタワーをつくらなくても問題は解消できるとの見方もあった。まず、難視聴対策だが、タワーからの電波送信が唯一の方法ではない。当時、既に衛星放送や有線テレビ（ＣＡＴＶ）の研究が開始されていた。

タワー計画発表の二年前の一九六七（昭和四二）年に前田は、次のように述べている。

放送法の上からは難視聴地域を解消する任務と責任をＮＨＫは与えられているんですが、実際上、物理的にあるいは計算上の計画は立つんですけれども、地理的実態に合わせていくと、どこかで

その効果が減ってくる。要するに、放送衛星による直接送信などを使う方法も考えられる[118]

TBSの吉田稔常務も放送衛星について言及している。「（塔が）ほんとうに必要なものなら、どこが主導権をもつというのでなしに、放送界がみんないっしょになってつくってはどうか。しかし、宇宙開発が進んで放送衛星が打上げられ、有線テレビも普及するようになれば、やがて六百メートルのタワーも無用の長物になってしまうかもしれない[119]」と、タワーありきの議論に疑問を投げかけた。そもそも吉田は、正力タワー発表時にも「無用の長物、一局のわがまま」と切り捨てていた[120]。

こうした根本的な問いは議論されることなく、タワーの建設方針は既成事実化していった。繰り返すが、NHKはタワーをきっかけに放送センターの整備を目論んでおり、何より自らが所有する電波塔がほしかったのである。水面下では、このタワー計画が粛々と進められていった。

NHKタワーの構造設計：一〇通りのタワー案

三月五日に正式発表されたNHKの六〇〇メートル級タワーの計画は煮詰まったものではなく、高さも六〇〇から六五〇メートルと幅のあるものだった。

そこで三月末に「放送センター建設委員会」が設置され、タワーを含む第三期放送センター総合整備計画の方針を固めることになった[121]。委員長には小野吉郎副会長、副委員長に野村達治専務理事兼技師長が就任。専務理事や理事ら計一〇名で構成される委員会の下には幹事会も設けられ、さらに具体案の検討を担う「放送センター建設本部」も設置された。本部長には建設委員会委員の一人である理事の藤島克己（のちNHK副会長）、副本部長を蓮池正が務めた。

前田会長の会見時には、タワーと局舎を一体化した形態が想定されていたが、高層ビルの上にタワーを載せるアイデアは早い段階で消滅し、建物とタワーを別々に建てる形に変わった。東京タワーのように、タワーの足元にビルを入れる方法も模索されたが、二四階建ての高層ビルをタワーの基部に収めることは難しいことがわかった。

タワーと高層ビルを分離して検討が進められることになる。いずれにせよ六〇〇メートル級の自立式タワーは前代未聞の大きさだ。風や地震がタワーに与える影響を分析する必要があった。そこで学識経験者で構成される専門委員会が設置された。[122] 専門委員には、内藤多仲早稲田大学名誉教授、武藤清東京大学名誉教授、七里義雄大阪大学名誉教授の三名、NHK側からは野村達治専務理事兼技師長が座長となり、藤島克己理事兼放送センター建設本部長も加わって審議された。

分析作業は、専門委員の一人である武藤清率いる鹿島建設武藤研究室が担った。この四年前に日本テレビの二四〇メートル鉄筋コンクリートタワーの構造計算を依頼された武藤だったが、今度はNHKのタワーに携わることになったわけである。

武藤研究室における検討は、まず鉄骨造と鉄筋コンクリート造の二種類で始まった。ともに塔体五五〇メートルにアンテナ部分の一〇〇メートルを加えた総高六五〇メートルの案だった。アンテナを除く塔本体だけで正力タワーと同じ高さ、アンテナを含めれば一〇〇メートル上回る。

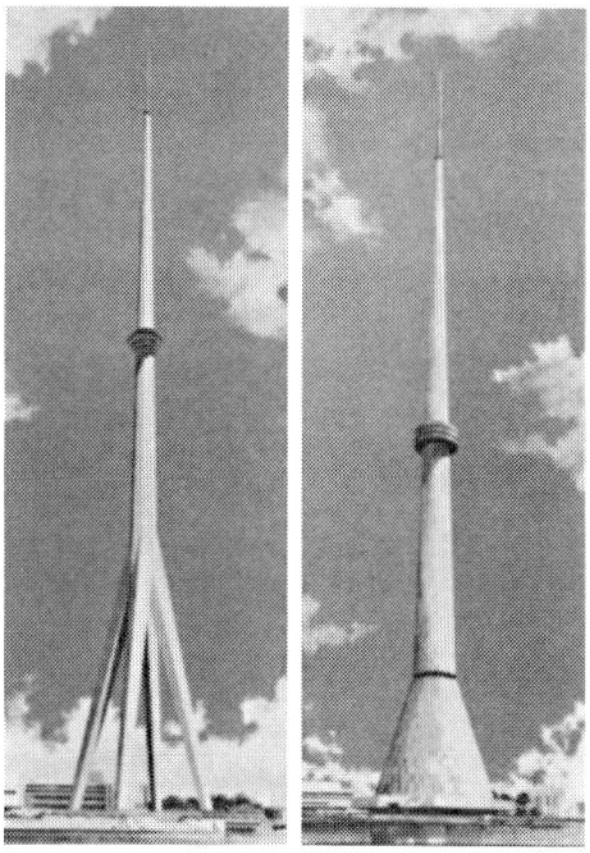
NHKタワーのイメージ図（1969年）
（NHK経営委員会に提出された2案）

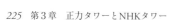

コンピューターを用いて地震による揺れ方を解析し、修正を繰り返しながら案が練り上げられていった。四月三〇日に最初の報告書が作成されてから、六月一一日の最終報告まで、計七つの報告書がとりまとめられ、計一〇通りのタワー案が検討された[123]。

五月初めには高さが六五〇メートルから六〇〇メートルに変更された。鉄筋コンクリート造はヨーロッパのテレビ塔でよく見られるシリンダー型（筒型）となり、鉄骨造の方は末広がりのスカート型と四本脚型が並行して検討された。また、高さ三五〇メートルまでは鉄筋コンクリート造、五五〇メートルまでを鉄骨造にするハイブリッドの構造も考案されたが、接合部で問題が生じたため断念された。

上記の検討を踏まえて建設委員会で審議され、五月の終わりには構想が固まる。前頁の図に示す四本脚型とスカート型の二つの鉄塔に絞り込まれた。

その後、理事会が最終案をとりまとめ、六月一七日には、タワーの建設方針がＮＨＫ経営委員会で承認された[124]。

六〇〇メートルタワー計画の決定

七月二日、前田会長が定例会見で、高さ六〇〇メートルの電波塔を六五億円かけて一九七〇（昭和四五）年度から三年以内に完成させることを発表した[125]。二二階建ての高層棟（三月時点では二四階と発表）やホールを含めた総工費は一五八億円。建設費については、内幸町の放送会館等の不動産の売却益を充当するとの従来通りの方針が示された。

ＮＨＫが経営委員会で承認を得た案は二つあったが、公表されたプランは四本脚案だった。タワーは鉄骨造で高さは六〇〇メートル。地上から二〇〇メートルの高さまでは四本脚で、そこから高さ五五〇メートルにかけて直径一五メートルの円筒形となり、その上に高さ五〇メートルのアンテナ（直径二メートルから二・五メートル）を載せるものだった。[126]鉄骨の骨組みを外装材（ステンレス）で覆うことで、東京タワーなどのように鉄骨をむき出しにしないデザインは、風致地区に指定されていた代々木公園一帯の美観に配慮したものだった。

正力タワーが、電波塔以外の用途としてホテル、オフィス、百貨店等の複合利用を想定していたのに対し、ＮＨＫタワーは純粋に電波塔として計画された。とはいえ、イメージ図を見ると展望台のようなものが見られる（もしかすると作業台かもしれない）。

高さ六〇〇メートルは、高さ五三七メートルのオスタンキノ・タワーはもちろん、正力タワーを五〇メートル上回る。重量は七〇〇〇から八〇〇〇トンで、鉄筋コンクリート造のオスタンキノ・タワー（基礎を除く重量三万二〇〇〇トン）の約四分の一と軽量である点が強調された。懸念された安全性については、風速八〇メートルにも耐えられ、前年に起きた十勝沖地震（マグニチュード七・九）のような大地震が起きても問題ないとされた。

前田会長の会見では、翌週にも東京都へ建築確認申請を提出するとも付け加えられたが、これは既に申請を行っていた日本テレビを意識したものだった。

日本テレビは、ＮＨＫ経営委員会が六〇〇メートルタワー計画を承認した直後の六月二三日に建築確認申請を東京都に提出している。[127]これに先立ち、構造の安全性に関する建設大臣の認定を得るための申請も日本建築センターに対して行っていた。三菱地所の小室紘和によると、設計はまだ途中段階だったが、大成建設の協力を得ながら慌てて申請書類を整えて提出したという。[128]ＮＨＫタワーが具体化する様子に、日本テレビ側も焦りを覚えたのだろう。

タワー建設に向けて着実に外堀を埋めていったNHKであるが、依然として正力タワーとの関係は解決していなかった。

6　巨大タワーを巡る対立

深まる溝

NHKタワー計画が発表された三月の段階で、放送事業を監督する郵政省は積極的な関与を避け、NHKと日本テレビの自主的な調整に任せていた。しかし、NHKタワーの計画が具体化すると、二本のタワー計画に対する批判が高まり、河本大臣は調整に乗り出さざるを得なくなる。

七月一〇日、河本郵政相がNHKの前田会長に対し、日本電波塔（東京タワー）や日本テレビを交えた三者会談の場を設け、十分に話し合うよう求めた[129]。河本は、郵政省の事務当局にも調整を図るよう指示し、それでも難航した場合には、大臣自らが乗り出す意向を明らかにした[130]。

ところが、日本テレビとNHKは互いに牽制し合い、対立を深めていくことになる。

日本テレビの保田宗一専務は、「同じようなもの二本はいりません。笑いものになる。正力タワーにはNHKや他の民放全部の送信アンテナをのせるだけの余裕は十分あるから、ぜひご利用を、と私どもは初めからいっていたのだ。だから話合いといってもNHK中心のものだったら応じられない。き然たる態度をつらぬく[131]」とNHKタワーへの一本化に否定的な見方を示した。正力亨正力タワー建設本部長は、「あえて名称にこだわらない。例えば〝日本タワー〟と変えてもいいから、ＮＨＫ、民放に参加を呼びかける」[132]と、正力タワーへの一本化を求めた。

日本テレビ社長の福井近夫は、七月一八日の記者会見で「最近になって計画らしいものを出し、まだ建築申請書も出していないＮＨＫと一緒にされ、競合などといわれるのは全くのすじちがいではないか」とＮＨＫを批判。「ＮＨＫの依頼があればアンテナをのせる場所を提供する考えである」[133]と建設に一歩も引かない姿勢を見せた。福井社長は、七月二一日に河本郵政相と面会し、正力タワー建設の陳情書を手渡している[134]。

一方、ＮＨＫも反論する。飯田次男広報室長は「正力さんのは観光塔じゃないですか。うちのは技術的に純粋に電波塔。だいたい、ＮＨＫが民放に恒久施設を借りた例がない。そんなことをしては聴視者に責任がもてない。正力さんがなにを考えようと、うちとは性格が違う。無関係です」[135]と、あくまでもタワー建設を推し進める考えを強調した。

それを裏付けるように、ＮＨＫはタワー建設に向けた体制を固めていた。八月八日、タワーを含む第三期放送センター総合整備の設計業者が公表された[136]。設計者として、山下寿郎設計事務所（局舎を担当。過去に内幸町の放送会館を設計）、鹿島建設武藤研究室（建物本体、鉄塔の構造設計）、日建設計工務（ホールと鉄塔の設備）が指名された。また、施工及び設計協力として、局舎については、大林組、鹿島建設、清水建設、大成建設、竹中工務店、戸田建設、間組の各ゼネコン、鉄塔については三菱重工業、横河橋梁、宮地建設工業、住友電気工業が担当することになった。正力タワーに参画していた大成建設と竹中工務店も名前を連ねていることが興味深い。

ここで、二つのタワーのどちらが完成しても多大な影響を受ける東京タワーの反応を確認してみよう。

日本電波塔の前田久吉社長は「昭和三十三年末に東京タワーができてから、十年あまりしかたっていない現在、東京タワーでは役にたたないからもっと高い放送タワーを建設するということになれば、これは郵政省の重大なミスにつながる」[137]と、放送行政の問題として郵政省を批判した。

だが、新タワーの建設を止められないと判断したのだろう。テレビ局の撤退の代わりに、無線局のアンテナを載せることを郵政省に求めた。東京タワーも生き残りに必死だった。

ＮＨＫと日本テレビの主張が平行線を辿る中、ＮＨＫの前田会長が九月三日に会見し「塔の方はしゃにむに建てるつもりはない。これは正力タワーとの調整がつくまで、一応〝空中の楼閣〟としておく」[138]とタワー計画の一時中断を表明した。半年から一〇カ月のうちに目処をつけるとも語った。大臣から調整するよう指示された前田は、長期戦を覚悟したのだろう。

正力松太郎の死

ところが、タワー競争は突然幕切れを迎えた。

一〇月九日に正力松太郎が死去したのである。八四歳だった。タワー建設に専念するために政治家を引退し、国立熱海病院で療養していた正力だったが、衰弱が進み、自ら指示を出すこともほとんどなくなっていた。正力がたまに上京する時には、建設現場を見学する正力のためにわざわざ重機を動かして工事をしているふりをすることもあった。

亡くなる直前、正力ははっきりした口調で「東京へ帰るんだ」と言葉を発したという[139]。正力タワーのことが心残りだったのかもしれない。

正力の死を境に、それまで強気一辺倒だった日本テレビの姿勢はトーンダウンする。日本テレビの福井社長は、一〇月二四日の会見で「正力タワー建設については、あくまでも実行する」と強気の姿勢を見せつつも、「日本テレビとNHKで別々に二本タワーを建てることは無意味なので、この間のあっせんを河本郵政大臣に依頼してある。また、NHK前田会長とも積極的に話し合う用意がある」と、態度を軟化させた[140]。

日本テレビの変節の背景には、タワー建設の推進力だった正力松太郎を失ったことだけでなく、別の要因もあった。正力死去の三日後に日本テレビの粉飾決算が明らかになったのである。日本経済新聞と東京新聞のスクープだった。生前に公になれば正力が激怒することは目に見えていたため、正力の死を待って報じたのではないかとの憶測も流れた。

粉飾が明るみに出たきっかけは、一一月に予定されていた日本テレビの増資計画である。なお、前回の増資は、一九五八（昭和三三）年の屋根付き球場用地の購入のために行ったもので、その土地が正力タワーの建設用地となったことはこれまで述べた通りである。

増資計画の提出を受けた大蔵省が有価証券報告書等を調査した結果、利益が過大に報告されていることが明らかになった。内部告発との話もある。いずれにせよ、計一〇億七四〇〇万円に及ぶ粉飾だった。九月末に二五〇〇円だった日本テレビの株価は、粉飾決算発覚後は八〇〇円台まで下落した。

粉飾決算等の社内的な問題を抱え、タワーをつくる経済的な余裕はなくなっていた。正力亨日本テレビ副社長兼正力タワー建設本部長は「資金面も会長（正力）の御意志のまま私の口からは何も……」と明言を避けた[141]。

同グループの読売新聞に助けを求める可能性もあったが、読売に肩代わりする意思はなかった。副社長の務台光雄は、屋根付き球場、よみうりランド等、正力の大風呂敷にかねてから悩まされていた。正力は、西銀座の読売新聞社屋の売却益を正力タワーに充てようとしたが、務台は二度と手に入る土地ではないからと反対していた。また、読売新聞は前年に大手町の国有地の払い下げを受けたばかりで、新社屋をつくるために、土地購入費、建物建設費、輪転機等の設備投資に二〇〇億円もの資金を要していた。なにより務台は新本社の建設に強い思い入れを抱いていた。というのも、読売への払い下げがほぼ決まった後にもかかわらず、この土地に隣接する産経新聞が入手を画策し、読売の邪魔をしようとしたのである。社長の水野成夫が首相の佐藤栄作にアプローチし、佐藤は産経に譲る方向で調整を始めた。これに反発した務台は、佐藤に直談判し、粘り強く交渉を続けてようやく手に入れた土地だった。新社屋建設に意識が集中していた務台の頭に正力タワーが入り込む余地はなかった。

　資金面の不安は、当初から指摘されていたが、資金調達に大きな力を発揮するはずだった柴田秀利をタワー計画の半ばで失ってしまったことも大きかった。柴田は正力タワー起工式直前の九月に正力と仲違いし、退社していた。

　もともと正力タワーのプロジェクトは柴田の発案だったとされる。柴田は一九六七（昭和四二）年七月に日本テレビの専務取締役に就任した。その頃、新しく経理局長になった柳原承光から多額の粉飾を知らされた。粉飾を減らすことに思案を巡らせた柴田は、アメリカの投資銀行、クーン・ロープに相談する[142]。柴田は、巨大なプロジェクトを立ち上げて、大規模な増資をするようアドバイスを受けた。そこで五五〇メートルの電波塔を考えたのである。もともと電波障害が深刻化し、一九六五（昭和四〇）年頃には三四〇メートルのテレビ塔の技術的検討も行っていた。それを超高層ビルも内包する世界一の電波塔として仕立て直したのが柴田だった。アメリカの金融機関から一〇〇万ドルの融資も取り付けていた。だが、柴田によると、当初正力はタワーに反対だったという。「正力じいさんはイヤがってね、正力タワーを建てる意志はなかったんだが、アナ埋めのためやっと承諾したんだ。が、承諾すると、とたんに、正力タワーは自分から率先して計画したみたいにいいふらしたんです」[143]。

しかし、柴田が退社したことで風向きが変わる。読売新聞の務台は、「大正力ともいわれた方が、最近は、調子のいいことをいう者ばかり近付けて、私など直言する者は避けられる……」[144]と晩年の正力について嘆いていた。歯に衣着せぬ物言いで正力に直言してきた柴田を切った時点で、正力タワーの実現性は限りなく低くなったといえる。おそらく、柴田であれば「正力タワー」という名称にも反対したに違いない。また、先の一〇〇万ドルの融資だけでは建設はできない。追加の融資獲得には柴田の存在が欠かせなかったが、既に後の祭りだった。

正力が大成建設の鈴木悦郎に命じた一二〇〇メートルタワーの後日談にも触れておこう。

電信柱のように一二〇〇メートルのタワーを立ち上げるためには二〇〇メートルの基礎を掘る必要があったが、その基礎をどうするか悩んでいた時に正力死去の一報が入った。大成建設の可児長英によると、鈴木の「やめだ」の一言で終わったという[145]。鈴木は「面白かったな」と部下を労った。

確かに正力の大風呂敷は周囲を悩ませたかもしれないが、技術者にとっては新たな試み、創造のきっかけを与えてくれる存在だった。日本テレビの南日恒夫もその一人だった。正力が亡くなり正力タワーが事実上消滅すると、情熱の矛先を奪われた南日は「髀肉の嘆をかこっている風だった」[146]

と義兄の村松剛は述懐する。屋根付き球場、四〇〇〇メートルタワー、正力タワーと、正力の夢を支えた南日だったが、自身の夢でもあったのだろう。それは、南日と日々議論を交わし、科学技術の未来を語り合った大成建設の鈴木悦郎、三菱地所の横山悌次も同じだった。

一方、評論家の大宅壮一は、冷静な目で正力タワーを見ていた。「彼が生きていたとしても、実現はむずかしかったろうと見られているから、この大きな夢を抱いたままで墓場に行った彼は、むしろ幸福であったともいえよう[147]」と長年の友人の死を悼んだ。

正力の口ぐせは「創意」だった。建設中の東京タワーに対して「創意があるのかね」と側近の野口務に漏らした。展望台付きのテレビ塔は、既に日本テレビがつくっていた。東京タワーは、それをただ大きくしただけではないかとの思いが正力にはあったのだろう。それゆえ、自らは世界初の屋根付き球場に情熱を傾けた。では、正力タワーに「創意」があったのか。世界一の高さではあるが、単に東京タワーを高くしただけとも言える。確かに正力は稀代のプロデューサーだった。プロ野球やテレビなど、大衆の潜在的な欲望を引き出すことに長けていた。だが、正力タワーに注力する晩年の正力には、かつての冴えが失われていたと周りは見ていたのではないか。

タワー一本化へ

一九六九（昭和四四）年末には、河本郵政相立会いの下、前田ＮＨＫ会長、福井日本テレビ社長が会談を開き、善後策を協議した。前田会長は、年明け一月七日の定例会見で「話し合いは友好的に行なわれたが、内容についてはＮＨＫと日本テレビの間だけで決められる性質のものでなく、まだ発表できる段階でない[148]」と語り、詳細には触れなかった。

だが、調整は既に済んでいた。一月九日、河本郵政相がタワーの一本化を発表したのである。[149]NHKと日本テレビがそれぞれの計画を撤回し、共同で新しいテレビ塔をつくるというものだった。共同で建設するタワーの建設地については、日本テレビの新宿でもNHKの代々木でもない場所とだけ決まった。[150]そのため、NHKの一九七〇（昭和四五）年度予算に塔の建設費は組み込まれず、二四階建ての局舎とホールの建設費のみが計上された。それ以外の細かい点については何も合意されず、今後に持ち越されることになった。

しかし、前田会長は、二月の定例会見でNHKの敷地内につくる考えに変わりはないと述べ、事実上、NHKタワーに一本化されることになる。既に日本テレビもタワーに拘泥する意思はなかった。それよりも関心は、テレビの難視聴対策に向けられた。

NHKの新しい塔が建設されるまで時間がかかることから、テレビの難視聴問題を早急に解消するためには、東京タワーに移ることが現実的な対応だった。東京タワーの利用を拒んでいた正力は既にいない。日本テレビは送信所を二番町の鉄塔から東京タワーに移転する方針を固め、二月には日本電波塔や郵政省に非公式に打診を行った。日本電波塔側も「充分、受け入れ体制はある」と前向きな姿勢を示した。

しかし、東京タワーのアンテナ設置スペースに余裕はなかった。東京タワー開業当初、NHK総合、NHK教育、日本テレビ、ラジオ東京（のちTBS）、フジテレビ、日本教育テレビ（のちテレビ朝日）の計六局分の設置場所が用意されていたが、日本テレビは移設を拒み、そのスペースは一九六四（昭和三九）年に開局した東京12チャンネル（のちテレビ東京）が利用していた。そこで、他局と設置場所を共用する方法が模索された。四月にはTBSの協力が得られることになり、一九七〇

（昭和四五）年一一月一〇日、日本テレビは東京タワーから送信を開始した。一二日に催された「日本テレビ芝送信所」の開所式には、アンテナ設置に協力したTBSの諏訪博社長、吉田稔副社長が招待された。正力亡き後、読売新聞の社長に就任した務台光雄は「このような同業者間の友情は、新聞界では到底望むべくもないことで、TBSの厚意に感謝する」[151]と謝意を示した。

TBSは、一九五五（昭和三〇）年のテレビ開局以来、NHKと日本テレビ、さらには郵政省に振り回されてきた。当初、紀尾井町にあるNHKの鉄塔の共用を望むも実現せず、テレビ放送参入にあたっては正力の妨害を受けた。赤坂の局舎に一七三メートルのテレビ塔をつくった四年後には、郵政省の浜田成徳電波監理局長が主導した東京タワーに移らざるを得なかった。もちろん、東京タワーへの移設はTBSにも利点があったとはいえ、無用な設備投資を強いられたとの思いがあった。特に不満を抱いていたのが、TBSの黎明期を支えた元社長の鹿倉吉次だった。その鹿倉は、正力死去の二週間後の一〇月二三日に亡くなっていた。二人はともに一八八五（明治一八）年生まれの八四歳だった。TBSとしても、日本テレビとのアンテナ共用は、過去の経緯を水に流す上で良いタイミングと判断したのかもしれない。

正力タワー建設用地の一部は、一九七一（昭和四六）年五月二九日に住宅展示場「NTV新宿ハウジングセンター」となる[152]。翌年四月一日には、残りの土地の一部にゴルフ練習場が開業した。ボウリング場をつくる話もあったが、TBSが赤坂の敷地内につくった「TBSゴルフスタジオ」の盛況ぶりを受けてゴルフ練習場となった。

こうして正力タワー計画は消滅し、NHKタワーの建設が本格化していくことになる。

第4章　六一〇メートルNHKタワー

1　代々木公園でのタワー計画：第一次報告書

武藤構造力学研究所設立：超高層ビルから六〇〇メートルタワーへ

武藤清は、日本の超高層建築技術の礎を築いた耐震研究の第一人者である。地震や台風が多発する日本において超高層ビルは困難とされていた。一九五〇年代までの日本の「超高層ビル」は、技術的な制約からせいぜい四五メートル程度が限界とされていた。

そのような中、一九五八（昭和三三）年に国鉄が東京駅丸の内駅舎を二四階建て、約九〇メートルの高層ビルに建て替える計画を発表する。[1] 新幹線の生みの親として知られる十河信二国鉄総裁肝煎りのプロジェクトだった。だが、構造技術の裏付けがなかったことから、国鉄は武藤清らに耐震設計の研究を依頼する。武藤らは、あえて建物を揺らすことで地震の揺れを吸収する「柔構造理論」によって、地震や台風の多い災害国の日本でも超高層ビルが可能であることを示した。この東京駅の建て替え計画自体は幻となったが、研究成果はその後の超高層ビルに活かされることになる。

武藤は一九六三（昭和三八）年の東京大学退官後に鹿島建設の副社長に迎えられ、社内に「武藤研究室」が設置された。一九六八（昭和四三）年四月に完成した霞が関ビルは、武藤が構造設計に携わり、日本で初めて一〇〇メートルを超える高層ビルとなった。

霞が関ビルが完成した翌年、武藤のもとに新たな巨大建造物の構造設計の依頼が持ち込まれた。それが六〇〇メートルのNHKタワーである。前章で述べたように、武藤は一九六九（昭和四四）年四月から専門委員として助言すると同時に、構造計算も担っていた。

六月に経営委員会の承認を経て、正式にタワー建設が決定すると、NHKの野村達治専務理事と蓮池正放送センター建設本部副本部長が武藤清を訪ね、タワーの設計を改めて依頼した。[2]

しかしNHKは、「鹿島建設武藤研究室」として設計するのではなく、独立した会社の設立を求めた。タワーの施工業者が決まっていない段階であり、公平を期すために一ゼネコンに依頼する形にしたくなかったのだろう。そこで、一九六九（昭和四四）年一一月一一日に武藤構造力学研究所が設立された。とはいえ、資本金の三分の一を鹿島建設が出資しており、取締役には、渥美健夫鹿島建設社長、今井茂同取締役、鹿島昭一同副社長、神谷龍同専務も就任した。その他の取締役には、江戸英雄三井不動産社長、森永貞一郎東証理事長、一本松珠璣日本原子力発電社長が入った。ちなみに、武藤は、原子力発電所のタービン建屋の耐震設計に関する研究成果も多く、原子力黎明期に大きく関わっていた。

こうして、NHKの委託を受けて、構造設計は武藤構造力学研究所、設備設計を日建設計工務（現日建設計）が担うことになった。

建築家三上祐三の招聘

武藤構造力学研究所は、武藤が抜擢した構造エンジニアから成る精鋭部隊である。しかし、タワーの意匠や建築計画を担える建築家（アーキテクト）がいなかった。そこで招聘された建築家が三上祐三だった。
三上は、一九三一（昭和六）年生まれの当時三八歳。東京藝術大学で吉村順三に師事し、首席で卒業後、前川國男建築設計事務所へ入所する。前川が一九五八（昭和三三）年のブリュッセル万博の日本館を設計することになり、内装を担当した三上はブリュッセルへ赴く。これを契機に、一〇年にわたってヨーロッパで建築設計に従事することになる。万博後もヨーロッパに残った理由は、シドニー・オペラハウスの設計チームに加わったためである。三上はその経緯を『ヨーロッパの10年』の中に記している。[3]
シドニー・オペラハウスは一九七三（昭和四八）年に完成した芸術劇場だ。大小の真っ白なヴォールトの屋根が帆船のように重なる独創的な建築はシドニーのシンボルとなっている。設計者のヨーン・ウツソンは、無名のデンマーク人建築家だったが、一九五七（昭和三二）年一月に国際設計競技で当選すると、一躍その名を知られるようになる。同年七月、当選の表彰式に出席するためにシドニーに赴いた後、日本に立ち寄り前川國男の事務所を訪問する。前川は所員を集めてウツソンを紹介した。入所二年目の三上は遠くからウツソンを見た記憶だけがあると回想する。ウツソンは翌年五月に再び前川を訪ねたが、ブリュッセル万博の仕事のため不在だった。コペンハーゲンへの帰途の機上で、ウツソンは一人の日本人と仲良くなる。それが、偶然にもブリュッセル万博で前川に会う予定の通産官僚だった。前川のもとに三人のスタッフが随行していることを聞いたウツソンは、そのうち一人をシドニー・オペラハウスの設計チームに加えることを思いつき、その官僚に走り書きの手紙を託した。
前川はブリュッセルを出発する当日、「おい三上、ウツソンからこんな手紙をもらったんだが、読んでごらん」と三上に渡した。三上はすぐさま「ぜひ行かせて下さい」と願い出た。ブリュッセル万博日本館のスタッフは、雨宮亮平、木村俊彦、そして最年少の三上の三名だった。前川は誰を送るべきかあらかじめ木村に相談していた。木村は「それならば私が……」と名乗り出ようとした。だが前川は、上野の東京文化会館（一九六一年完成）の構造設計を依頼していた横山不学から「木村君がいないとダメだ」と言い含められていた。[4] 前川は、木村を送るつもりはなかった。既に三上を推薦することを決めていたのかもしれない。前川の意向を察した木村は「若い人にチャンスを譲りましょう」と身を引いた。

いずれにせよ、この決断が三上の人生を大きく変え、時間を経てNHKタワーと出会うことにつながる。当時二七歳。大プロジェクトに携わる期待と不安が入り混じっていたに違いない。

一九五八（昭和三三）年から約三年間、デンマークのウツソンの事務所で基本設計に従事したのち、ロンドンのオヴ・アラップの事務所へ移籍し、約六年間にわたりオペラハウスの構造設計を担当した。アラップは言うまでもなく二〇世紀を代表する構造エンジニアであり、現在世界を代表する構造設計事務所、アラップ社の創業者でもある。ウツソンの独創的なデザインを建築として成立させるための構造設計をアラップの事務所が請け負っていた。

シドニー・オペラハウスの設計チームに加わり、アーキテクトとエンジニアをつなぐ役回りを担った経験が三上の建築家としての方向性を決める。オペラハウスの仕事を終え、一九六八（昭和四三）年に帰国。その翌年、六〇〇メートル級タワーの建築デザインと構造の橋渡しができる人物として三上が抜擢されることになる。

三上抜擢の裏には、鹿島建設副社長の鹿島昭一の存在があった。昭一は、鹿島守之助会長と卯女夫妻の長男として一九三〇（昭和五）年に生まれる。昭一と三上は東京高等師範学校附属小・中学校の同級生だった。昭一も建築の道を志し、旧制一高、東京大学建築学科を経て、ハーバード大学大学院を修了していた。一九五九（昭和三四）年に鹿島建設の副社長に就任する一方、設計業務にも携わり、一九六三（昭和三八）年にはリッカーミシンの本社ビル「リッカー会館」で日本建築学会賞（作品）も受賞している。

二人と小・中学校の同級生だったジャーナリストの俵孝太郎は、昭一は建築家として身を立てたかったはずと語っている。[5] 同じクラスから三上と高瀬隼彦の二人が国際的な建築家となった。昭一は二人に引けを取らない才能の持ち主だったはずだが、鹿島家に生まれた宿命で建築家の道をあきらめざるを得なかったというのである。なお、高瀬は、東京大学建築学科卒業後、アメリカに渡り、ワールド・トレード・センター等の設計で知られる日系アメリカ人建築家ミノル・ヤマサキの事務所に入所。ハーバード大学大学院修了を経て、米国進出した鹿島建設の現地法人カジマ・インターナショナルの立ち上げから関わり、ロサンゼルスの日本人街リトル・トーキョーの再開発に従事。独立した後もロサンゼルスを拠点に数多くの建築を設計することになる（晩年、在外邦人の選挙権が認められる道を開いたことでも知られる）。なお、昭一が建築学会賞を受賞した「リッカー会館」は高瀬との共同設計だった。また、第2章で、一九六一（昭和三六）年にバックミンスター・フラーが来日し、全国で講演したことを述べたが、正力の故郷、富山県高岡市で開催された講演の通訳を高瀬が務めていた。[6]

一方、三上と昭一が仕事で交わることはなかったが、一九六九（昭和四四）年三月六日に催された岡田新一（当時、鹿島建設社員）の最高裁判所設計コンペ当選パーティーで二人は顔を合わせる。

その場で昭一はＮＨＫタワーの話を三上に持ち掛けた。この前日には、ＮＨＫ前田会長が六〇〇メートルタワー構想を発表していた。

　タワーの意匠設計はＮＨＫ内部で行われていたが、建築家でもある昭一は、六〇〇メートル級の大タワーを成功させるには、意匠や建築計画が重要になると考えた。前代未聞の高さを持つこのタワーの建設には、アーキテクトとエンジニアの仕事を理解し、双方をつなぐ役割が欠かせない。タワーを無機質な巨大構造物ではなく、東京のランドマークにふさわしい造形に落とし込むためのアーキテクトが求められた。昭一が、シドニー・オペラハウスを経験した三上に声をかけたのは必然だったのかもしれない。

　当然、昭一には鹿島建設の経営者としての思惑もあったはずだ。構造設計を担う武藤は鹿島建設副社長だったが、施工業者は決まっていなかった。ＮＨＫタワーの施工業務を鹿島建設として請け負うためには、鹿島側の設計体制を強化した方がよいとの判断が働いたのだろう。

　この頃、三上はシドニー・オペラハウスの経験を記した寄稿文の中で、自身の行く末について言及している。

> この問題作をアーキテクトと構造エンジニアの双方の立場から見ることができたのは、興味の段階を超えて、私の将来の進路にも影響してきそうな気がしています。[7]

三上がＮＨＫタワーのプロジェクトを念頭に書いたことは間違いない。

同年五月、三上は昭一同席のもと武藤清と対面を果たす。武藤は「一緒にやらないか」と三上を誘った。このプロジェクトに参加することを決意した三上だったが、帰国後は前川國男の事務所に復帰していた。武藤を通じて話を聞いた前川は、「めったにないチャンスだからやったらどうか」と了解した。八月に前川事務所を退所し、一一月に武藤構造力学研究所に顧問として移籍する。武藤構造力学研究所において建築家は三上だけで、他はすべてエンジニアだった。

だが三上に驚きはなかった。

ロンドンのオヴ・アラップのところには何百人もエンジニアがいて、シドニーの仕事は五十、六十人でやってましたから。そのときも、アーキテクトは僕だけだったんですよ。だから、武藤先生のところで仕事をするのにも全く抵抗はありませんでした。[8]

武藤を筆頭に、最先端の超高層ビルの技術開発に従事するエンジニア達とのやり取りは、三上がアラップ在籍時代に感じた刺激をもたらすことになる。

放送センター内から代々木公園へ

一九七〇(昭和四五)年三月、武藤構造力学研究所と日建設計工務が『NHK放送センター総合整備鉄塔建設計画第一次報告書』を作成し、NHKに提出する。タワーの構造のみならず、建築計画、設備計画も盛り込まれた内容で、具体化が進んでいたことをうかがわせるものだった。しかし、この段階で内容は公表されていない。あくまでもNHKの内部資料だ。

前年七月に公表されたタワー案と第一次報告書の相違点は大きく三つあった。一つはタワー案が三種類に増えたこと、二つ目が純粋な電波塔ではなく、展望台を含む多機能タワーとなったこと、三つ目はタワーの計画地が放送センター内ではなく、代々木公園に移ったことである。

第一次報告書の案の詳細を見る前に、この三つの変更に辿りつくまでのプロセスを確認しておきたい。

一年前の一九六九(昭和四四)年三月に前田会長が明らかにした構想では、二四階建ての高層オフィス棟の上に鉄塔を置く案だった。その後、建物と塔は分離されることになり、七月に四本脚型の塔を独立してつくる計画が公表された。タワーの足元には、新設する四〇〇〇人収容のホール(オーディトリウム)を置くことが予定されていた。これは前章で見たとおりである。ところが、一〇月末の建設委員会でタワーの着工延期が決まる。日本テレビの正力タワーとの調整を図ってから改めて建設を進めることとなったためである。同月九日に正力が亡くなっていた。

しかし、ホールと高層オフィス棟は、予定通り一九七二(昭和四七)年度に完成させる必要があった。そこでホールとタワーを分離。ホールの建設を先行させ、タワーの建設用地は放送センター東側駐車場に変更された[9]。

敷地がやや狭くなったことに伴って、塔の形も変更を余儀なくされる。開脚型(S-21)と円筒型(S-20)の二案である(図)。いずれも周囲との調和を意図して、断面が小さくなった。開脚型は、従来案で幅一四〇メートルだったものが約八五メートルに縮小されている。円筒型は、より狭い敷地に対応した案で、地上部の幅が直径三〇メートルの先細りの筒の形を成している。ヨーロッパでよく見られる鉄筋コンクリート造のテレビ塔と似たシンプルな形状が特徴と言える。

また、塔の役割にも変化が生じている。当初、テレビ送信に特化した「純粋電波塔」だったが、この段階で展望台も含む多機能タワーへと発展していた。いずれも展望台が設けられており、開脚型は高さ三五〇メートル、円筒型は三〇〇メートルの位置に置かれている。この変更は、消滅した正力タワーの持つ観光塔としての機能を吸収することになったためだ。

観光機能を追加すれば、当然ながら周囲の交通量も増える。だが、NHK敷地内では広いオープンスペースの確保が難しい。しかもタワーを置けば放送センターに必要な駐車場も整備できない。そこで、敷地外の広い土地が候補となる。それがNHKに隣接する代々木公園だった。

年が明け一九七〇（昭和四五）年二月四日の定例記者会見で、前田会長は放送センター敷地内に建てる基本方針は変わっていないと語った。[10] ところが、三月一九日の参議院逓信委員会では「やはり放送センターの周辺になるという予感を持っております」[11]と答弁。その一週間後に「センターの敷地外になる可能性があるのか」との問いに、「現状を予測いたしますと、そのほうの可能性がより強いかと思います」[12]と敷地変更をほのめかしていた。建設予定地については明言を避けながらも、「NHK放送センター敷地内」から「敷地外になる予感」、そして「敷地外の可能性が強い」と変遷している。実際、同月に完成した第一次報告書では、タワーの建設用地が放送センターを飛び越えて、代々木公園を前提に案が練られていたのである。

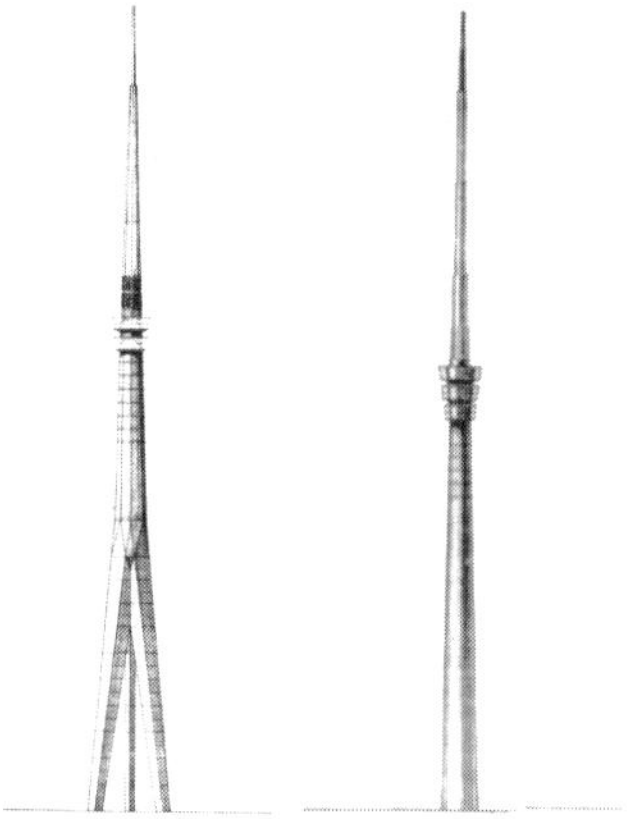

［右］NHKタワー・S-20案（円筒型）
［左］NHKタワー・S-21案（開脚型）

NHKタワーA案（1970年3月）

三つのタワー案：A・B・C

一九七〇（昭和四五）年三月に完成した「第一次報告書」で、NHKタワー計画が具体的な輪郭を現すことになる。

三つのタワー案には、A案、B案、C案の仮称がつけられた。いずれも塔体五五〇メートル、アンテナを加えて全高六〇〇メートルだ。エレベーターはダブルデッキで速度は分速五四〇メートルで計画された。

まずA案である。これは、放送センター敷地内で検討された前述の円筒型の案（S－20）を発展させたものだった。塔体の直径は地上部で三三メートルと若干大きくなっているほか、展望台の位置が三〇〇メートルから三五〇メートルへと五〇メートル高くなっている。

円筒型の利点は、土地の面積をあまり必要としないことに加えて、技術的に建設が容易なことである。既にヨーロッパでは類似した塔が建設されており、それらを参考にすることができた。その一方で、デザインは無難で目新しさはない。設計者の三上自身も「デザイン的にはややものたりないうらみがある」とのちに語っている。

続くB案は開脚型だ。一九六九（昭和四四）年七月に発表され、その後、ホールの上部空間を使った四本脚型の案を大幅に改良したものである。ホールと分離された後、駐車場用地に敷地が変更されたことに伴い、脚部の幅が狭まったが、代々木公園に敷地を移したことで再び幅の広いものに戻された。だが、印象は従前案とは全く異なる。高次曲線を用いた滑らかなシルエットは、開脚式のダイナミックさの一方で繊細さも表現された。展望台の高さは三〇〇メートルでA案より五〇メートル低い。塔体の流れるような曲線の連続性を損なわないように、展望台は、塔体と一体的な形をなし、面積が極力抑えられた。欠点としては、四本脚の部分では速度の遅い斜行エレベーターにしなければならないこと、さらに、塔内の容積が小さくなり、展望台やレストラン等の面積が限られるため、観光塔としては問題があることが指摘できる。

NHKタワーB案（1970年3月）

C案は、当初から代々木公園を想定して検討された。複雑な曲線を組み合わせた優美なシルエットが特徴となっている。地上部の平面は角を丸くしたY字型（三ツ矢型）で直径八〇メートル。上に向けて徐々に細くなり、高さ四三〇メートルの位置で直径一一メートルの円に変化する。その上に逆円錐状のレストランを含む展望台が載る。A案とB案の欠点をそれぞれ補いつつ、新しいデザインの提案となっている。頂部に置かれた展望台の高さ四六〇メートルは、A案、B案と比べて一〇〇メートル以上も高い。面積も増えたことで収容人数も拡大された。B案の課題だったエレベーターの問題も解消できた。

三上はNHKに対するプレゼンで、各案の特徴を女性の衣装に例えて説明している。円筒型のA案は、「日本的な優雅さとつつましさ」を備えた「和服姿」、開脚型のB案は、「若々しい、躍動的、開放的な明るさ」の「ミニ」、そしてC案は「優雅、神秘的な気品」が感じられる「夜会服」と表現した。

巨大なテレビ塔を殺風景な圧迫感のある構造物にしたくなかったのだろう。単に高いタワーでなく、「最も美しい」タワーをつくりたかった三上は、報告書にこう記した。

この塔の完成が東京のスカイラインを一変し、都民はもとより外来者・旅行者に強烈なイムパクトを与えることは想像に難くない。エッフエル塔が一九世紀のパリを象徴するように、この塔は二〇世紀の東京を、又更に戦後の日本の復興と成長を象徴するものとして人々に受入れられるであろう。又後代の人々にとつても、一九七〇年代を記憶に止めるよすがともなるこの塔はただ単に世界で最も高いだけではなく、最も美しいものであつてほしい。これらは本タワーの視覚的な公共性ともいうべき性格であつて、計画に当つては直接機能性・経済性と共に決して忘れてはならない重要な要素である。[13]

設計を開始した初期段階から、三上はNHKタワーのデザイン・ポリシーをスケッチブックに書き残している。[14]その多くは報告書に反映されているが、一つ盛り込まれていないものがあった。それが「過去から隔絶し（エッフェル、東京、スッットガルト、モスクワ）諸外国から模倣されるようになるもの」との一文である。エッフェル塔、東京タワー、シュツットガルトテレビ塔、モスクワのオスタンキノ・タワー、そのいずれとも異なるものをつくらなければならないこと、そして、模倣するのではなく模倣されるようなデザインを考えていた。

NHKタワー C案（1970年3月）

シドニー・オペラハウスの仕事でウツソンの独創性を目の当たりにしていた三上は、既にあるものの真似をしたくなかったはずだ。単に高いだけでも、美しいだけでもなく、これまでに存在しないタワーを追求した。

その意味で、C案は世界のどのタワーとも異なる優雅なシルエットを描き出していた。

だが、この案に至る過程で、NHKの蓮池正はデザインが先走り過ぎているのではないかと不安を抱いていた。[15]それまでNHKの内部で検討されていた案がオーソドックスなものだったため、なおさらだっ

NHKタワーC案モンタージュ写真

た。しかし、いざ具体的な形がまとまるにつれて、蓮池の認識も変化を見せる。特に、前田会長がC案を気に入ったことも影響したと思われる。[16] 代々木公園の敷地を獲得するためには、優れたデザインで、東京都につくらせたいと思わせるものにしなければならないと考えるようになる。

また、このタワーは、美しさだけでなく、代々木公園や明治神宮内苑という豊かな緑地との調和も求められた。

> 本報告書で敷地に想定している代々木森林公園周辺は東京の市街部に残された最大の緑地の一つであり、この美しい環境との調和が極めて重要な設計要素であることは疑いの余地がない。[17]

三上は当初、公園の北側、やや明治神宮に近い場所にタワーを置くことを想定していた。その意図は、公園の中心からタワーを離す意味合いもあったが、表参道からの見え方を意識したことによる。

表参道は、一九二〇（大正九）年の明治神宮の創建にあわせて神宮の参道として整備された幅員約三六・四メートル、延長約一キロの目抜き通りである。沿道には、約一六〇本のケヤキの街路樹が立ち並び、東京でも数少ない西欧的な雰囲気を有している。

真っすぐ伸びる表参道の延長上にタワーを配置すれば、ケヤキ並木によって縁どられた街路の先に六〇〇メートルの優美なタワーが屹立する。三上は、タワーが表参道の見通しの景観を引き締めるとともに、タワー自体の視覚的な美しさも際立つと考えた。

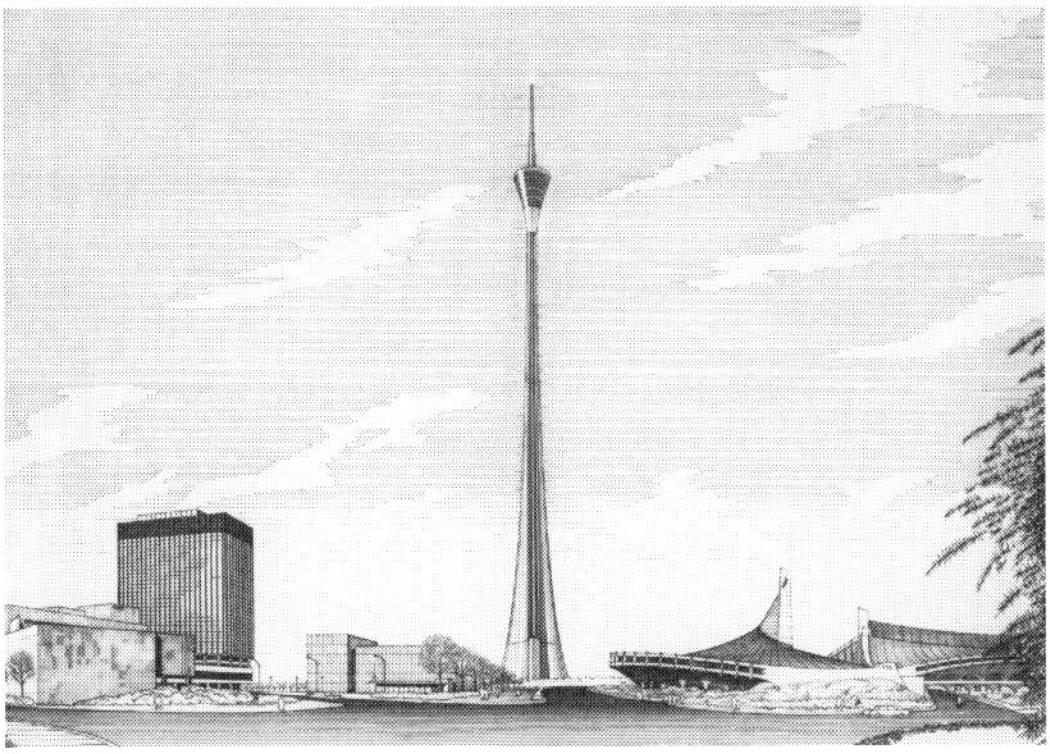
渋谷方面からNHKタワーC案を望む
(左にNHK放送センター、右に代々木屋内総合競技場)

しかし、NHKとの協議を重ねる中で、明治神宮からの距離が近いことが問題視される。[18] 静謐な神宮の森の環境を阻害する恐れがあったため、明治神宮からできるだけ離すことになる。

その結果、第　次報告書では、代々木公園の中央広場のやや南側の位置に変更された。現在、噴水のあるあたりである。丹下健三設計の屋内総合競技場とNHK放送センターの間の歩道から代々木公園へ向かう南北軸の延長上に位置する。渋谷から代々木公園方面を眺めたときに、その正面に聳えるタワーが視線を受け止めることになる(図)。軸線は表参道から変更されたものの、見通しの景観の効果を意図した配置であることには変わりがなかった。

タワーの公共性：ダラムでの経験

三上はイギリス滞在時、「美しい環境との調和」が求められるタワーの設計を既に実践していた。オヴ・アラップ事務所在籍時に担当した、イギリスの中世都市ダラムの州警察本部の無線塔だ[19]。一九六八（昭和四三）年に完成したこのタワーは、高さこそ五〇メートルと小ぶりだが、洗練された三本脚の鉄筋コンクリート・タワーだった。もともとアラップが依頼された仕事だったが、本人が海外に出ていたため、実質的には三上と同僚のエンジニア、ジャック・ズンツが手掛けた。二人はオペラハウスでも仕事を共にしていた。

ダラムは、イングランド北東部に位置する中世以来の面影を残す歴史的な都市である。三上は敷地から街を見下ろす眺めに魅了された。

豊かな麦畑が続き美しい楡の並木に囲まれた斜面で、ふりかえると大寺院と城とが不沈艦のような堂々たるシルエットを町並みの上に浮かべていた[20]。

街のランドマークである大聖堂と旧市街を取り巻く緑豊かなすり鉢状の丘がダラムの風景を特徴付けていた。

イギリスでは、建物の設計にあたって周辺の景観や歴史的環境との関係性が厳しく審査される。ダラムも例外ではなく、街には厳格な高さ制限がかかっていた。大聖堂の高さより二〇メートル以上低くしなければならず、町を囲む丘の稜線を超えることも認められていない。ダラムにおける街の主役は、あくまでも大聖堂と丘の緑であることを示す規制だった。

それゆえ、大聖堂の塔より標高で一五メートルも高くなる五〇メートルの無線塔の建設は議論を呼んだ。だが、マイクロウェーブ（超短波）を州内の全域に送信するためには、高さ制限を超える塔が必要だった。環境に適合し、できるだけ目立たないものにすることを前提に建設が認められた。

州政府の都市計画担当官は、まず三上らを敷地に案内した後、今度は大聖堂を挟んで反対側の丘に連れて行った。大聖堂の背景に建設用地を望む位置である。敷地のあるあたりには、赤い風船が稜線を超えて浮かんでいた。風船は新しくつくる塔と同じ高さを示していた。この風景を見ながら都市計画担当官は力説した。「大聖堂のシルエットを守るためには、町の中心部に高い建物を建てないことだけでなく、盆地の稜線を自然のままに保つことが重要である」。

ダラム州警察本部の無線塔（1968年）

美しい景観を守ろうとする熱意に感銘を受けた三上は、環境と調和したスレンダーかつシンプルなデザインの塔に仕立てた。この三本脚のプレキャストコンクリートの無線塔を見ると、開脚型のB案との共通点があるようにも見える。実際に三上は、ダラムの塔を念頭にB案を設計していた。

ダラムの無線塔は好意的に受け止められた。例えば、ガーディアン紙は次のように評した。

この無電塔〔無線塔〕も、ヨーロッパで

もっとも美しい都市景観の一つを害することのない構造物でなければならなかった。この仕事にあずかった技術者たちの解決は、歴史的都市で仕事をしているすべての建築家と技術者に対する教訓である。[21]

タワーの美しさとは、それ自体のシンボル性だけでなく、タワーの位置する環境との調和があってこそ成立する。ダラムでの経験によって、周辺環境との調和の重要性が三上に深く刻まれた。

一方、NHKタワーで求められた美しい環境との調和は、三上のポリシーだけでなく、必要に迫られたものでもあった。代々木公園は、都立公園であり、都民に開かれたオープンスペースである。代々木公園を利用できるか否かの命運は、公園を所管する東京都が握っていた。ところが、簡単に代々木公園を利用させてもらえる状況にはなかった。NHKと東京都との間には大きな溝が既に生じていたのである。

両者の溝は、NHKが代々木の放送センター用地を取得するまでの経緯が大きく関係していた。NHKサイドが、公園の環境との調和や公共的シンボルタワーを強調していった理由を理解するには、この経緯を辿らなければならない。

これは、大きく二つの出来事に分けられる。一つは、麻布新龍土町（現六本木七丁目）の米軍基地ハーディ・バラックスでの「テレビ・センター計画」、もう一つは、同じく米軍施設のワシントン・ハイツでの「放送センター計画」である。

やや長くなるが一連の過程を説明していきたい。

2　麻布テレビ・センター計画

「テレビ・センター計画」の背景

ＮＨＫのテレビ・センター計画は一九五七（昭和三二）年に遡る。この年、ＮＨＫとして初めての長期計画、第一次五カ年計画が策定された（昭和三三年度から昭和三七年度）。その中で、「現在のスタジオ不足を解決するとともに将来における発展にも十分対処できるようにするため、テレビジョン・センターの建設を具体化する」ことが明記された。[22]同年一〇月にＮＨＫ東京教育テレビジョンに予備免許が与えられ、テレビ放送設備の充実が急務となっていた。

一九五三（昭和二八）年二月にテレビ放送が開始されてから四年が経過し、千代田区内幸町の放送会館では手狭となっていた。テレビのスタジオには広いスペースを必要とする。霞が関や日比谷などにスタジオを増設して対応していたほか、放送会館の裏には新館が建設中だった（一九五九年六月完成）。これでテレビ用スタジオが一一になるものの、テレビ放送が本格化するにつれて、施設不足が目に見えて深刻化していた。[23]

そこで、約二〇のスタジオを有するテレビ・センターを建設し、施設の充実とともに、分散していたスタジオの集約が図られることとなる。

テレビ・センターをつくるためには広い土地が必要となる。

建設用地として四カ所ほど候補に挙がった。[24]その一つが代々木のワシントン・ハイツだった。のちに東京オリンピックの選手村となり、大会終了後に代々木公園が整備される場所だ。当時、ワシントン・ハイツは米軍将校やその家族の住宅地として接収中だったため、簡単には利用できなかった。そうした中、大蔵省からＮＨＫに対し、ワシントン・ハイツの一部が接収解除されるかもしれないとの情報がもたらされる。[25] だが、本当に接収解除されるかどうかは不透明な情勢だったため検討から除外された。仮に解除されたとしても、既存の将校住宅の代替地を見つけて住宅を整備する必要がある。コスト面でもＮＨＫに利点は少なかった。後述するように、ワシントン・ハイツの一部は、ＮＨＫ放送センター用地になるのだが、そこに至るまでにはもう少し時間を要する。

ハーディ・バラックスの払い下げ

この時点でテレビ・センターの建設地は、麻布新龍土町のハーディ・バラックスに絞られた。ここはもともと軍用地で、陸軍歩兵第三連隊の駐屯地、その後、近衛歩兵第七連隊の宿舎として使われていた。戦後米軍に接収され、星条旗新聞社（スターズ・アンド・ストライプス社）を含むハーディ・バラックスとなった。

一九五二（昭和二七）年のサンフランシスコ講和条約の発効で日本の主権回復が果たされると、徐々に接収解除が進められることになる。同年四月時点での接収箇所は、全国約二八〇〇件、一三億四五〇〇万平方メートルに及んでいた。一九五七（昭和三二）年七月に米極東軍が解体され、在日米軍縮小の方針が示される。その一環として翌年一二月八日にハーディ・バラックスの接収が解除、国に返還された。[26] その時点で、全国の接収箇所は三〇〇件、五億平方メートルに減少している。ハーディ・バラックスの接収解除のわずか四日後の一二月一二日、ＮＨＫはこの土地約二万坪の払い下げを申請した。接収解除・返還を見据えて準備を進めてきたことがうかがえる。

大蔵省関東財務局との交渉には、ＮＨＫの春日由三企画局長があたった。[27] 春日は、一九三五（昭和一〇）年にＮＨＫに入局後、主に番組制作を担っていた。一九五〇（昭和二五）年に編成局長に就任すると、紅白歌合戦を立ち上げて名物番組に育てた。企画局長時代に第一次五カ年計画の策定を統括した関係で、柱の一つだったテレビ・センター計画にも携わり、土地取得にあたった。当時の関東財務局長が、春日の旧制浦和高校の後輩だったこともあり、交渉は速やかに進むかに見えた。

ところが、ことは簡単に運ばなかった。

この土地では東京都によって公園整備が予定されていた。一九五七（昭和三二）年一二月二一日に、接収解除を見越して都立青山公園として都市計画決定されていた。都としてみれば、米軍の接収が解除され、公園整備が進捗するはずだったが、ＮＨＫがこの土地の一部の払い下げを国に要求したのである。翌年一月には、東京大学（千葉の稲毛〔現在の千葉大キャンパス〕にあった生産技術研究所を移転するため）と日本学術会議も同地の払い下げを求めた。

これにより、青山公園の整備の風向きが変わる。一九五九（昭和三四）年三月には、ＮＨＫの野村秀雄会長から安井誠一郎東京都知事に対して、青山公園の一部を都市計画公園から除外するよう申し出がなされたことから、都は公園整備に向けた土地譲渡・無償貸付の申請を保留する。[28]同年三月九日、国有財産関東地方審議会は、ハーディ・バラックス跡の払い下げを決定。東京都の道路用地に七四〇〇坪、公園に四九〇〇坪、ＮＨＫには約九〇〇〇坪、東大に約一万七〇〇〇坪が譲渡されることとなった。[29]ＮＨＫは申請した二万坪のおよそ五割の取得にとどまった。一方の東京都にしてみれば、当初の三万六三六〇坪の公園の計画は大幅な縮小を余儀なくされた。

これが、東京都とＮＨＫとの間に生じた最初の遺恨である。

先に述べたように、ＮＨＫは二万坪の払い下げを要望していた。取得した土地は約半分の九〇〇九坪にとどまったため、センター用地としては手狭と思われた。しかも、NHKが取得した九〇〇九坪のうち、約二三〇〇坪を米軍の星条旗新聞社に提供しなければならなかった。というのも、日米合同委員会での合意事項として、もともと敷地内にあった星条旗新聞社の代替地を見つけることと、ヘリポートをつくることが米軍からの接収解除の条件として示されていたのである。ただでさえ要求した面積の半分に減った上に、道路用地も供出し、さらに星条旗新聞社の建物を敷地内に用意することになったため、六七〇〇坪に削られることとなった。[30]

敷地規模の問題だけでなく、都市計画上の制約も大きかった。麻布新龍土町の敷地は、都市計画法に基づく住居地域で、建築物の高さは二〇メートルに制限されていた。また、第八種空地地区にも指定され、住環境の保護を目的に建蔽率が六〇パーセントから四〇パーセントに強化されていた（建蔽率は敷地面積に対する建築面積の割合）。もともと大規模な建築物がつくられることを想定していない場所だから当然ではあるのだが、これらの制限がセンター建設のネックとなる。日本テレビの屋根付き球場の時と同じ悩みだった。

設計コンペ：異例の二者当選

敷地面積の大きさ、都市計画の制限といった問題を抱えながら、テレビ・センターの設計競技（コンペ）が一九六一（昭和三六）年に行われた。[31]

コンペの審査委員会は、部外専門審査員六名とNHK側審査員五名の計一一名で構成された。部外専門審査員には、建築に関する学識経験者が選ばれた。内田祥三（東京大学名誉教授）、岸田日出刀（東京大学名誉教授）、小林政一（元東京工業大学教授、前千葉大学学長）、内藤多仲（早稲田大学名誉教授）、二見秀雄（東京工業大学教授）、武藤清（東京大学教授）の六名。いずれも建築界の重鎮が名を連ねた。ＮＨＫの幹部は阿部眞之助会長をはじめ、溝上銈副会長、前田義徳専務理事、田辺義敏建設本部長兼専務理事、小野吉郎専務理事の五名である。

ＮＨＫと部外専門審査員の関わりを見ると、内藤多仲はＮＨＫ開局当初から愛宕山の鉄塔をはじめとする全国のＮＨＫの塔の設計を担っていた。のちに会長となる前田義徳がＮＨＫタワー計画を推し進め、内藤と武藤清が専門家として関与することになる。なお、内田、内藤、武藤の三名は、当時、日本テレビによる屋根付き球場計画の顧問会議のメンバーにも名を連ねていた。

また、内田と内藤は東京都建築審査会の委員でもあった。屋根付き球場の時と同様に、住居地域での大規模な建築の許可を東京都から得るための人選だったことがうかがえる。

コンペは、複数の事務所を事前に指名して行われた。いわゆる指名コンペだ。コンペの実施は岸田日出刀の提案によるものだった[32]。ＮＨＫは、特定の設計事務所に依頼し、専門家がアドバイスをする方法を想定していたが、岸田の申し出を受け入れた。複数の設計案を競わせるコンペは、国立国会図書館本館や国会前庭の尾崎記念会館（憲政記念館）等で行われていたものの、国内ではまだそれほど普及しておらず、先進的な取り組みだった。

指名された六者は、坂倉準三建築研究所、日建設計工務株式会社、日本技術開発株式会社・梓建築事務所、松田平田設計事務所、前川國男建築設計事務所、山下寿郎設計事務所である。

同年一二月にコンペの結果が公表され、山下寿郎設計事務所と日本技術開発株式会社・梓建築事務所の二者が同時当選となった。これが物議を醸すことになる。例えば、建築評論家の宮内嘉久は次のように批判した。

意外に、というより、またしても公正を欠く、不明朗なものであった。というのは、そこでは一等当選者がきめられなかったばかりでなく、指名された六者のうち二者に対して、審査中途で折衝を行ない、「両者の承諾をえて」その二つの設計組織とNHK側との協同で事をはこぶということが明らかになったのである。これではいったい、なんのためにコンペをやったのか、という声がおこるのは当然であろう。[33]

コンペでは、最も優れたものを一つ選定することが通例である。複数案を当選とし、一つに絞り切れなかった点に疑問が出された。コンペで良いアイデアを求めて一つの形に統合する方法もあるとの指摘もあったが、国際的な水準から見るとコンペの体を成していなかった。また、選考過程が不明朗だった点も問題視された。結果の公表前に、NHKはこの二者と折衝し、共同設計の承諾を得て、二者の同時当選を決めた。この事前折衝も批判を受ける要因となった。

審査結果公表後、NHKの建築部長と広報室主査が二者当選の理由を改めて説明している。[34] 山下寿郎設計事務所案はスタジオの構成が良く、日本技術開発・梓建築事務所案は敷地レイアウトと動線処理に優れており、それぞれの良いところを組み合わせて実施設計にあたる旨が示された。

共同設計の可能性は、コンペを実施するか否かも決まっていない最初の会議で議論されていた。[35] また、この会議でNHKは「建物は特殊な機能を必要とするものであるから資料はNHK側で提供し、スタッフも豊富な設計者を選定する必要のあること」を強調していた。山下寿郎設計事務所は内幸町の放送会館を設計するなど放送施設の設計を熟知しており、日本技術開発にはNHK出身者が多いとも言われていた。つまり、この二者の当選は既定路線だったといえなくもない。なまじ透明性、公平性が求められるコンペを実施してしまったがゆえに批判を受けることになった。岸田日出刀の提案に乗ってコンペを採用したことをＮＨＫは後悔したのではないか。

とはいえ、敷地の縮小やコンペ批判といった問題を抱えながらも設計者も決まり、麻布新龍土町の米軍施設ハーディ・バラックス跡地におけるテレビ・センター計画の準備は進められていった。

3 代々木放送センター計画へ

選手村、朝霞から代々木ワシントン・ハイツへ

ところが、一九六二（昭和三七）年に入ると、ＮＨＫはテレビ・センターの敷地変更を画策する。今度は代々木のワシントン・ハイツ跡地の取得を目指したのである。

約九二万平方メートルのワシントン・ハイツは、一九四六（昭和二一）年に建設された米軍将校住宅地だ。現在代々木公園となっている。戦前、ここは陸軍の練兵場だった。陸軍の練兵場はもともと日比谷にあったが、青山へ移転した後、日比谷公園がつくられた。また、一九〇七（明治四〇）年に青山練兵場が日本大博覧会会場に指定されたことにあわせて、一九〇九（明治四二）年に代々木の地へ移転する。跡地には明治神宮外苑が整備された[36]。練兵場の変遷を見ると、日比谷公園、神宮外苑、代々木公園といったように、東京都心の大規模な公園緑地となっていることがわかる。

代々木公園になる前、ワシントン・ハイツ跡には、一九六四（昭和三九）年に開催された東京五

輪の選手村が置かれた。しかし、五輪招致の段階では、埼玉県朝霞の米軍基地キャンプ・ドレイクに八〇〇〇人収容の選手村を整備し、ワシントン・ハイツの一部に役員宿舎を設置する予定だった。朝霞は国立競技場から約二〇キロ離れている。選手村と競技会場との間の円滑な移動を図るためには、道路整備が必須だった。環状七号線はその中心的な計画道路の一つに位置付けられていた。だが、各競技場と選手村が離れていることが問題視される。一九六〇年のローマ五輪でも、メインスタジアムと選手村は徒歩一五分の距離にあった。徐々にワシントン・ハイツに選手村を設ける案が有力となっていった。選手の負担が減り、利便性も高まる。移転案は必然でもあった。

ところが東京都が選手村の移転に反対する。

もともとワシントン・ハイツの返還後は公園を整備することが一九五〇（昭和二五）年に都市計画決定されていた。一方、朝霞では選手村のために鉄筋コンクリート造の宿舎を新築し、大会終了後、住宅に再利用することが検討されていた。同じようにワシントン・ハイツに新しい宿舎を建設してしまうと、公園をつくることができない。とはいえ、ワシントン・ハイツにある既存の米軍住宅をそのまま選手村に用いて、大会終了後に撤去すれば問題なく公園の整備は可能だった。

東京都が反発したもう一つの理由は、選手村が代々木に移ることで、都心と朝霞選手村を結ぶ環状七号線が「不急の道路」になることを恐れたためでもある。とりわけ、東京都都市計画に強大な力を持っていた山田正男首都整備局長が反対した。山田は、オリンピックを利用して、東京の都市インフラの整備を推し進めようとしていた。なお、オリンピックにあわせて整備された首都高速道路も山田が主導したプロジェクトの一つだった。

ローマのオリンピックをみてきて、なるほどオリンピックを利用して都市を整備するというのが、オリンピックということかという事がわかったよ。[37]

山田は、オリンピックを大義名分に、戦前に計画された未整備道路を一気に整備しようとしていた。逆に言えば、道路整備が担保されれば、選手村がワシントン・ハイツに移っても文句はなかった。最終的に、環状七号線をはじめとする既定の道路計画の推進や、選手村周辺の道路整備の追加、選手村跡地を森林公園とすることを条件に都議会は承認することを決める。

一九六一（昭和三六）年一〇月二四日、都の条件を政府が受け入れ、ワシントン・ハイツを東京オリンピックの選手村として使用することが閣議決定された（オリンピック選手村等問題の処理方針）。

ワシントン・ハイツに選手村を置くことが決まると、次は将校住宅の移転先を決めなければならなかった。移転先は、府中や調布などが検討された結果、調布の水耕農園地に決定する。戦時中は調布飛行場として使われたこの土地は、米軍に接収され、一部が水耕農園となっていた。水耕農園は、人糞を肥料に使って栽培された野菜を食べることを嫌った進駐軍がつくった水耕栽培の農園だ。

約九〇億円の米軍住宅の移転費用は、都と政府が折半することとなった。この負担はあくまでも移転費用であり、東京都がワシントン・ハイツ跡の土地を購入したわけではない。この土地は国が所有したままで、都に無償提供されることとなった。一方、将校住宅の移転先、調布の水耕農園は「関東村住宅地区」として整備され、一九六三（昭和三八）年一二月から入居が始まることになる。

ワシントン・ハイツ跡への方針転換

こうしてワシントン・ハイツの全面返還が決定した。東京オリンピック後、選手村は撤去され、代々木森林公園として再整備されることになった。

東京都が安心したのも束の間、新たな問題が生じることになる。ワシントン・ハイツが国に返還されたことに目を付けたNHKが、その一部譲渡を要求してきたのである。

一九六二（昭和三七）年に入り、NHKがテレビ・センターの用地として、代々木ワシントン・ハイツに目標を変えたことは先に述べた。しかも、より広い土地を取得し、「テレビ・センター」にとどまらず、大規模かつ総合的な「放送センター」に再編するプランに切り替えていたのである。NHKが方針転換した理由には、麻布新龍土町のハーディ・バラックス跡の払い下げは認められたものの、当初望んだ面積の土地が獲得できなかった上に、都市計画の規制で十分な大きさのものがつくれなかったことによる。

また、一九五九（昭和三四）年には東京五輪の開催も決定し、NHKが世界各国のマスコミのために、オリンピックのテレビ放送の設備を整える必要があった。一九六一（昭和三六）年八月、オリンピック東京大会組織委員会がNHKにオリンピック放送に関する権限を委託し、NHKが各国の放送局と個別に交渉することとなった。NHKは、契約を結んだ世界各局に対して、設備や場所を提供しなければならない。前回のローマ五輪ではラジオがメインだったが、東京ではテレビ中継の実現が求められた。五輪招致時、ヨーロッパ諸国は「テレビ映像を送ることができなければ東京を選ばない」と強硬に主張した。そこでIOC総会で立候補趣意説明を行う平沢和重が、NHKの野村秀雄会長に対し「テレビの映像を世界各国に送ることを約束していいか」と迫った。野村は

「日本は何でもできるからいい」と二つ返事で引き受けていた。[38] NHKにとって、テレビ・センターの整備はオリンピックを成功させるための必須条件だった。

だが、敷地面積が削られ、制約も多い麻布新龍土町では十分なテレビ・センターが建設できないとの見方が強くなるなか、当時専務理事の前田義徳が阿部眞之助会長に進言した。

それなら代々木の一角をもらうことにしたらどうですか。[39]

この段階で、返還されることが決定していたワシントン・ハイツは、選手村として利用され、その一角に屋内競技場を建設することが決まっていた。前田は、返還用地の一部が使えると閃いたのだろう。乗り気になった阿部は「それじゃ、俺行ってこようか。すぐ池田首相へ連絡をとれ」と動く。池田勇人は阿部の申し出をすんなり受け入れ、NHKへの払い下げに向けて協議するよう担当官に指示した。首尾よく用地取得の言質を得た阿部は「どうだ、もらったぞ！」と意気揚々とNHKに帰ってきたという。まず国を味方にする方法は、のちのNHKタワーの時と変わらない。

計画変更の理由は、前述のように、麻布新龍土町の土地が狭かったことが一番の理由だが、それだけではなかった。この土地は、前会長の野村秀雄の時代にNHKが購入したものだった。阿部が、野村の入手した麻布新龍土町の土地を使いたくなかったのではないかとの噂もささやかれた。[40]

容認する政府、反発する東京都

政府は、NHKにワシントン・ハイツ跡地を譲渡することに前向きだった。その理由は、ワシントン・ハイツ返還にあわせて、調布の水耕農園に米軍将校住宅を移転しなければならず、移転費用を日本側が負担しなければならなかったためである。移転費用約九〇億円を東京都と国が折半することで決着したことは既に述べた。

そこに、NHKがワシントン・ハイツ跡地の一部を要求してきた。政府は、NHKが支払う土地代金を米軍将校住宅の移転費用に充当できると踏んだ。阿部の申し出を池田首相があっさりと受け入れた理由もそこにあった。のちに前田義徳は、「東京都に対してもあるいは国に対しても多少の奉仕ができるのではないか」[41]と移転費用のうち約三〇億を提供できると語っている。

一九六二（昭和三七）年九月一一日には、池田首相、田中角栄大蔵相、河野一郎建設相が閣議後に会談し、NHKへの払い下げを了承する方針を確認した。これでNHKへの譲渡はほぼ確定したと言ってよい。続いて、黒金泰美官房長官から都に対してNHKに使わせたいとの申し出がなされる。大蔵省は一一月二七日にNHKから提出された正式な申請書を受理。この時点でNHKは大方根回しを済ませていた。[42] NHKは、麻布でのテレビ・センターの設計者に決まっていた山下寿郎設計事務所と日本技術開発・梓建築事務所に対し、代々木ワシントン・ハイツでの設計を指示した。[43] 見切り発車ではあったが、用地取得の見通しが立ったと判断したのだろう。早く設計を進めなければオリンピックに間に合わない恐れもあった。

だが、東京都の同意がまだ得られていない状況だった。

ワシントン・ハイツ跡の所有者は国であったが、東京都の森林公園の整備が予定されていたため、都の同意が欠かせない。ただ、東京都はNHKへの払い下げに強硬に反対した。それも無理からぬことであった。

もともと、東京都立青山公園に決まっていた麻布新龍土町の国有地の一部が、一九五九（昭和三四）年に急遽ＮＨＫや東大等に売却され、都は公園の縮小を余儀なくされた。これを受けて、一九六一（昭和三六）年一月には、テレビ・センター用地を都市計画公園区域から除外し、さらに、二〇メートルの高さ制限を緩和する特定街区制度の指定も準備していた[44]。すべては麻布でのテレビ・センター建設を後押しするためだった。東京都としてはＮＨＫに最大限譲歩したといえる。それにもかかわらずＮＨＫは、麻布新龍土町の用地が手狭であるとして、代々木の選手村跡地への計画変更を要求してきた。都は、突然の翻意にとまどいを隠せなかったに違いない。しかも、選手村跡地は、都の森林公園として整備し、それ以外の用途で使わせないと閣議決定までされていたのである。

一九六二（昭和三七）年八月一六日には、阿部ＮＨＫ会長から東龍太郎都知事に対して、ワシントン・ハイツ跡の利用について陳情書が提出されている。オリンピック放送を遂行するためには、都内中心部に放送関連施設を集中させる必要があり、少なくとも三万坪を要することから、麻布新龍土町の土地では不十分である旨が説明された[45]。

ＮＨＫは陳情書の中で、ワシントン・ハイツが適切である理由として、以下の点を挙げている。

一、ワシントンハイツは国立競技場、国立綜合体育館、駒沢公園に近接していて連絡の便がよい。
二、選手村、放送員宿舎（日本青年館裏）との連絡の便がよい。
三、オリンピック参加六十国の放送関係者の放送等の諸施設が整備できる。
四、オリンピック前夜祭のため一万人収容の大ホールが必要である。

四つ目の大ホールは、のちに四〇〇〇名収容のNHKホールとして建てられることになるが、現在の倍以上の規模を想定していたことがわかる。

東京都はNHKの要請を拒否した。まずオリンピック施設との距離については、麻布であっても大して変わらない。放送設備についても麻布新龍土町の土地で必要な施設がつくれる。前夜祭のために一万人も入る施設の必要性は薄く、東京体育館等の既存施設で対応可能である。このように都は反論した。

確かにオリンピックのためのテレビ・センターだけであれば麻布で建設できたかもしれない。しかし、NHKは、内幸町の放送会館の機能も統合した「放送センター」を見据えていたのである。強引ではあったが、組織の経営戦略上は理にかなった選択であった。

政府の支持を取り付け、払い下げ申請も行ったNHKに対して、都も手をこまねいているわけにはいかなかった。東京都副知事の鈴木俊一は、夜中の一二時を過ぎると前田義徳の自宅に直接電話をかけ、毎晩のように一時間以上もワシントン・ハイツの土地をあきらめるように説得した。のちに前田は、「私と鈴木副知事の根比べのようだった」と、博子夫人にもらしたという。[46]

土地取得に奔走したNHKの野村忠夫も、鈴木に「『諦めてくれ』と何度もいわれましたよ」[47]と回想する。野村は、ロンドン駐在中に阿部会長から直接手紙が届き、ワシントン・ハイツの土地取得のために呼び戻され、佐藤栄作や黒金官房長官をはじめとする政府関係者への陳情にあたった。[48]なお、野村は帰国直前の一九六二（昭和三七）年九月、佐藤が外遊でロンドンを訪れた際に面会しており、土地譲渡について話をした可能性がある。[49]佐藤は、テレビ放送開始時にも民間放送（日本テレビ）の参入に否定的で、NHKを優先させるように動いていた経緯もあり、もともとNHKとのつながりは深かった。ＮＨＫサイドの佐藤をはじめとする政治家へのロビー活動が功を奏し、外堀が埋められていった。実際、鈴木俊一は、ＮＨＫへの譲渡にあたっては佐藤栄作の意向も強かったと述懐している。[50]

岸田日出刀の反対

反対は都だけではなかった。オリンピック東京大会組織委員会の内部からも異論が出される。一九六二（昭和三七）年一一月六日の競技・施設合同委員会では、選手村の面積が削られることで「練習場を選手村から引き離すのは選手村の本質にもとる」と競技特別委員会の委員が反論した。とりわけ強硬に抵抗したのは、建築家で施設特別委員会委員長の岸田日出刀だった。岸田は、麻布新龍土町でテレビ・センターを建設するはずだったものが、なぜ今になって代々木に変更するのかと疑問を呈した。岸田はテレビ・センター設計コンペの審査委員でもあったが、ＮＨＫからは事前に相談、報告も受けていなかった。[51]

ＮＨＫへの譲渡が決定的となった一九六三（昭和三八）年一月一四日、岸田は記者会見を開き、改めて反対の意思を示した。岸田の主張は、マスコミ各社に配った「ＮＨＫテレビセンターのワシントンハイツ内建設計画に就いて」（一九六二年一二月末）と題する声明文に要約されている。[52]

岸田が反対する理由は大きく三つあった。

まず、選手村の面積が減少し、選手の宿舎、練習場等、十分な施設が提供できなくなることである。競技特別委員会も同様の懸念を抱いていた。オリンピック施設の整備を担当する特別委員会の委員長としても譲れない点だった。

また、NHKはオリンピックの成功を錦の御旗に掲げているが、広大な放送センター用地を安易な方法で獲得しようとする「利己一点張りの計画」に過ぎないと批判した。これが二点目である。そして三つ目が、東京における広大な緑地が損なわれることである。岸田はこれを一番問題視した。

ワシントンハイツの地には、何等の建築的な諸施設はこれを設けないで、広々と緑地としていつまでも保有することが、東京都百年の大計の上から望ましい。緑地に恵まれることのすくない東京都は、オリンピック後は、この地を広大な森林公園とする計画のよし、それは東京都としてまことに適切な良案である。

第2章で述べたように、岸田は戦後まもなく計画された不忍池の埋め立てによる野球場建設に疑問を抱いていた。東京都市計画の見地から、緑の少ない都心に大規模な緑地が欠かせないとの考えは、一〇年を経ても一貫していた。

岸田は、例外を一度認めてしまうことで起きる問題も危惧した。

若しNHKテレビセンターがこの代々木原の一廓に建設されることになれば、代々木原という貴重な緑の氷山の一角が崩れ去ることになり、森林公園というすばらしい計画に、一つの汚点を印することになる。そして、角のくずれたこの緑の氷山は、次々にNHK類似の公共性をうたう諸施設のために、侵蝕されつづける心配がないと誰が保証できよう。

NHKだけで済めばよいが、一度開発を認めてしまえば、なし崩し的に土地取得の要望が出てきて侵食される恐れがあった。

岸田の懸念は現実となる。その後、屋内総合競技場に隣接して、日本体育協会の本部が入る岸記念体育会館が新設されることが決まる。また、当時、中央区京橋にあった国立近代美術館の移転や都立高校の設置等の陳情が行われることになるが、岸田は強硬に反対し、これらは実現しなかった。政府も容認していた状況で、岸田に勝ち目はなかった。これらは岸田自身も理解していたが、抵抗しなければならない理由があった。

> 何十年かあとにきっと問題になるね。オリンピック東京大会の前にNHKはオリンピックを錦の御旗にしてこんな横暴をした。当時の建築家はなにをしていたのか。なにもいっていないじゃないか――そういわれるのをぼくは残念に思ったからです。[53]

都市計画は将来を見据えるべきものだ。目先の開発を容認して都市計画をないがしろにしてしまっては、後世の人に示しがつかない。岸田の建築家としての矜持が込められた声明文だった。

ただし、岸田の声明文は、組織委員会のものではなく、あくまでも「個人的見解」として公表された。一月二六日の組織委施設特別委員会で、岸田は委員会としての反対決議を要請したが、結論は持ち越された。これは、田畑政治の後任で組織委事務総長に就任したばかりの与謝野秀（元外交官。与謝野鉄幹、晶子夫妻の次男）の意向が影響した。政府が賛成している状況で組織委員会として反対に回ることはできないと判断し、各委員も同意した。

ＮＨＫへの払い下げ決定

政府の意向が明確になるにつれて、東京都としてもＮＨＫへの譲渡を容認せざるを得ない状況に追い込まれていった。あたかも選手村変更の時に起きたことが繰り返されたかのようだった。

岸田日出刀が反対の記者会見を開いた一九六三（昭和三八）年一月一四日、東龍太郎都知事は、都議会オリンピック東京大会準備協議会実行委員会で「強く反対したが、いまとなっては政府とやりあって力つきた感じだ」「不本意だがＮＨＫの要求を認めざるを得ない状態だ」と答弁[54]。実際、政府とのやり取りの中で、譲渡を前提とした条件交渉に入っていた。

二月一一日の都議会総務首都整備委員会で、東都知事は同様の主張を繰り返す。「ＮＨＫの要請をことわると都がオリンピックに協力しなかったといわれるような状態だ。割愛はやむをえない」[55]と議会に協力を求めた。

だが、都議会の反発が大きかった。自民党議連でも反対意見が根強く、事態は混迷を極めた。結局、オリンピック担当大臣の川島正次郎が事態の収拾に乗り出し、自民党も同意した[56]。

二月二五日には都議会オリンピック東京大会準備協議会全員協議会が開催され、議会としても条件付きでＮＨＫへの土地の割愛を容認する。その条件とは、（一）ＮＨＫに譲渡する面積を削減し（一〇万平方メートルから八万二六〇〇平方メートルへ）、他の施設に使用させないこと。（二）ＮＨＫ用地以外の土地は森林公園とし、五輪終了後、東京都に無償貸与し、他の用途に使わせないこと。（三）国はＮＨＫに割愛する面積に相応する国有地を公園用地として速やかに東京都に無償貸与することの三点である。[57]

都はこの要望を政府に提出し、三月一二日に政府がこれを承認する旨を回答する。三つの申し入れ事項のうち、公園の代替地はNHKがテレビ・センター用地としていたハーディ・バラックス跡九〇〇九坪、駒場の旧前田邸約九八〇〇坪、赤羽の被服本廠跡など計約二万五〇〇〇坪の国有地を東京都に無償貸与することが示された。旧前田邸は、終戦翌月の九月一二日に連合国軍に接収され、一九五一（昭和二六）年にはGHQ第二代最高司令官のリッジウェイの官邸となった。その後、一九五三（昭和二八）年一二月に富士産業（旧中島飛行機）に売却され、一九五七（昭和三二）年に国が売収していた。[58] 戦後、華族にかけられた財産税の納税のために、前田家が手放した不動産の一つだった。[59] 第2章で触れたように、屋根付き球場、正力タワーの建設用地だった新宿の土地は、一九四七（昭和二二）年まで前田家が所有していた。オリンピックの背後には、戦後に辛酸を舐めた旧華族の姿も見え隠れしていた。

その後、NHKへの払い下げに向けて手続きが急速に進む。

三月一九日には、東京都市計画地方審議会（会長は東都知事）がワシントン・ハイツの一部をNHK放送センター用地のために都市計画公園から除外することを承認した。付帯意見として、（一）国はオリンピック終了後、代々木公園用地を都に無償貸与し、再度縮小しないこと、（二）NHKに譲渡する面積相応の国有地を都に無償貸与すること、（三）NHK放送センターの設計は、森林公園・競技場に調和するよう努め、都と協議のうえ承認を求めることが示された。なお、三つ目の点を考慮したものと思われるが、一〇月一日には、明治神宮内苑とワシントン・ハイツ跡が、都市計画法に基づく風致地区に指定されることになる。もちろんNHKに払い下げられる土地も含む。これにより、ＮＨＫの放送センターの建設にあたっては、周囲の風致と調和しなければ都の許可を得ることはできないこととなった。

三月二〇日、国有財産関東地方審議会から関東財務局長宛て答申により、ＮＨＫへのワシントン・ハイツ一部の売り払いと、旧近衛歩兵第七連隊跡、旧前田邸を都に都市計画公園として無償貸与することが承認される。そして、三月二九日の閣議で、ワシントン・ハイツ跡地の一部をＮＨＫに譲渡することが決定された。こうして、ＮＨＫはワシントン・ハイツの土地を獲得し、同年四月からセンター建設の工事を開始する。

一連の流れを東京都の立場から見ると、（一）麻布新龍土町の青山公園用地をＮＨＫ等に取られ、（二）朝霞から代々木への選手村変更の段階で国に譲歩し、さらに（三）森林公園にすることが決まっていたワシントン・ハイツ跡地のＮＨＫへの一部譲渡まで認めさせられたわけである。ＮＨＫが代々木の放送センターの土地を取得するまでの過程で、東京都の意に沿わない決定がなされつづけた結果、ＮＨＫや政府に対する不信感が高まっていたことがわかるだろう。東京都首都整備局長を務めた山田正男は、後年、ＮＨＫへの不満を口にしている。

都市計画を壊された結果あいうもの〔ＮＨＫ放送センター〕ができたんだから。前田義徳（元ＮＨＫ会長）さんが、オリンピックの国際放映に引っかけて国会を動かしての大攻勢をかけ、都議会でも大紛糾の末、都市計画を改悪した結果ですからね。[60]

そして七年後の一九七〇（昭和四五）年三月、ＮＨＫは代々木公園の中での巨大タワーの建設を都に要求しようとしていた。さすがに都としても簡単に許可するわけにはいかなかったはずだ。NHKがタワー計画の具体化にあたって、「周囲の環境との調和」と「東京の新しいシンボルとなる美しいタワー」の二点を掲げた理由は、東京都サイドに蓄積されたNHKに対する不信感を払拭し、タワーの建設を認めてもらうために欠かせない要件と認識していたためだった。

そして、タワー計画の第一次案から第二次案が検討される過程で、周囲の環境との調和をより意識した案に練り上げられていった。

4 六一〇メートルタワー計画：第二次・第三次報告書

C案一本化：第二次報告書

一九七〇（昭和四五）年度に入ると、第三期放送センター総合整備計画の三本柱のうち、二三階建て高層オフィス棟（前年七月には地上二二階と発表）と四〇〇〇名収容のNHKホールの工事が始まる。一方、タワーについては調査費四〇〇〇万円のみが計上され、検討が継続される。

同年一二月には、『NHK放送センター総合整備鉄塔建設計画第二次報告書』が完成する。この時点で、第一次報告書で示されたタワー案A、B、CのうちC案に絞られた。つまり、円筒型、開脚型ではなく、頂部に展望台を持つ塔について、建築、構造、設備の面から詳細な検討が行われた。この段階で、塔の高さがアンテナを含めて「六一〇メートル」と明示される。

「C－6」と番号が振られたこの案は、第一次報告書のC案から変更になった点が少なくない。

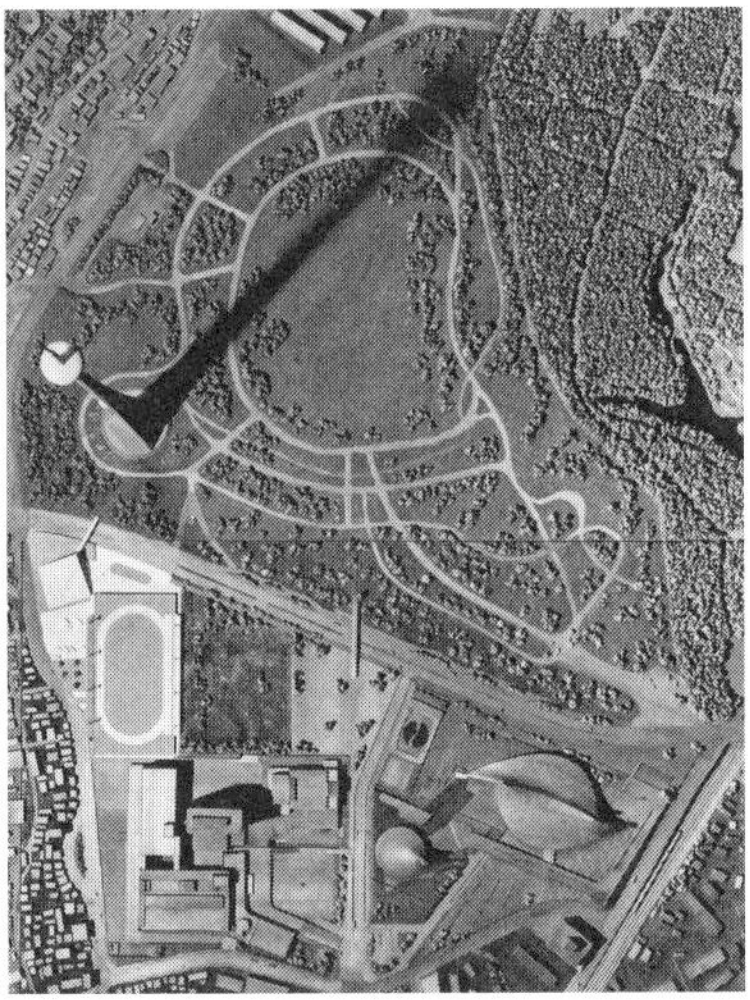

NHKタワーC-6案配置

展望台のレストランが回転レストランとなり、高さ二〇〇メートルほどの位置にも展望台が追加された。これによって、収容能力が一四三〇名（うちレストラン四〇〇名）から、一八〇〇名（同三〇〇名）に拡大された。

また、タワーの配置が公園南西部に移動した。公園中央の開放的な芝生の広場を離れて南西方向に向かうと、小高い丘のある一角に出る。普段、人影はほとんど見られない。まだ代々木練兵場だった一九一〇（明治四三）年一二月一九日、日野熊蔵と徳川好敏が、動力飛行機による国内初の飛行を成功させた場所だ。現在、その片隅には記念碑がひっそりと置かれている。

この場所に移動した理由としては、公園の中心にタワーが建設され、一日数万人の来場者が出入りすることで、公園の静けさや落ち着きが損なわれる恐れがあったことによる。

第一次報告書の段階では、交通処理についての検討は十分なされていなかった。むしろ、渋谷側からのタワーの見え方に比重が置かれ、NHKと屋内総合競技場の間を貫く軸線上のアイストップとしてタワーを配置することが想定されていた。そうした視覚的な効果よりも、多くの人が行き来する観光塔が公園に与える影響を踏まえ、公園としての静謐な環境の確保・調和（さらに明治神宮との調和）を重視する方向に転じたわけである。

だが、場所の選定に三上は悩んだ。助手の飯笹正勝と一緒に、何度も完成したばかりの公園内部を歩いた。結果として南西部の丘の上を選ぶ。その理由の第一は、明治神宮内苑から最も離れていること、第二に公園中心部からも距離があること、第三にＮＨＫから比較的近いことである。三つ目のポイントが、次に述べる変更点の肝となる。

タワーの入場者を円滑に誘導するには、タワー本体以外に多くの施設が必要となる。例えば、観光バスや自家用車の駐車場、入退場ロビー、切符売場、休憩ラウンジ、レストラン、喫茶店、売店、洗面所、その他各種施設が欠かせない。それら全てを公園の中に設けることは難しい。ところが、タワー敷地の南側を横断する都道（放射二三号線）を挟んで「織田フィールド」という陸上トラックがある。この名称は、一九二八（昭和三）年のアムステルダムオリンピックの三段跳びで日本に初めて金メダルをもたらした織田幹雄に由来する。

NHKタワーC-6案（1970年12月）

このトラック一帯を再開発すれば、立体駐車場やラウンジ、レストラン等をつくることができる。その屋上を活用すれば、織田フィールドも従前通り利用可能となる。

タワーの来訪者は、まず織田フィールド下の建物にアクセスする。エントランスホールから動く歩道に乗って、ガラスのチューブのような橋で都道の上を渡り、タワーを見上げながら丘の南斜面の中腹に入っていく。そして、タワーの地下にある広いロビーでエレベーターに乗り込み、高さ四六〇メートルの展望台へ上る。これにより、タワーの足元に付属施設をつくらずに済む。木々に囲まれた公園にタワーだけが立つことになる。公園内が混雑することもなく、静けさを保つことができる。

タワーの配置の変更と観光タワーとしての施設整備・動線処理の検討によって、六一〇メートルタワーはリアリティを帯びた計画としてNHK内部で受け入れられていくことになる。「美しい環境との調和」と「高いシンボル性」の二つを両立した案に洗練されていったと言える。三上自身も納得できるものに落ち着いたとの感覚を持ったのだろう。後年、このように語っている。

今考えても代々木公園の一隅というのは、シンボルタワーの敷地としては東京の中でも最良の場所の一つでしょうね。新宿にも渋谷にもほど近く、明治神宮と代々木公園の広大な緑を前景あるいはバックに持ち、すぐ近くには日本の近代建築を代表する丹下さんのオリンピックプールの大吊屋根がある。タワーの設計者としては、もうこの位置、この環境、そしてこの形に尽きるという感じなんですよね。[61]

三上は、丹下健三が設計した屋内総合競技場との視覚的な響きあい、調和も意識していた。丹下はもともと前川國男の事務所の出身だ。つまり、三上の先輩にあたる。「前川事務所の大先輩ですし、可能な限りの注意を払って調和を心掛けた」と振り返る。

海外タワー視察

Ｃ－６案の設計が固まりつつあった一九七〇（昭和四五）年秋、プロジェクトに関わるＮＨＫ、武藤構造力学研究所、日建設計のメンバー、計一三名が海外に視察旅行に出る。視察団の団長は、藤島克己ＮＨＫ技師長兼専務理事、副団長は蓮池正ＮＨＫ放送センター建設本部副本部長がつとめた。参加者の最年少が三上祐三の三九歳、最年長は六七歳の武藤清だった。

九月二〇日から一〇月二一日まで一カ月をかけて、欧米の計一八都市、三三カ所を巡った。主要な目的はタワーの視察だったが、コンサートホールやオペラハウス、多目的ホール、ラジオホール、超高層ビルも含まれた。これは四〇〇〇人収容のＮＨＫホールや二三階建ての超高層ビルの建設が控えていたことによる。タワーは一〇カ所視察しているが、エッフェル塔を除き一九六〇年代に建設された最新のものが選ばれた。

視察結果は『ＮＨＫホール・タワー調査団海外視察報告書タワー篇』として取りまとめられた。各タワーは、「敷地環境（立地、都市構造の位置付け等）」「公衆施設（展望台、レストラン、駐車場等のパブリック空間）」「構造」「設備（エレベーター等）」の四つの視点から整理された。さらに視察団メンバーが各タワーを四段階（A⁺＝一〇〇点、A＝八〇点、B＝六〇点、C＝四〇点）で評価した結果もまとめられている。評価は、「立地・環境条件の印象」「エントランス・ロビーの印象」「エレベーターの印象」「展望台・レストラン等の印象」「運営についての印象」「総合的評価」の六項目で行われ、それぞれ得点化された。総合的評価の平均得点を見ると、前年に完成したばかりのベルリンテレビ塔が八六点で最も高く、ハンブルクテレビ塔とエッフェル塔が同点の八〇点で続いた。

ベルリンテレビ塔とエッフェル塔は、それぞれベルリン、パリの中心部に位置する。ハンブルクテレビ塔も都心に近い。一方、都心から四キロ離れたミュンヘンのオリンピック・タワーや七キロ離れたモスクワのオスタンキノ・タワーは総合評価も低かった。

ヨーロッパのタワーは基本的には都心からやや離れたところに位置する。なぜならば、都心は歴史的な市街地が広がり、巨大なタワーがなじまないからである。そもそも、旧市街地の中でまとまった土地を確保することが容易ではなかった。その点、ベルリンテレビ塔やエッフェル塔は、例外的な存在だった。

全体の傾向としては、都市の中心から遠すぎず、さらに広大な公園、緑地、広場内に立つものが多い。その意味で都心の代々木公園を予定していたNHKタワーと類似した条件のものが多かった。回転展望レストランの普及が予想以上に進んでいたことも、視察団メンバーの印象に残ったようだ。視察したタワーのうち、モスクワ、ウィーン、ミュンヘン、ベルリン、ハンブルク、ロンドン、ナイアガラで設置されていた。前章で述べたように、電波塔に設置された例としては、一九五九（昭和三四）年完成のドルトムントのテレビ塔が最初とされる。日本における回転展望レストランは、ホテルニューオータニ（一九六四年）等の高層ビルで設けるケースはあったが、巨大な電波塔や展望塔での適用例はなかった。

また、多くのタワーは、展望台やレストラン、エレベーター、駐車場の収容能力が大きく、効率性と収益性を高めていた。収益施設は、多額の建設費用を回収し、経営を安定させるためには欠かせない。特に、回転レストランが大きな収益源となることが分かった点が収穫だったという。

そして、機能的要素と視覚的要素の両方のバランスが、設計の良し悪しを左右することも指摘された。タワーは、電波送信、観光、観測といった機能を満足させることが求められる一方、巨大なタワーは都市景観に与えるインパクトが大きいため、美しさも要求される。セントルイスのゲートウェイ・アーチは美しい弧を描くモニュメントだが、その分、内部の機能がおろそかになっていた。逆に、モスクワのオスタンキノ・タワーやロンドンのポスト・オフィス・タワーは各機能を満たしているが、視覚的な表現が不十分だった。その点、ベルリンテレビ塔は、機能と外観の美しさの双方を満たすものとして、視察団から高い評価を受けている。

視察したタワーの外観のうち、鉄骨トラスのものはエッフェル塔を除いて存在せず、鉄骨むき出しの塔が多い日本と対照的だった。名古屋テレビ塔、通天閣、さっぽろテレビ塔、東京タワーといった戦後を代表する鉄骨トラスの塔を設計したのが内藤多仲だ。

その内藤は、視察団が出発する一カ月前の八月二五日に死去していた。八四歳だった。

内藤は武藤とともに、ＮＨＫタワーの専門委員を務めていた。実際の構造計算は武藤研が担い、内藤はアドバイザーとして携わった。武藤は建築学会の会誌に内藤の追悼文を寄せている。

> 先生とご一緒にやった最後の仕事はＮＨＫのＵＨＦ電波塔の基本構想の策定であった。二年前から高さ六五〇メートル、それが出来れば世界最高の塔ということになるのだが、その作業を私が担当し、先生には最高権威者としてご指導を願っていたのである。順調に進んで、結論に近ず《ママ》こうというときに先生を喪ったのはまことに残念である。その最後のまとめに私どもはＮＨＫ海外調査団として九月から欧州各地の電波展望塔の視察を行なった。
>
> そして去る一〇月五日にはパリのエッフェル塔を訪ねたのであるが、ここは五年前、先生が奥様ご同伴で、エッフェル塔建設七五年記念祭に招かれて出席された、由緒深いところである。私ど

もは塔の下に立つエッフェルの像を前にして、先生の想いを新たにした。[62]

塔の柱の足元には設計者ギュスターヴ・エッフェルの胸像が置かれている。武藤は、この前に立ち、エッフェルと内藤、この二人の偉大な先達に恥じないタワーの実現を誓ったのだろう。

六一〇メートルタワー案の改良（C－7案）：第三次報告書

海外視察は実りあるものだった。NHKタワーに足りないもの、改善すべきものが明確になったことで、計画案もブラッシュアップされていった。

その結果が、一九七一（昭和四六）年七月に『NHK放送センター総合整備鉄塔建設計画第三次報告書』としてまとめられた。C－6案はC－7案となった。

デザインはC－6案（第二次報告書）を踏襲しているが、外形に微修正が施された。展望台上部がより丸みを帯びた形状となった。これは、C－6案の模型シミュレーションで、地上から見上げた時に展望台が小さく感じられたことから、視覚的に強調するための工夫だった。しかし、C－7案のポイントは外観ではない。

まず、海外視察の成果が、パブリックのための施設（展望部分、エレベーター等）の充実へと反映された。収益源として期待される展望台の回転レストランの面積が拡大された。また、展望台への輸送能力の向上・効率化を図るために、エレベーター部分の面積も増えている。単純に面積を増やすだけでは、通路等での混雑を引き起こす。そこで、入場者と退場者の動線を異なるレベルで処理するために、エレベーターホールの改良も行われた。

また、エレベーターや展望台のスペースを増やすために、構造計画の点からも見直された。タワーを上部、下部の二つの部分に分けて、タワーの上にもう一つのタワーを差し込むという考え方である。報告書では、「タワー・イン・タワー」と名付けている。鉄筋コンクリート造の下のタワーが外皮となってタワー全体を支え、鉄骨造の上のタワーがエレベーター等の設備を収めるコア部分を支えることになる。従来はコア部分にもタワー本体を支える構造材が入っていたために、設備のための面積が限定されていた。タワー・イン・タワーの考え方によって、コア部分の面積が拡大し、エレベーター配置の効率化によって台数も増やすことが可能となった。それだけでなく、部材を標準化できるようになり、施工期間の短縮にもつながるといったメリットもあった。

このように、ＮＨＫタワーの設計は、デザインや構造、設備のみならず、具体的な施工方法にまで及んでいた。にもかかわらず、この第三次報告書作成途中から、ＮＨＫからはペースダウンを命じられ、武藤構造力学研究所とＮＨＫとの間でのやり取りも少なくなっていった。[63]

5　NHKタワー計画の行方

NHKタワー消滅

一九七二（昭和四七）年一〇月、二三階建て高層オフィス棟とＮＨＫホールが竣工する。内幸町放送会館からの引っ越しも進み、代々木の放送センターへの一元化も翌年七月に完了した。これで一〇年越しの放送センター整備が完成を見る。

しかし、ＮＨＫタワーは建設に至らなかった。一九七二（昭和四七）年度の予算からタワー関連予算は計上されず、第四次長期計画からもタワーの文言が消えた。放送センターへの移転完了に合わせて任期満了を迎えた前田義徳会長が退任。タワー建設を積極的に推し進めていた前田が去ったことで、タワー計画は終息を見る。

計画断念が正式に表明されたのは一九七五（昭和五〇）年になってからだった。参議院逓信委員会で当時の小野吉郎ＮＨＫ会長が、タワー計画が既になくなったことを明言する。

> 一時そういう構想も確かにありましたけれども、今日のように非常に高いビルが林立いたしますような情勢では、五百五十メーターあるいは六百メーターのタワーを建てましても、これはそういった難視を完全に解消できるものではございません。非常な不経済施設にもなりますので、これはもう端的に申しますと、この構想は断念をいたしております。将来といえども、そのような構想を検討する余地はもう今日ではないのではないか[64]

タワー計画を断念した背景には、小野が述べたように、難視聴対策としては不十分であり、費用対効果を考えると技術的な進歩が著しかった衛星放送やＣＡＴＶ（ケーブルテレビ）に委ねた方が確実といえることがあった。だが、ＮＨＫタワー計画が消滅した理由は他にもある。

ＵＨＦ全面移行方針の撤回

もともと六〇〇メートル級タワーを建設する根拠の一つは、テレビ放送のＵＨＦ移行方針だった。

一九六八（昭和四三）年に当時の小林郵政相が、一〇年かけてVHF帯を用いていたテレビ放送の電波をUHF帯に全面移行する、いわゆる「Uターン」の方針を掲げた。UHF帯の電波特性から関東一円にテレビ電波を送信するためには六〇〇メートル級タワーが必要とされた。

ところが、UHFへの移行は全く進まなかった。

一九七二（昭和四七）年三月、廣瀬正雄郵政相が「実際上できるかどうかということについて非常に疑念を持つに至っておる」[65]と方針見直しの必要性に言及する。さらに二年後の一九七四（昭和四九）年九月、石川晃夫郵政省電波監理局長が「来年早々から根本的に再検討し、来年中に結論を出したい」[66]と方針撤回の可能性を示唆した。

NHKと民放合わせて全国に約一五〇〇局あるため、全てをUHFに切り替えると、移行費用は二〇〇〇億から三〇〇〇億円かかるとも試算されていた。巨額の負担を強いられるテレビ局側はかねてより抵抗しており、UHF移行はもはや現実的ではなかった。当初、VHF帯を需要が急拡大していた移動無線のために譲ることが大きな目的だったが、技術開発によって移動無線でもUHF帯の利用が可能となっていた。さらに、衛星通信で代替できる可能性も出てくるなど、テレビがVHF帯を明け渡さずとも対応できる見通しが立ちつつあった。

そして一九七八（昭和五三）年二月三日、服部安司郵政相がUHF移行方針の白紙撤回を閣議で報告する。方針が示されてから一〇年を経て、正式にUHF移行を断念したことが明らかとなった。[67]

UHF移行が頓挫したことで、タワー計画の根拠の一つが失われた。

建設費用の調達：ＮＨＫ内幸町放送会館の売却問題

建設費用の問題はどうだろうか。正力タワー計画が消滅した要因の一つには、建設資金調達の目途が立たなかったことが挙げられる。ＮＨＫでも同様の問題を抱えていたとしても不思議ではない。ＮＨＫタワーの建設費用は、内幸町の放送会館その他の都心に点在していたＮＨＫの不動産を売却することで賄うこととされていた。

その放送会館の土地・建物が予想以上の価格で売却されたのである。

一九七二（昭和四七）年一二月八日、放送会館の本館、新館、第二本館の敷地一万五五〇平方メートル、建物延六万七三九〇平方メートルが公開指名入札にかけられ、公募企業一五社の中から三菱地所が三五四億六三一二万七〇〇〇円で落札した。[68] 坪当たり約一一一一万二〇〇〇円。もともとＮＨＫは一五〇億から一八〇億円程度を想定していたことから、これを大幅に上回った。

なお、ＮＨＫは代々木ワシントン・ハイツの土地を坪一八万円、計四五億円で購入。高層オフィス棟とＮＨＫホールの建設費が一一五億円だった。これらを差し引いても二〇〇億円のおつりがくる。タワーの建設費用は当初六五億円を想定していたため、問題なく建設できたはずである。のちにＮＨＫタワーが純粋電波塔から観光塔に発展したことで六五億には収まりそうになかったが、それでも余裕はあるはずだった。

だが、放送会館の売買は思わぬ形で世論の非難を浴びることになる。

この年の七月、田中角栄が首相に就任する。この年出版された田中の『日本列島改造論』はベストセラーとなり、「改造ブーム」を当て込んだ投機的な不動産取引が急増し、地価高騰が問題となっていた。そこに、ＮＨＫが坪一一一一万円もの高額で土地を売却することが地価高騰に拍車をかけるのではないかとの批判の声が上がった。しかし前田会長は適切な商行為であるとして、売買契約の撤回を拒否。政府も合法的な手続きで進められる取引に対して干渉する意向はなかった。だが、国会でも衆参両院の予算委員会や決算委員会で、公共放送であるNHKに対する批判が強まったことから、政府としても何らかの対応を迫られた。そこで、久野忠治郵政大臣の指示によって、売却益のうち一二〇億円でNHKは放送文化基金を創設する。[69]その運用益で、全国の小中学校にカラーテレビを寄贈するほか、放送文化向上、難視聴対策が行われることとなった。さらに、三年間、受信料の値上げをしないことも約束された。

翌年の一九七三(昭和四八)年度予算は、放送会館の売却益もあって黒字となった。ところが、これを除くと経常収支は九億八六〇〇万円の赤字、前年度予算も八億二〇〇〇万円の赤字予算となっていた。これは、一九七二(昭和四七)年の沖縄本土復帰に伴い、NHKが沖縄放送協会(OHK)を吸収したことが影響していた。[70]沖縄の受信料は本土より低く抑えられていたほか、受信料を支払っている世帯が受信台数の三分の一にとどまっていたこともあり、OHKの経営は芳しくなかった。NHKは膨れ上がったOHKの赤字を負担せざるを得なかった。

その後も、一九七四(昭和四九)年度は四五億五〇〇〇万円、一九七五(昭和五〇)年度は二一五億七九〇〇万円の赤字を計上することになる。物価の高騰や人件費の増加で支出が拡大する一方、白黒からカラー契約への切り替えによる収入増が頭打ちとなったことが要因とされた。一九七六(昭和五一)年には、一九六八(昭和四三)年以来行われていなかった受信料の値上げが実施され、カラー契約で月額四六五円から七一〇円と大きく跳ね上がることになる。

このように、NHKは巨大なタワーをつくる経済的な体力が削られつつあった。巨大タワーの建設は、受信料の値上げで負担が増した国民の支持を得ることも難しかっただろう。

美濃部都知事の政策

ＵＨＦ移行方針の撤回でタワーをつくる必要性が失われ、さらに予算上も建設費を計上する余裕はなくなっていた。そして何よりも、代々木公園を使用できる見通しが立たなかったことが、タワー計画に影響した。

代々木公園を敷地に想定した第一次報告書が策定されたのが一九七〇（昭和四五）年三月。これと前後して都との非公式な協議が始まる。その一年後、前田会長は「ＮＨＫの敷地の中に建てるか、その隣接地域に建てるかという二つの問題を調整しながら関係方面と交渉を続けているという段階でございます[71]」と国会で説明。都との交渉が不調であることをうかがわせた。さらに一年後の国会で、ＮＨＫタワーの進捗状況について前田が答弁している。ＮＨＫタワーの第三次報告書作成から八カ月が経過していた。

最近では日照権であるとか、あるいは緑地地帯の問題であるとか、この私どもの立場と関連はいたしますが、難視解消という問題以外に新しい問題が、市民権との関係で非常に複雑かつ多岐にわたって出てきております。私どもは率直に申しまして、東京都知事とも、あるいは東京都の事務担当者とも話し合ってまいりましたが、今日の状況のもとではこの新都市計画から申しましても、直ちにこれを実現することはかなり困難な情勢にございます。しかしながら、私どもはこの考え方を今日捨てているわけではございません。ただかなり時間がかかるということでありま す[72]。

東京都知事や担当者とも話し合ったがうまくいかず、その理由として前田は、日照や緑地などの新しい問題が起きていることを挙げた。

この時の都知事は美濃部亮吉だった。一九六七（昭和四二）年、社会党と共産党を支持基盤に知事に当選し、「革新自治体ブーム」を牽引する。一九七一（昭和四六）年四月の二期目の選挙では、ハード整備・開発偏重の政治に対抗して、福祉・公害対策などソフト重視の政策を打ち出し、当時最多得票の約三六二万票で再選されていた。

美濃部の政策は、選挙直前の三月に『広場と青空の東京構想（試案）一九七一』（東京都）として公表されていた。「広場」は市民参加、「青空」は公害から市民を守ることを意味する。美濃部は、市民が納得しない施策は実施すべきではないとの姿勢を一貫して示していた。その美濃部の哲学を象徴する言葉がある。

橋ひとつ作るにしても、そこに住む人の合意が得られなければ、橋は建設されない方がよい。たとえ、人々がこれまで通り泳ぐか渡し舟で渡らなければならないとしても、それが住民の意思なら尊重すべきだ。[73]

美濃部は住民の反対運動に対して好意的だった。

また、全国的な課題となっていた大気汚染、水質汚染、土壌汚染などの公害問題を解決し、人々の暮らしに最低限必要な環境の確保（シビル・ミニマム）を政策に掲げた。

前田会長の答弁にあった「日照」や「緑地」がこれに関係してくる。

一九六〇年代から七〇年代にかけて、大都市部を中心に日照紛争が社会問題化する。高層マンションが目の前に建ち、家に日の光が入らなくなる住民が反対運動を起こすなど、建築紛争が東京でも頻発していた。巨大なタワーは公園内のみならず、周辺の市街地にも影を落とすことが懸念された。ただし、高いからといって日照を悪化させるとは限らない。細長い建物ほど影がすぐに移動するため、影がとどまる時間自体は少なくなる。しかし、広範囲にわたって影をつくることは間違いない。高さ六一〇メートルのインパクトはあまりにも大きかった。

一方、「緑地」については、『広場と青空の東京構想』の中でも重要施策の一つに位置付けられていた。自然破壊や公害の防止、都民のレクリエーションの場の提供につながるとして、緑地・公園・オープンスペースの整備が謳われた。『広場と青空の東京構想』の二カ月前に策定された『都民を公害から防衛する計画』には緑化の数値目標が示されていた。一人当たりの都市公園面積を一・〇八平方メートルから一九七五（昭和五〇）年度に一・九平方メートル、一九八〇（昭和五五）年度に三・〇平方メートルに増やすとともに、緑を確保するために「恣意的な開発行為にブレーキをかけること」も明記された。

代々木公園の中に六一〇メートルのタワーをつくることは、日照問題を発生させるだけでなく、折角整備された公園の緑を減らすことにもつながる。これは『広場と青空の東京構想』とも整合が取れない。NHKの利益のために都民の公園を犠牲にすることはできないと美濃部は考えたはずだ。

一方NHKは、タワーが公園の環境と調和したデザインであること、動線処理にも最大限配慮し、静謐な公園の環境を守ることで都を説得できると考えた。

だが結局、美濃部の理解は得られなかった。それゆえ、前田は「直ちにこれを実現することはかなり困難な情勢」にあると語ったのであろう。実際、現在初台にある新国立劇場の建設地が決まっていなかった頃、芸術団体が代々木公園の土地の使用を都に要請したことがあった。しかし美濃部は、「公園の木一本たりとも切らせるわけにはいかない」[74]とあっさり却下している。美濃部都政のもとで、代々木公園にタワーを建設できる可能性は限りなく低かった。

武藤清の一〇〇階建て超々高層ビル構想：四〇〇メートルビル＋二〇〇メートルアンテナ塔

一九七八（昭和五三）年四月、池袋の巣鴨プリズンの跡地に「サンシャイン60」が開業した。霞が関ビル完成からちょうど一〇年後にあたる。地上六〇階、高さ二四〇メートルは、一九九一（平成三）年に東京都庁第一本庁舎が竣工するまで、日本一の高さを誇った。

その高さゆえに、サンシャイン60は工事中から問題を抱えていた。深刻な電波障害である。建物が立ち上がってから数多くの電波障害が確認され、周辺の自治体からも対応の要望書が提出されていた。一九七七（昭和五二）年一〇月にＮＨＫが公表した調査結果によると、影響範囲は、都内のみならず浦和や川崎も含み、一〇万世帯に影響が及ぶとの試算が示された[75]。

サンシャイン60のプロジェクトの中心人物で、財界の重鎮でもあった今里廣記は、日本テレビ社長の小林與三次のもとに赴いた[76]。

正力タワーを作ってくれぬか、われわれ財界で協力するから。

小林は笑いながら今里の言葉を受け流した。

貴方がお建て下さい。私は正力会長と違ってそんな力がないのですから。

既に、正力タワー計画が消滅して一〇年近くが経過していた。小林は、岳父である正力亡き後、日本テレビの社長として粉飾決算や正力タワーの後始末に追われた。正力色を払拭し、日本テレビの再建に取り組んでいた中、突然「正力タワー」の名前が出てきた。もちろん今里もそこまで本気で頼んだわけではないだろう。しかし、正力の我執に過ぎないと思っていた五五〇メートルタワーが社会的に必要とされていることに小林は驚いた。実は、この年に職制改正で廃止されるまで、日本テレビ内に「正力タワー建設本部」は残っていた。もちろん実態は既になかったが、建設本部の廃止を受けて南日恒夫は、「もうあの規模のタワーを造る計画は出ないでしょうね[77]」と語った。

サンシャイン60完成の翌年、一九七九（昭和五四）年七月、武藤清らが『100階建への挑戦』と題するレポートを発表する[78]。

霞が関ビル以来、世界貿易センタービル、京王プラザホテル、新宿三井ビル、サンシャイン60等、揺籃期における超高層ビルの構造設計の大半を手掛けていた武藤研には膨大な知見が蓄積されていた。これをさらに発展させ、「超々高層ビル」の技術的、経済的可能性を追求したものが「一〇〇階建て構想」だった。

高さ約四〇〇メートルはサンシャイン60を一六〇メートル上回り、延面積五〇万四〇〇〇平方メートルは霞が関ビルの三倍。一つの建物というよりは、小さな都市ともいうべき提案だった。ダブルチューブ構造、スカイロビー方式のエレベーター計画、省エネルギー対策としての中水利用等、様々な技術的な特徴が示された。

その最後に「屋上二〇〇メートルのタワー計画」が盛り込まれている。これは、高さ約四〇〇メートルの屋上に二〇〇メートルのアンテナ塔を設置すれば、世界最高の六〇〇メートルの電波塔になるというアイデアである。しかも、建設費はタワー単独で建てるよりも約一〇分の一に抑えられる計算だった。超高層ビルの上にテレビ送信アンテナを設置する例は珍しいことでない。ニューヨークではエンパイア・ステート・ビルに設置されていたが、一九七八（昭和五三）年からはワールド・トレード・センターの北棟のアンテナから電波が発信されていた。

武藤の一〇〇階建てビル＋二〇〇メートルのアンテナ塔の案は、前年に完成したサンシャイン60の難視聴問題を念頭に置いたのであろう。しかし、それだけではなく、幻となったＮＨＫタワーの存在が透けて見えるのである。

三上君、あのタワーは惜しいことをしたな。何とかして建てたかったな。[79]

武藤は、三上祐三と会うたびに、そう声をかけた。

武藤自身にとっても、ＮＨＫタワーが心残りだったのだろう。だからこそ、一〇〇階建て構想の中に、わざわざ二〇〇メートルのアンテナ塔を設置する案を付け加えたのではないか。

ＮＨＫタワーの第二次報告書（一九七〇年一二月）には、三上が六一〇メートルタワーに込めた理想が綴られている。

世界一の大都市東京のシンボルタワーとなるべきこの塔は、単に世界最大の規模を誇るだけであってはならず、それを見る人の感情に直接訴える美しさを持たねばならない。スモッグの日にもこの塔からは見えるであろう日本のシンボル富士山が巨大さと美しさを兼ね備えているように、この塔も力強さと優雅さを見る人に同時に感じさせるものでありたい。更にいうならば、その姿は日本の未来、すなわち、驚異的な経済成長を遂げたあと、公害を克服し、エコノミック・アニマルの汚名を返上し、人間尊重の調和ある社会を目標に発展するであろう日本の未来を象徴的に示すものでありたい。[80]

この報告書が書かれた一九七〇（昭和四五）年には大阪万博が開催された。その三年後の一九七三（昭和四八）年七月、NHK放送センターの整備が完成する。同年一〇月に勃発した第四次中東戦争を契機とするオイル・ショックを経て、日本の高度経済成長は終焉を迎えていた。より大きく、より美しいタワーを求める理想は力強いものであったが、経済学者のシューマッハーが唱えた「スモール・イズ・ビューティフル」に代表されるように、大量生産、大量消費による物量主義への反省が生じる中、大きいものに憧れ、それを手放しで受け入れる時代ではなくなっていた。高度成長期の終焉とタワー計画の消滅が同時期であったのも偶然ではなかった。

終章　東京ドームと東京スカイツリー

テレビ黎明期を支えた三本の鉄塔は既に存在しない。

まず一九八〇（昭和五五）年に日本テレビの塔が、本館の建て替えにあわせて解体された。当初は塔の保存も検討されたが、電波塔としても展望塔としても役割が失われたまま残す必然性はなかった。日本テレビのアンテナ一二段スーパーターンスタイルアンテナは南館の角に設置され、創業時の記憶がつながれた（その後、再開発にあわせて撤去）。

一九九一（平成三）年には、紀尾井町のＮＨＫの鉄塔が姿を消した。その前年、バックアップ用の送信機能は、南側に位置する高さ一三八メートル、地上三九階の赤坂プリンスホテル新館の屋上に移設された。鉄塔の跡地には、ＮＨＫの千代田放送会館がつくられた。

ＴＢＳの鉄塔は、一九九五（平成七）年に局舎の建て替えによってなくなった。日本テレビと同様にアンテナは保存され、敷地入口にモニュメントとして設置された（その後、一二段のうち二段分のみが敷地内通路脇に移設・保存）。

三本のタワーと入れ替わるように、屋根付き球場や六〇〇メートル級の電波塔が東京のスカイラインに姿を現すことになる。

1 日本初のドーム球場の誕生

「正力ドーム」構想の消滅から四年後の一九六五（昭和四〇）年、世界初の屋根付き球場がアメリカ・テキサス州ヒューストンで誕生した。[1] ヒューストン・アストロズの本拠地のアストロドームだ。[2] 屋根には、芝の生育を考慮して、透過性が高く丈夫な素材であるメタクリル樹脂が用いられた。翌年には人工芝「アストロターフ」が開発され、芝の管理問題は解消された。なお、アストロドームの建設理由は雨対策ではなく、大量に発生する蚊や暑さ対策のためだった。

一九六〇年代のドーム構想

アストロドームの完成後、日本でもドーム計画が噂に上っては消えていった。

一九六六（昭和四一）年に後楽園球場に屋根を架ける案が持ち上がる。後楽園球場の完成から三〇年が経過し、老朽化も目立ち始めていた。翌年、後楽園スタヂアム社長の真鍋八千代は、自伝『衆は愚にあらず』を出版する。その巻末には星野直樹が真鍋にドーム建設を託す言葉を記している。

かつて正力は、この天井のある野球場の建設を企てた。が、ついにその実現を見ず、いまはその企ても人に忘れ去られようとしている。この正力の夢を実現するものは、真鍋よりほかにはない。[3]

一九五八（昭和三三）年春、真鍋は星野直樹らが立案した屋根付き球場計画を正力から託されたが、採算の問題から断っていた。それから約一〇年を経て、真鍋は後楽園球場のドーム化の可能性を探った。だが、収益確保が困難と判断し、スタンドの増設や内野の芝生化などの改修にとどまることになる。なお、真鍋の後任の丹羽春夫が一九七六（昭和五一）年に人工芝を導入している。

後楽園で屋根の増設が検討された一九六六（昭和四一）年の暮れ、近鉄の佐伯勇オーナーがパ・リーグのオーナー懇談会の場で屋根付き球場の建設を提案する。[4]南海と阪急の両オーナーの賛同を得て、セ・リーグの阪神に協力を仰ぐことで話がまとまった。球場の建設地としては、大阪万博開催後の跡地や大阪城内が想定されたが、それ以上、話が発展することはなかった。

一九六九（昭和四四）年には、アトムズ（現東京ヤクルトスワローズ）の松園尚己オーナーもドーム球場建設構想を明らかにする。[5]ヤクルトは前年末から球団経営に乗り出し、新体制一年目の目玉として打ち出した。敷地には神宮外苑の絵画館前を想定していたようだ。

名古屋・ノリタケドーム

以上は、いずれも構想レベルのものだったが、中でも実現性が高かった計画が、名古屋の「ノリタケドーム」だろう。[6]一九七九（昭和五四）年、日本陶器（一九八一年にノリタケカンパニーリミテドに社名変更）が創業七五周年を記念し、使われなくなった工場跡地にドーム球場を建設すると発表した。建設費の半分と建設用地は日本陶器が提供し、残りの建設費は地元財界が負担する計画だった。なお、この一〇年前の一九六九（昭和四四）年にも、名古屋の財界四団体が熱田神宮の外苑整備にあわせてドーム球場を検討したことがあったが、この時は具体化には至らなかった。

一九七九（昭和五四）年一二月、ノリタケドームの基本計画がまとまる。両翼九五メートル、中堅一二〇メートル、収容人数四万三〇〇〇人の球場に、半径二五〇メートル、高さ六五メートルの鉄骨屋根をかける案だった。基本計画の策定は大成建設が担った。正力ドームや正力タワーにも関わった鈴木悦郎がプロジェクトの中心にいた。鈴木にしてみれば正力ドームから二〇年越しに屋根付き球場をつくるチャンスでもあった。

その後、球場建設を推進していた会長の岩田蒼明が一九八〇（昭和五五）年に死去、翌年には社長の杉本悌二郎が病に倒れた。社の創業記念事業に屋根付き球場を提案したのは、アメリカ暮らしの長い杉本だったとされる。球場建設を推進していた二人が経営から離れたことで計画は停滞する。

そして一九八四（昭和五九）年一月二六日、倉田隆文社長が「採算の見通しが立たないので断念する」と発表。その一年余り前の一九八二（昭和五七）年一〇月に中日ドラゴンズがリーグ優勝を飾り、新球場建設の機運は高まったはずだったが、第二次オイル・ショックで景気が後退し、財界からの協力の見通しも立たなかった。また、名古屋市が一九八八（昭和六三）年のオリンピック招致に失敗し、ソウルに奪われたことも影響した。

鈴木俊一東京都知事の「トウキョウドーム」

ノリタケドーム計画が不透明な状況になりつつあった一九八二（昭和五七）年、鈴木俊一東京都知事が、臨海部に屋根付き球場を建設する構想を明らかにした。[7] 有明にあった東雲ゴルフ場跡に開閉式の屋根付き球場とテニス場をつくるもので、鈴木自身も調査費に一億円を投じると語るほどの熱の入れようだった。鈴木は翌年に二期目の選挙を控えており、自らの公約である「マイタウン東京構想」の実現に力を注いでいた。ドーム球場は、その目玉の一つだった。[8]

前年に都港湾局が作成した試案によると、天井高七〇メートル、外径二〇〇メートル、収容人数は四万人から六万人、建設費は二五〇億円と見積もられた。観客席は可動式で、野球だけでなく、陸上競技、テニス、バレーボールのほか、コンサートや展示会にも使える多目的施設が想定された。

だが結局、球場計画は立ち消えとなり、この土地は有明テニスの森公園として整備され、テニスコートと有明コロシアム（開閉式）がつくられることになる。

堤義明による西武球場ドーム化計画

鈴木都知事がドーム球場構想を明らかにした一九八二（昭和五七）年、西武ライオンズの堤義明オーナーも、屋根付き球場の建設意向を示した。中日ドラゴンズを下して日本シリーズを制し、のちの常勝軍団の足掛かりをつかむ記念すべき年だった。六月、ライオンズがパ・リーグ前期優勝（当時、パ・リーグは前期・後期の二期制を採用）を飾ると、堤は「日本一になったら、屋根付きを考える」とドーム化の可能性に言及した。[9] 一〇月に日本一を決めると、「作るかどうかはまだ白紙」としながらも、「すでに基本設計に二、三千万円用意している」と前向きに検討していることをうかがわせた。[10]

もともと堤は、球団買収前から屋根付き球場に関心を持っていた。プロ野球参入の噂がささやかれていた一九七〇年代半ば、グループ会社の「豊島園」に屋根付き球場をつくるプランを練っていたとされる。[11] ところが、一九七九（昭和五四）年にノリタケドームが発表されると、堤はドーム球場に否定的なコメントを残している。

野球は本来、太陽の下でやるべきもの。西武球場（埼玉県所沢市）のスタンドに屋根を付けず、球

場全体の色調も緑に統一したのも、周囲の自然環境と調和させるためだ[12]

当時、西武ライオンズ発足一年目だった。屋根付き球場を考える余裕はなかったのだろう。その後、チームが軌道に乗ったことで、満を持してかねてより温めていたドーム化を目指したわけである。しかし、これも具体化することなく自然消滅する。

後楽園による東京ドーム建設

そして一九八四（昭和五九）年九月五日、後楽園スタヂアムの保坂誠社長が、後楽園の競輪場跡に屋根付き球場を建設することを発表し、一九八八（昭和六三）年三月に東京ドームとして完成する。日本テレビが屋根付き球場計画を発表してから三〇年が経過していた。屋根は、鉄骨でも鉄筋コンクリートでもなく、空気膜構造を利用したドームだった。その形状から「ビッグエッグ」との愛称が付けられたが、これは保坂のアイデアとされる。

後楽園が東京ドームの建設に踏み切った背景には、後楽園球場の老朽化や一九八三（昭和五八）年四月に開業した東京ディズニーランドへの対抗があった。また、保坂は、柴田秀利の言葉が念頭にあったと語っている。

柴田君からは、〝おまえ、野球場に屋根をかける、そういう構想を考えろ〟と、今日のドーム実現のヒントを与えてくれたんです。ですから僕は、自分が社長になった時は、自然にドームをつくろうという気持になっていたんで、創立五十周年も来ることだし、まず最初に野球場を直そうと思ったものです。[13]

その後、福岡ダイエーホークスの中内㓛オーナーがドーム構想を発表する。同時期、各ゼネコンがドームを開発し、積極的に売り込みを展開していた。例えば、シェルドーム（竹中工務店）、レディーバード（大林組）、アルマジロ方式（大成建設）、レインボードーム（鹿島建設）、スーパーサークドーム（清水建設）、サンドーム（熊谷組）等、いずれも開閉式ドームだった。[14]

一九九三（平成五）年には、福岡ダイエーホークスの本拠地として、開閉式屋根を持つ福岡ドームが完成する。東京ドームと同じく竹中工務店が手掛けた。一九九七（平成九）年には大阪ドームとナゴヤドームが続き、一九九九（平成一一）年に西武球場に屋根が増設された。二〇〇一（平成一三）年には札幌ドームが完成し、北海道日本ハムファイターズが利用したが、二〇二三（令和五）年には新たに竣工したエスコンフィールドＨＯＫＫＡＩＤＯに本拠地を移した。日本プロ野球一二球団中半分の六球団が屋根付き球場を本拠に構えるまでになった。

日本テレビの屋根付き球場の顧問会議メンバーの内田祥三は、野球は青空の下でやるべきだと正力に語っていたというが、[15]雨の多い日本において屋根のある球場の普及は必然でもあった。その原点には、鮎川義介の依頼で星野直樹らが立案し、正力松太郎が実現しようとした「正力ドーム」があったのである。

2　六〇〇メートル級タワーの誕生

バブル期の超々高層都市構想

ゼネコンがドームの開発に注力していたバブル期、各社は競うように「超々高層ビル構想」を次々に提案していった。

一九八九（平成元）年六月、竹中工務店が地上一九六階・高さ一〇〇〇メートルの「スカイシティ１０００」を発表したのを皮切りに、八月には、大林組が五〇〇階・高さ二〇〇一メートルの「エアロポリス２００１」を公表。翌一九九〇（平成二）年には、鹿島建設が二〇〇階・高さ八〇〇メートルの「ＤＩＢ２００」、大成建設が八〇〇階・四〇〇〇メートルの「Ｘ－ＳＥＥＤ４０００」、一九九一（平成三）年に清水建設が五〇〇階・二〇〇四メートルの「ＴＲＹ２００４」を発表した。

当時、日本で最も高いビルは、一九九一（平成三）年に完成した高さ二四三メートルの東京都庁第一本庁舎だった。その三倍から二〇倍近くにも及ぶ「ハイパービルディング」が構想された背景には、バブル期に社会問題となっていた地価高騰があった。高層化による土地の有効活用が求められた。そこで、居住・就業人口が十数万人から一〇〇万人に及ぶ「都市としての高層ビル」が提案された。また、これらの提案には、顕在化しつつあった地球環境問題に対処するために、エネルギー効率の高い都市のあり方も盛り込まれた。

地球環境問題の解決手段として、早い段階から高層建築やドーム建築に着目していたのが、バックミンスター・フラーだった。正力の求めに応じて設計した富士山を超える「読売タワー」や「四面体都市」は、まさにゼネコンが構想した超々高層都市の先駆的なアイデアだったことがわかる。

時代がようやくフラーに追いついたのである。フラーとともに屋根付き球場を検討した大成建設が富士山を上回る高さ四〇〇〇メートルの「X－SEED4000」を提案した背景には、フラーとの共同作業の経験が影響していたのかもしれない。

一九九〇（平成二）年、大林組は「エアロポリス2001」と別のプランも検討していた。東京湾に人工地盤を設けて高さ八〇〇メートルの円錐状の超高層ビルをつくる「ミレニアム・タワー」である。この計画には、フラーを師と仰ぐイギリス人建築家ノーマン・フォスターが共同設計者として名を連ねた。香港の香港上海銀行本店ビルやロンドンの30セント・メリー・アクス等を設計したことで知られるフォスターは、優れた建築家に与えられるプリツカー賞を受賞し、サーの称号も持つ。フラーとフォスターは、一九七一年に出会って以来、フラーが亡くなる一九八三年まで親交を持った。「最小の資源で最強の構造」を求めるフラーの哲学から、抑制こそが豊饒であることを学んだ。さらに、地球規模で物事を捉える発想力、テクノロジーを基盤とする建築で社会問題を解決するとの考え方は、フラーとの交流の産物だった。フラーはフォスターに対し、全地球を設計し直し、人類の生活を変えるような仕事を求め続けたという[16]。

しかし、かつてのフラーの構想と同様、ゼネコンの超々高層都市が実現することはなかった。バブル崩壊とともにこれらのプランも忘れられていく。

ところが一九九〇年代末、思わぬところから六〇〇メートル級の超々高層タワーを建設する動きが表面化する。それが地上デジタル放送をきっかけとする「第二東京タワー」の建設である。

第二東京タワーを巡る競争：一九九七〜二〇〇一年頃

かつてNHKが目指した六一〇メートルのテレビ塔が頓挫した理由の一つが、テレビ電波のUHF移行方針の消滅だった。そのUHF化が思わぬ形で進んだ。一九九七（平成九）年三月、郵政省がテレビの地上波をアナログからデジタルに移行する方針を示したのである。[17] 地上デジタルテレビ放送、いわゆる地デジ化だ。地デジにはUHF帯が用いられることになっていた。これまで述べてきたように、UHF帯は直進性が強い電波特性を有し、従来通り関東一円に電波を届けるには六〇〇メートル級タワーが必要だった。

NHKタワー計画の消滅から一〇年以上経った一九八五（昭和六〇）年、元放送センター建設本部副本部長の蓮池正は、巨大電波塔の可能性について、次のように語っている。

将来衛星放送が普及しても地上波が必要というのであれば、放送タワーではなくても、いわゆる観光塔としてやれば充分採算が採れると私は思います。[18]

地上デジタル放送への移行をきっかけに、観光資源ともなる六〇〇メートル級タワーの誘致が各地で進むことになる。まずは「さいたま新都心タワー」だ。

一九九八（平成一〇）年九月、さいたま新都心タワー建設構想研究会が、二年後に誕生予定のさいたま新都心の開発区域に五〇〇メートルの「さいたま新都心タワー（SST）」を建設する構想を発表した。[19] 研究会代表を務めた都市計画学者の伊藤滋は、作家の伊藤整の長男で、のちに大相撲で八百長問題が発覚した際、特別調査委員会の座長を務めたことでも知られる。もともとこのエリアでは、伊藤をブレーンに三六〇メートルの超高層ビルが計画されていた。ところが、バブル経済の崩壊で頓挫。その案が、地デジ化にあわせて三六〇メートルと二〇〇メートルの高さに展望台を設ける五〇〇メートルタワーに再編されたのである。新日本製鉄、日立製作所、セコム、NEC等の出資で企画会社「さいたまタワー」が設立され、県の支援を受けながら検討されることになる。

同時期には、多摩ニュータウンの堀之内周辺の丘陵地に「多摩タワー」をつくるプランもあった。企画会社「多摩タワー建設準備」を設立した佐藤靖之・産業人文学研究所事務局長が、高さ三五〇メートルの電波塔を提案した[20]。横田基地周辺にかかる航空法の高さ制限をクリアする必要から、高さはさいたまタワーに及ばない。ただ、標高一五〇メートルの丘陵地に建てることで、アンテナ標高五〇〇メートルが確保できる。これにより、総事業費が二〇〇億円に抑えられた[21]。

都心でも新タワー構想が立案された。

一九九八（平成一〇）年九月、東京タワーを所有する日本電波塔株式会社が、高さ七〇七メートルタワーを芝公園内に新設する案を発表した[22]。五〇〇メートルの高さに展望台を持つものだった。ラッキーセブンで七七七メートルも検討されたが、結局七〇七メートルに落ち着く。利便性の高い都心に立地するため、テレビ局側としても申し分がなかった。日本電波塔としても、年間売り上げの大半を占める各テレビ局の賃料と観光収入を失うわけにはいかなかった。

JR東日本もタワー競争に乗り出した。二〇〇〇（平成一二）年七月、新宿駅南側の線路上に、五〇〇億円（から七〇〇億円）をかけて六〇〇メートルの「新宿タワー」を建設する計画を明らかにした[23]。高さ三一〇メートルの位置に第一展望台、四〇五メートルに第二展望台を設けて、新宿駅周辺の新たな観光資源とする構想だった[24]。

ところが、羽田空港の拡張及び国際化に伴って都心上空が航路に組み込まれる可能性があり（のちの羽田新ルート）、航空法の高さ制限によって六〇〇メートル級の建造物が建設できないことが判明する。新宿だけでなく、芝公園も高さ制限に抵触する恐れがあった。

ＪＲ東日本は新宿をあきらめ、代替地を探す。田端、上野、品川の各駅周辺を検討した末、二〇〇一（平成一三）年二月、秋葉原駅前を敷地とする「秋葉原タワー」としてまとまる。[25]山手線を跨ぐ形で六〇〇メートル級のタワーをつくる計画だった。当時、秋葉原駅の北側では再開発が進行中で、そこにタワーを組み込むものだった。テレビ局在京六社は、各局に近くトラブル発生時の対応が容易であることを評価した。ところが、五〇〇億円に及ぶ建設費の出資者が決まらず、地区の再開発事業のスケジュールにも支障が出ることから、秋葉原タワー計画は断念されることになる。[26]

新タワー建設の目途が立たないいまま、在京六社は東京タワーを用いて地上デジタルの試験放送を実施する方針を固める。地デジの本格運用も二〇〇三（平成一五）年に延期された。これを受けて、さいたまタワーの企画会社が二〇〇一（平成一三）年三月に解散した。

新タワー建設決定：二〇〇三〜二〇〇五年頃

一度は消滅した新タワー構想だったが、二〇〇三（平成一五）年一二月一七日、ＮＨＫと在京民放五社が六〇〇メートル級の新タワー建設を推進することで合意する。[27]ただし、各テレビ局は建設や経営に関与するわけではない。テレビ局は事業主体ではなく、あくまでもタワーを借りる店子だった。テレビ局が自ら建設に乗り出したＮＨＫタワーや正力タワーとの大きな相違点である。

「在京６社新タワー推進プロジェクト」が立ち上がり、候補地を募ることになった。

東京タワーの暫定利用から一転して新タワー建設に舵を切った背景には、東京タワーに地上デジタル放送の設備を置くスペースが不足していること、高さが足りず電波障害が懸念されたことがあった。特に携帯電話用（ワンセグ）の電波の送信障害が深刻化するとされた。それ以外の要因もあった。当時、総務省は、地上デジタル放送の普及に向けて、光ファイバー等による高速大容量通信の活用を考えはじめていた。つまり、免許事業であるテレビ放送の役割が薄れることを各局は恐れた。そこで、六〇〇メートル級の巨大タワーを建てることで、テレビ放送の存在意義を強調するモニュメントにしようと考えたのである。[28]

さらに、新タワー誘致の動きが各地で活発化しつつあったことも、タワー建設に方針転換した背景にあった。この六社の発表と前後して、立て続けにタワー構想が明らかとなる。

なかでも早い動きを見せたのが台東区だった。

二〇〇一（平成一三）年一一月、上野の商店街連合会、町会、観光連盟など七団体が新東京タワー区内建設誘致準備会を設立。[29]翌年、上野公園の噴水池付近に五〇〇メートルのタワーを建てる案を明らかにした。[30]だが、上野公園は都市計画公園かつ風致地区の区域内で、タワーを建てるには東京都の許可が必要となる。かつて不忍池を埋め立てて野球場を建設する計画が世論の反発を招き、都が上野公園一帯を風致地区に指定した経緯を考えると実現する見込みは限りなく薄かった。[31]

敷地が変更され、二〇〇四（平成一六）年四月に隅田公園と浅草寺二天門近くの花川戸公園が候補となる。[32]タワーの仮称は「台東ワールドタワー」。高さ六〇〇メートルで商業施設や伝統工芸を紹介する施設を含む複合施設が想定された。[33]ただ、五〇〇億円以上にのぼる建設費の調達や、航空法による高さ制限がかかるなど、不安材料が少なくなかった。[34]

二〇〇四（平成一六）年六月には足立区も名乗りを上げる。入谷地区（小学校跡地、区立公園）と東六月地区（ニッポン放送所有地。当時は運動場として利用）の二カ所のいずれかで六〇〇メートルタワーを建設する案が発表された[35]。区議会建設促進議員連盟が署名運動を展開し、一〇月までに二五万人分が集められた。八月には誘致検討プロジェクトが発足し、顧問には、二〇〇一（平成一三）年に消滅したさいたま新都心タワー計画に関与していた伊藤滋が就任した。

そのさいたま新都心タワー案は、体制を変えて仕切り直しされた。二〇〇四（平成一六）年四月に「さいたまタワー実現大連合　埼玉県・さいたま市合同事務局」が設置され、県と市が中心となって取り組むことになった[36]。こちらも誘致署名運動が展開され、一〇〇万人を突破した。

九月には豊島区も新タワー構想を公表する[37]。区や地元企業などで構成される新東京タワー事業化準備委員会が発足し、サンシャイン60東側の造幣局東京支局敷地内に三九階建てのビルを建設し、その上にアンテナを立てて全高六〇〇メートルにする計画だった。「超高層ビル＋アンテナ」は、かつて武藤清らが提案した一〇〇階建て超高層ビルと同じ発想だ。敷地は池袋駅から徒歩一五分と離れているため、区が検討していた新型の路面電車（ＬＲＴ）でつなぎ池袋全体を活性化させる狙いがあった[38]。これは、環状モノレールで周囲と接続する正力タワー計画と類似するアイデアだった。

都内の各地が誘致に声を上げる中、石原慎太郎東京都知事の反応は芳しいものではなかった。九月末、石原都知事は「砂上の楼閣。どこに造るべきかではなく、必要ない[39]」と突き放した。都と区の間には温度差があった。それでも候補地はさらに増えていった。

同年一一月、山崎昇墨田区長が押上・業平橋駅周辺の再開発区域に誘致する意向を表明する[40]。区は土地の大半を所有する東武鉄道に協力を要請した。その後、タワー推進を表明した東武鉄道が事業主体となり、高さ六一〇メートルの「すみだタワー」として検討されることになる。

一二月には練馬区内の民間団体も手を挙げる。[41] 新東京タワー誘致推進協議会が、遊園地「としまえん」に高さ七〇〇メートルの「東京ワールドタワー」を建設する案を公表した。としまえんを経営する西武グループが、併設予定の複合商業施設分も合わせて一〇〇〇億円に及ぶ資金の調達に力を貸すこととされたが、練馬区の協力が得られておらず、実現に向けて不透明な状態だった。

高さ六一〇メートル「すみだタワー」に決定

二〇〇五（平成一七）年三月二八日、NHKと在京民放五社が、墨田区の押上・業平橋地区を第一候補として選出したことを発表した。[42] 他の候補地から大幅に出遅れて立候補した墨田区が新タワーを奪う格好となった。候補地を選定した諮問機関「新タワー候補地に関する有識者検討委員会」（中村良夫委員長）は答申の中で、「江戸伝統文化の継承地であり、京都と並ぶ日本の歴史遺産を国内外に提示できる地域」と評価した。[43] 私鉄が二路線あるほか、成田・羽田の両空港からもそれぞれ一時間と交通利便性にも優れ、海外からの旅行客を惹きつける観光資源として期待できた。何よりもタワーの建設主体が明確だったことが大きかった。他の候補地では東武鉄道のような事業主体や資金源が定まっていなかった。それどころか土地の確保でさえ曖昧な候補地が少なくなかった。

一年後の二〇〇六（平成一八）年三月三一日、東武鉄道が、「業平橋・押上地区」に高さ六一〇メートルのテレビ塔を建設することでNHK、民放五局と合意したことを発表する。これで一九九七（平成九）年の地上デジタル放送構想の公表以来、約一〇年に及ぶ新タワー競争に終止符が打たれた。

高さ六一〇メートルの理由

二〇〇八（平成二〇）年六月一〇日に、タワーの名称が「東京スカイツリー」に決定する。翌年一〇月一六日には、高さを六一〇メートルから六三四メートルに変更することが発表された[44]。

スカイツリーの当初の高さ六一〇メートルは、幻に終わったNHKタワーと同じである。この二つに関係はあるのだろうか。両方のタワーの設計に関わった日建設計は偶然の一致と見ているようだ[45]。

東武鉄道は、自立式電波塔として世界一の高さを目指した。当時、中国の広州では高さ六一〇メートルの広州タワーが計画されていた。これを上回る高さを公表すれば、さらに高いものに変更される恐れがあった。そこで、まずは六一〇メートルと発表し、広州タワーの完成を待って六三四メートルに変更したわけである。

同時期、アメリカのシカゴでは、高さ二〇〇〇フィート（約六一〇メートル）、一五〇階建て、一二〇〇戸の超高層住宅「シカゴ・スパイア」が計画されていた[46]。「六一〇メートル≒二〇〇〇フィート」は、海外にアピールする上で分かりやすい切りの良い数字だった。NHKタワーが六一〇メートルとした理由は確認できないが、「二〇〇〇フィート」を意識したのかもしれない（構造設計を担った武藤清の「むとう」の語呂合わせで六（む）一〇（とお）としたとも考えられるが確証はない）。

なお、六一〇メートルで建設された広州タワーは、中国の航空法の高さ制限に抵触していたことが明らかになり、二〇一〇年六月にアンテナを一〇メートル短くして、六〇〇メートルとなった[47]。

東京スカイツリーは二〇一二（平成二四）年五月に開業する。その二年前にドバイでつくられた高さ八二八メートルのブルジュ・ハリファには及ばないが、自立式電波塔としては世界一となり、東京の新たなランドマークとなる。

「第二東京タワー」の建設にあたって、その誘致を巡る地域間の競争が起きた。一方、高度成長期に計画された屋根付き球場や六〇〇メートル級タワーは、NHK、日本テレビ、ラジオ東京といったテレビ局同士の対立が背景にあった。メディア間の政争の具として利用された側面もあった。

そもそもNHKと日本テレビは、日本初のテレビ放送を巡って衝突し、遺恨が生じた。本来は共用すべきテレビ塔をNHKと日本テレビはそれぞれ建設した。ラジオ東京も独自の塔をつくり、三本の塔が並び立つことになる。その後、テレビ局の増加を契機に集約電波塔である東京タワーが一九五八（昭和三三）年に完成したものの、日本テレビは参加を拒否。同年、会長の正力松太郎は、世界に存在していなかった六万五〇〇〇人収容の屋根付き球場「新宿コロシアム」の実現に乗り出す。一方、ラジオ東京の鹿倉吉次は、元毎日オリオンズ球団代表の黒崎貞治郎らが計画した湯島の屋根付き球場計画に参画した。日本テレビにプロ野球及びプロレス中継を独占されていた鹿倉の対抗心であり、巨人およびセ・リーグ中心の野球界に対する黒崎の反発が背景にあった。

正力は、広大な空間に屋根を架ける技術を学ぶため、アメリカから建築界の鬼才バックミンスター・フラーを招聘した。ともに規格外の発想を持つ正力とフラーは意気投合し、二人は富士山を超える高さ四〇〇〇メートルの「読売タワー」の完成を夢見た。読売タワーが挫折すると、正力は一九六八（昭和四三）年に五五〇メートルのテレビ塔建設を目指す。敷地はかつて検討した屋根付き球場の土地だった。翌年、NHKが六〇〇メートル級タワー計画を発表すると、日本テレビとNHKは、政界をも巻き込む鍔迫り合いを演じた。東京タワーが既に存在していたにもかかわらず、自らの塔の実現を画策した。正力亡き後、NHKは代々木公園で六一〇メートルのタワー計画を具体化させた。

結局、これらのプロジェクトは幻と消えた。世間から荒唐無稽な計画と冷ややかな目で見られ、必要性に疑義が示された。だが、東京ドームや東京スカイツリーとして後年実現したことを考えると、これらの発想は早すぎただけなのかもしれない。

しかも、単なる空想にとどまらず、実現に向けて本格的な検討がされていたのである。正力ドーム（新宿コロシアム）や正力タワーでは、柴田秀利、鈴木惣太郎などのブレーンを核に、日本テレビの南日恒夫や大成建設の鈴木悦郎、三菱地所の横山悌次などの技術者が具体化させた。正力ドームの原型となる屋根付き球場では、鮎川義介の依頼を受けた星野直樹が、久米権九郎、丸山勝久とともに実現可能性を探った。そしてNHKタワーでは、前田義徳の下でNHKの藤島克己や蓮池正らが尽力し、建築構造学者の武藤清や建築家の三上祐三らが、無機質な巨大構造物ではなく、東京の新たなランドマークにふさわしい優美な流線形の塔に仕立てた。日本に超高層ビルの時代をもたらした武藤清と塔博士として日本各地の鉄塔を設計した内藤多仲は、日本テレビとNHKの両方のタワー、正力ドームにも関与していた。技術者は、テレビ局間の政治的な抗争とは無縁だった。

メディア間の軋轢が背景にあったとはいえ、正力や前田が彼らなりの理想を巨大建造物計画に込めていたことも確かだった。

正力は常に大衆を見ていた。正力の認識する大衆とは自立した市民ではない。エリートが啓蒙し、正しい方向へ導くべき存在としての大衆である。プロ野球、テレビ、原子力等、彼はこれまで日本に存在しなかったものを大衆に届けようとした。大衆が求めるものは、新しさや驚きであると彼は信じていた。それゆえ、世界初の屋根付き球場、富士山の高さを超える一〇〇万人の四面体都市、世界一の電波塔など、「世界初」「世界一」にこだわった。

前田の視線は世界に向けられていた。朝日新聞特派員の経験から、放送衛星によるネットワーク、各国の放送事業者との協力体制の構築等、グローバルな視野で組織に新しい風を送り込んだ。オリンピックを契機とした巨大放送センター、五〇〇〇席のNHKホール（実際は四〇〇〇席）、そして未完に終わった六〇〇メートル級タワーの構想を通じて、世界に伍する公共放送を目指した。

ところが、大衆や世界を見渡す彼らの眼からこぼれ落ちる視点もあった。それは「地域」への配慮である。

巨大建造物をつくるためには、大規模なまとまった土地が必要だった。都心で大規模なまとまった土地を見つけることは難しい。それゆえ、旧陸軍の土地、米軍用地、皇族や華族の旧邸宅、大規模な公園・緑地が狙われた。都心における空間的な制約が、幻の巨大建造物の物語を育んだといってもよいだろう。彼らにとって、空いている土地があればどこでもよかった。

こうした開発計画に翻弄されたのが東京都だった。代々木公園の予定地（旧ワシントン・ハイツ、旧代々木練兵場）にはNHKタワーと放送センターが計画され、青山公園の整備を予定した場所（旧ハーディ・バラックス、旧陸軍歩兵第三連隊駐屯地）はNHKテレビ・センター用地となり、上野公園（不忍池）と芝公園では国際野球場が計画された。また、新宿副都心計画の新宿中央公園の予定地は正力ドームに狙われた。新宿の旧前田邸の土地は、正力ドームや正力タワーの建設用地だったが、敷地規模も小さく、しかも周辺は住宅地だった。都の都市計画上、巨大建造物に適した場所ではなかった。戦後東京の巨大建築史は、東京都による抵抗の歴史でもあった。

だが、量的な充足が求められた戦後の日本において、地域の環境を顧みる余裕はなかったのかもしれない。焦土と化した国土の復興から経済成長へ向かう途上、国力を高めることを通じて国民生活を豊かにすることが何より求められていた時代だった。テレビ放送、プロ野球、オリンピックは、物心両面で国民を支えるインフラだったともいえる。巨大建造物を安全につくり上げることで手一杯だった当時の日本において、美しさの追求や周辺地域への配慮は二の次にされた。

正力タワーがもしできていれば、神宮外苑のイチョウ並木から絵画館を正面に望む眺めの背後に高さ五五〇メートルの電波塔が映り込んでいたはずだ。代々木公園内で計画されたNHKタワーが建っていれば、明治神宮の境内から森を越えてコンクリートの巨大な構造物が見えていただろう。

無論、作り手の中にも環境との調和を意識した者はいた。例えば、星野直樹とともに屋根付き球場の設計に関わった久米権九郎は「土地に生える建築」を標榜し、「建築物はその地にはえたものだ、即ちその土地にマッチしたものでなければならない」と語っていた。[1] また、NHKタワーでは、公園・緑地との調和が目指された。これは三上祐三のイギリスでの設計の経験がベースにあった。ドイツで建築を学んだ久米しかり、ヨーロッパでは当たり前だった価値観を日本に根付かせようと三上は試みた。岸田日出刀が不忍池の埋め立てによる国際球場計画や代々木公園でのNHK放送センター建設に反対した理由は、都市生活を豊かにする上で水や緑が欠かせないことを国民に理解してもらうためだった。

高度成長期は、開発偏重に対する反発が顕在化し、人々の目が「地域」に向けられようとした時代でもあった。一九六四（昭和三九）年、京都では京都タワーを巡って美観論争が巻き起こり、一九六六（昭和四一）年に京都、奈良、鎌倉における豊かな緑を宅地開発から守るために古都保存法が成立、その翌年には公害対策基本法が制定された。一九六八（昭和四三）年には倉敷と金沢が歴史的な環境と街並みを保存する条例をつくった。同年、明治、大正の歴史的建造物である旧三菱一号館やフランク・ロイド・ライト設計の帝国ホテル旧本館の解体を巡って議論が起こっている。一九六八（昭和四三）年は明治一〇〇年の年でもあった。近代化・西欧化に向けて走り続けてきたわが身を客観視する余裕が出てきたのかもしれない。ＮＨＫタワーの構造設計も担った建築構造学者の武藤清も、一九七九（昭和五四）年に地域への配慮の必要性に言及している。

> 建築の意味は社会的に奉仕することです。つまり計画的に高度制限や敷地制限をして合理的な建物として、弊害を合わせ考えて都市全体の計画をたてる時が来ていると思います。今、超高層の弊害、例えば日照、電波障害などが出始めた時で、町のあり方を考え都市の再開発を図る時じゃないでしょうか[2]。

高度成長を迎えようとしていた時代に誕生した東京タワーは、経済成長のシンボルとして国民に受け入れられた。一方、正力タワーやＮＨＫタワーは、地域性や歴史性を顧みる風潮が芽生えつつあった過渡期に登場した。もはや巨大な塔を素直に受け止める無邪気さはなくなりつつあった。正力松太郎や前田義徳のような規格外の個性が活躍できる時代は過去のものになり、人々もそれを望まなくなっていたのかもしれない。

主要参考文献

●〈日本テレビ関連（二番町テレビ塔、正力タワー等）〉

柴田秀利『戦後マスコミ回遊記　上・下』（中公文庫、一九九五年）

「柴田秀利遺稿集」刊行会編『炎のごとく　水のごとく：次代に賭けた柴田秀利遺稿集』（一九九〇年）

Shoji Sadao, *Buckminster Fuller and Isamu Noguchi: Best of Friends*, 5 Continents, 2011

南日恒夫「世界一のテレビ塔建設」『日本テレビ』第2号（１９６８夏）日本テレビ放送網株式会社

南日恒夫「未来をつくる『正力タワー』」『日本テレビ』第3号（１９６８秋）日本テレビ放送網株式会社

南日恒夫「世界の塔巡礼記」『日本テレビ』第4号（１９６９春）日本テレビ放送網株式会社

南日恒夫追悼集編集委員会編『今もいつも　幼い子どもたちのために　南日恒夫追悼集』（一九九〇年）

日本テレビ放送網株式会社編『日本テレビ発行文書綴（和文）昭和26―34年』（日本テレビ放送網株式会社、一九五九年）

日本テレビ放送網株式会社編『日本テレビの歩み』（日本テレビ放送網株式会社、一九五九年）

日本テレビ放送網株式会社社史編纂室編『大衆とともに25年』（日本テレビ放送網株式会社、一九七八年）

日本テレビ放送網株式会社編『テレビ塔物語：創業の精神を、いま』（日本テレビ放送網株式会社、一九八四年）

日本テレビ放送網株式会社新テレビ塔建設委員会建設部『ＮＴＶ新テレビ塔建設計画　中間報告』（大成建設株式会社、一九六八年）

三菱地所株式会社社史編纂室編『丸の内百年のあゆみ：三菱地所社史　下巻』（三菱地所株式会社、一九九三年）

バックミンスター・フラー『クリティカル・パス：宇宙船地球号のデザインサイエンス革命』（白揚社、二〇〇七年）

●〈NHK関連（紀尾井町テレビ塔、テレビ・センター、NHKタワー等）〉

鹿島建設武藤研究室『ＮＨＫ－ＵＨＦ－ＴＶ ＴＯＷＥＲ　地震応答計算書報告書（その1～その7）』（鹿島建設武藤研究室、一九六九年）

志賀信夫『前田義徳』（「前田義徳」伝刊行会、一九八七年）

テレビ放送アンテナ50年史編集委員会編『テレビ放送アンテナ50年史（ＦＭ放送アンテナを含む）』（テレビ放送アンテナ50年史出版委員会、一九八九年）

日本放送協会等『テレビセンター建設に関する打合会』（東京都公文書館内田祥三文庫蔵、一九六一年）

日本放送協会技術局送信センター編『千代田・芝放送所史：芝放送所開局40周年記念』（日本放送協会、一九九九年）

日本放送協会編『20世紀放送史』（日本放送出版協会、二〇〇一年）

武藤構造力学研究所・日建設計工務株式会社『NHK放送センター総合整備鉄塔建設計画　第一次報告書』（一九七〇年）
『NHKホール・タワー調査団海外視察報告書　タワー篇』（一九七〇年）
『NHK放送センター総合整備鉄塔建設計画　第二次報告書』（一九七〇年）
『NHK放送センター総合整備鉄塔建設計画　第三次報告書』（一九七一年）
ろくじ会編『次世代へのメッセージ―放送技術の足跡―ろくじ会記録』（ろくじ会、二〇〇〇年）

●〈ラジオ東京・TBS関連〉
庄子勇之助編『TBS放送事はじめ：有楽町から赤坂へ』（東京放送旧友会、一九八二年）
東京放送社史編集室編『東京放送のあゆみ』（東京放送、一九六五年）
東京放送編『鹿倉さんをしのぶ』（東京放送、一九七〇年）
東京放送編『TBS50年史』（東京放送、二〇〇二年）

●〈東京タワー関連〉
日本電波塔株式会社編『電波塔及び近代科学館建築計画参考資料（その二）』（日本電波塔株式会社、一九五七年）
日本電波塔株式会社編『電波塔及び近代科学館建築計画図』（日本電波塔株式会社、一九五七年）
日本電波塔株式会社編『東京タワー10年のあゆみ』（日本電波塔株式会社、一九六九年）
株式会社フジテレビジョン編『フジテレビジョン十年史稿』（株式会社フジテレビジョン、一九七〇年）
前田久吉伝編纂委員会編『前田久吉伝：八十八年を顧みて』（日本電波塔株式会社、一九八〇年）
松尾三郎「東京タワー建設について」『送電線建設資料』第5集（送電線建設技術研究会、一九五九年）

●〈野球場関連〉
鮎川義介関係文書『日本カラーテレビ放送（株）設立案』（国立国会図書館憲政資料室蔵、一九五六年）
鮎川義介関係文書『リクリエーション・センター計画（「東京スタヂアム建設計画委員会要綱」「東京スタヂアムについて」等）』（国立国会図書館憲政資料室蔵、一九五六年）
東京都恩賜上野動物園編『上野動物園百年史』（東京都生活文化局広報部都民資料室、一九八二年）
久米建築事務所『A野球スタヂアム計画案』（東京都公文書館内田祥三文庫蔵、一九五六年）
久米建築事務所・大成建設設計部『新宿コロシウム計画案』（石井桂旧蔵資料、一九五八年）
黒崎貞治郎『藍より蒼き』（（財）21世紀出版の会、一九七五年）
国際スタヂアム建設期成会等『国際スタジアム関連資料（言上書、土地売買仮契約書等）』（一九五三年）

清水建設株式会社『ドリームスタジアム設計計画図案』（清水建設株式会社、一九五八年）
鈴木惣太郎『鈴木惣太郎日記』
鈴木龍二『鈴木龍二回顧録』（ベースボール・マガジン社、一九八〇年）
鈴木龍二『鈴木龍二回顧録（続）』（ベースボール・マガジン社、一九八三年）
電通編『後楽園社史 野球篇 資料集』（電通、一九六二年）
天文博物館五島プラネタリウム『五島プラネタリウム44年のあゆみ』（天文博物館五島プラネタリウム、二〇〇一年）
清水建設株式会社『ドリームスタヂアム設計施工計画・説明書』（清水建設株式会社、一九五八年）
内田祥三関係文書『顧問会資料　新宿コロシュム建設に関する打合せ1・2』（東京都公文書館内田祥三文庫蔵）
『昭和29年新宿球場計画（「新宿スタヂアム設立計画概要書」「新宿スタジアム設立計画」等）』野口務旧蔵資料（野球殿堂博物館蔵）
『球場計画（新聞記事スクラップ）』野口務旧蔵資料（野球殿堂博物館蔵）
報知新聞社編『プロ野球二十五年』（報知新聞社、一九六一年）
星野顧問室『A野球スタヂアム興業計画概要』（東京都公文書館内田祥三文庫蔵、一九五六年）
星野顧問室『野球場建設計画に関する基礎調査中間報告書』（国立国会図書館憲政資料室蔵、一九五七年）
前田利為侯伝記編纂委員会編『前田利為』（前田利為侯伝記編纂委員会、一九八六年）
丸山勝久『東京ヒルトン・ホテルの企画と建設【第2版】』（私家版、一九六七年）

●〈その他〉
猪瀬直樹『欲望のメディア』（小学館文庫、二〇一三年）
石井桂『建築のお巡りさん』（建設綜合資料社、一九六一年）
石井桂と共に編集委員会編『石井桂と共に』（石井桂建築研究所、一九九一年）
鹿島建設武藤研究室『100階建への挑戦』（鹿島建設武藤研究室、一九七九年）
「岸田日出刀」編集委員会編『岸田日出刀（上）』（相模書房、一九七二年）
佐藤眞逸編『武藤清先生と共に　鹿島建設武藤研究室・武藤構造力学研究所の記録』（二〇一一年）
佐野眞一『巨怪伝 下：正力松太郎と影武者たちの一世紀』（文春文庫、二〇〇〇年）
内藤多仲「夢に生きる」『日本テレビ』第2号（1968夏）日本テレビ放送網株式会社
武藤清先生追悼会編『武藤清先生を偲ぶ』（鹿島出版会、一九九〇年）
山田正男等『東京の都市計画に携わって：元東京都首都整備局長・山田正男氏に聞く』（財団法人東京都新都市建設公社まちづくり支援センター、二〇〇一年）

図版出典一覧

- P75『電波塔及近代科学館建築計画図』(日建設計工務株式会社、1957年)東京都公文書館蔵
- P88『セメント・コンクリート』33号(セメント協会、1949年)国立国会図書館蔵
- P111・112『A野球スタヂアム計画案』(株式会社久米建築事務所、1956年)東京都公文書館蔵
- P144上・144下・145下『アサヒグラフ』1958年9月7日号(朝日新聞社)
- P145上『建築文化』1958年11月号(彰国社)
- P146・147『新宿コロシウム計画案』(大成建設・久米建築事務所、1958年)
- P157 https://www.walteromalley.com/
- P166 奥田謙造氏提供
- P168・171 Shoji Sadao, *Buckminster Fuller and Isamu Noguchi : Best of Friends*, 5 Continents, 2011
- P169 バックミンスター・フラー『クリティカル・パス:宇宙船地球号のデザインサイエンス革命』(白揚社、2007年)
- P175『実業界』1968年6月15日号(実業界)
- P197・198・201『日本テレビ』第3号[1968年秋号](日本テレビ放送網株式会社)
- P211『ネットワークNHK』1969年5月号(日本放送協会)
- P217・225 テレビ放送アンテナ50年史編集委員会編『テレビ放送アンテナ50年史(FM放送アンテナを含む)』(テレビ放送アンテナ50年史出版委員会、1989年)
- P245 早稲田大学内藤多仲博士記念館蔵
- P246・247・249・250・251『NHK放送センター総合整備鉄塔建設計画 第一次報告書』(武藤構造力学研究所・日建設計工務株式会社、1970年)
- P253 © Turner Photography Ltd, courtesy Arup
- P276・277『NHK放送センター総合整備鉄塔建設計画 第二次報告書』(武藤構造力学研究所・日建設計、1970年)

新潮選書

正力《しょうりき》ドーム vs. NHKタワー　幻《まぼろし》の巨大建築抗争史《きょだいけんちくこうそうし》

著　者………………大澤昭彦《おおさわあきひこ》

発　行………………2024年2月20日

発行者………………佐藤隆信
発行所………………株式会社新潮社
〒162-8711 東京都新宿区矢来町71
電話　編集部 03-3266-5611
　　　読者係 03-3266-5111
https://www.shinchosha.co.jp
シンボルマーク／駒井哲郎
装幀／新潮社装幀室
組版／新潮社デジタル編集支援室

印刷所………………株式会社三秀舎
製本所………………株式会社大進堂

乱丁・落丁本は、ご面倒ですが小社読者係宛お送り下さい。送料小社負担にてお取替えいたします。価格はカバーに表示してあります。

ISBN978-4-10-603906-5 C0321